机车电机

主　编　张洋洋　李秀超　甘永双

副主编　朱金宝

西南交通大学出版社

·成　都·

图书在版编目（CIP）数据

机车电机 / 张洋洋，李秀超，甘永双主编. —成都：西南交通大学出版社，2023.2
ISBN 978-7-5643-9147-8

Ⅰ. ①机… Ⅱ. ①张… ②李… ③甘… Ⅲ. ①机车－牵引电机 Ⅳ. ①U260.332

中国版本图书馆 CIP 数据核字（2022）第 255364 号

Jiche Dianji
机车电机

主编 / 张洋洋　李秀超　甘永双
责任编辑 / 李芳芳
封面设计 / 何东琳设计工作室

西南交通大学出版社出版发行
（四川省成都市金牛区二环路北一段 111 号西南交通大学创新大厦 21 楼　610031）
发行部电话：028-87600564　　028-87600533
网址：http://www.xnjdcbs.com
印刷：成都蜀通印务有限责任公司

成品尺寸　185 mm × 260 mm
印张　12　　字数　300 千
版次　2023 年 2 月第 1 版　　印次　2023 年 2 月第 1 次

书号　ISBN 978-7-5643-9147-8
定价　45.00 元

课件咨询电话：028-81435775
图书如有印装质量问题　本社负责退换

前 言

“机车电机”是铁道机车运用与维护专业和铁道机车车辆制造与维护专业的基础课程之一，其主要任务是学习与机车有关的电机基础知识理论，熟悉电机和变压器的基本结构、工作原理和技术参数，了解SS_{4G}型电力机车和$\mathrm{HX}_{D}3$型电力机车的牵引电机与主变压器。

本书安排内容如下：项目一介绍电机基本定律、常用的铁磁性材料及其特性和机车电机的分类；项目二介绍直流电机的工作原理、基本结构、电枢绕组、磁场和电枢反应、基本方程；项目三介绍直流牵引电机的传动方式、常用电工材料和绝缘结构、特性、启动、调速、制动、反转、换向、通风冷却和维护；项目四介绍脉流牵引电机的结构、电磁特点、换向、ZD105 型脉流牵引电动机和 ZD115 型脉流牵引电动机；项目五介绍变压器基础、JQFP2-9006/25 型牵引变压器、JQFP1-10160/25 型主变压器和 TBQ32-5280/25A 型主变压器；项目六介绍互感器基础、JDZXW2-25A 型高压电压互感器、LMZBK-25 型高压电流互感器、JDZX18-25D 型高压电压互感器和 LMZB-25C 型高压电流互感器；项目七介绍三相交流异步电动机结构和铭牌、三相交流异步电动机原理及工作特性、三相异步电机基本工作原理和三相异步电动机的启动、调速和制动；项目八介绍典型的三相交流异步牵引电机、YJ85A 型三相交流异步牵引电动机、Mitrac TM3800 F 型三相交流异步牵引电动机、YJ217A 型三相交流异步牵引电动机和 JD160 型三相交流异步牵引电动机；项目九介绍牵引通风机电机和复合冷却器通风机电机。

本书第一主编由辽宁铁道职业技术学院张洋洋担任，负责全书统稿工作，编写绪论、项目一、项目二、项目三；第二主编由辽宁铁道职业技术学院李秀超担任，负责编写项目四、项目五、项目六；第三主编由辽宁铁道职业技术学院甘永双担任，负责编写项目七、项目八；副主编由沈阳局集团公司苏家屯屯机务段安全科科长朱金宝担任，负责编写项目九。本书在编写过程中得到了中国铁路沈阳局集团有限公司锦州机务段、苏家屯机务段的大力支持，在此表示衷心的感谢。

由于时间仓促，以及编者水平有限，本书肯定存在不足之处，恳请广大读者批评指正。

本书课件

编 者

2022 年 8 月

目 录

绪 论 …… 001

项目一 磁路的基础知识 …… 009

任务一 电机基本定律 …… 009
任务二 常用的铁磁性材料及其特性 …… 013
任务三 机车电机的分类 …… 018

项目二 直流电机 …… 019

任务一 直流电机的工作原理 …… 019
任务二 直流电机的基本结构及铭牌数据 …… 021
任务三 直流电机的电枢绕组 …… 026
任务四 直流电机的磁场和电枢反应 …… 032
任务五 直流电机的基本方程 …… 036

项目三 直流牵引电机 …… 042

任务一 直流牵引电机传动方式 …… 042
任务二 直流牵引电机常用电工材料和绝缘结构 …… 048
任务三 直流牵引电机的特性 …… 051
任务四 直流牵引电机的启动、调速、制动和反转 …… 055
任务五 直流牵引电机的换向 …… 059
任务六 直流牵引电机的通风冷却 …… 067
任务七 直流牵引电机的维护 …… 070

项目四 脉流牵引电机 …… 074

任务一 脉流牵引电机的结构 …… 074
任务二 脉流牵引电机的电磁特点 …… 086
任务三 改善脉流牵引电动机的换向 …… 088
任务四 ZD105 型和 ZD115 型脉流牵引电动机 …… 089

项目五 变压器 …… 096

任务一 变压器基础知识 …… 096
任务二 JQFP2-9006/25 型牵引变压器 …… 099
任务三 JQFP1-10160/25 型主变压器 …… 110
任务四 TBQ32-5280/25A 型主变压器 …… 116

项目六　互感器 …… 123
任务一　互感器基础知识 …… 123
任务二　JDZXW2-25A 型高压电压互感器 …… 124
任务三　LMZBK-25 型高压电流互感器 …… 126
任务四　JDZX18-25D 型高压电压互感器 …… 128
任务五　LMZB-25C 型高压电流互感器 …… 130
项目七　交流电机 …… 132
任务一　三相交流异步电动机结构和铭牌 …… 132
任务二　三相交流异步电动机原理及工作特性 …… 136
任务三　三相异步电机基本工作原理 …… 141
任务四　三相异步电动机的启动、调速和制动 …… 142
项目八　三相交流异步牵引电机 …… 148
任务一　典型的三相交流异步牵引电机 …… 148
任务二　YJ85A 型三相交流异步牵引电动机 …… 151
任务三　Mitrac TM3800 F 型三相交流异步牵引电动机 …… 160
任务四　YJ217A 型三相交流异步牵引电动机 …… 165
任务五　JD160 型三相交流异步牵引电动机 …… 170
项目九　交流辅助电机 …… 181
任务一　牵引通风机电机 …… 181
任务二　复合冷却器通风机电机 …… 183
参考文献 …… 186

绪 论

电机是一种机电能量转换或信号转换的电磁机械装置。

一、电机发展简史

电机发展的历史，大体上可分为三个时期，分别是直流电机的产生和形成时期，交流电机的形成和发展时期，电机理论、设计和制造工艺逐步达到完善化的时期。

1. 直流电机的产生和形成时期

电机发展的初期，主要是直流电机发展的历史。1821 年，法拉第发现了载流导体在磁场内受力的现象；1831 年，法拉第又发现了电磁感应定律。两年以后，皮克西利用永久磁铁和线圈之间的相对运动和一个换向装置，制成了一台旋转磁极式直流发电机，这就是现代直流发电机的雏形。虽然早在 1833 年，楞茨已经证明了电机的可逆原理，但在 1870 年以前，直流发电机和电动机一直被视为两种不同的电机，各自独立发展着。对于直流电动机，当时是以电磁铁之间的相互吸引和排斥，作为制造电动机的指导思想，并采用蓄电池作为电源。因此要使电动机在工业中得到广泛应用，就必须提供较大的廉价直流电源。

这样，由于生产（电报、电解、电镀、电动机电源）上的需要，使直流发电机得到较快的发展。在 1834—1870 年这段时间内，发电机方面出现了三个重大的发明和改进。在励磁方面，首先从永磁转变到用电流来励磁，其后又从用蓄电池他励发展到自励。在电枢方面，1870 年，格拉姆提出环形电枢绕组以代替凸极式的 T 形电枢绕组；由于环形电枢绕组为分布绕组，电压脉动较小，换向和散热情况也较好，所以 T 形电枢绕组不久就被淘汰。关于环形电枢绕组，曾在电动机模型中被提出过，但没有受到重视。格拉姆在发电机上提出环形电枢结构以后，人们对发电机和电动机中的这两种结构进行了对比，最后终于使电机的可逆原理被大家所接受，此后直流发电机和电动机的发展合二为一。

1870—1890 年是直流电机发展的另一个阶段。1873 年，海夫纳-阿尔泰涅克发明了鼓形电枢绕组，提高了电枢导线的利用率。为了加强绕组的机械固定和减少铜线内部的涡流损耗，电枢铁心采用了开槽结构，绕组的有效部分被放入槽内。1880 年，爱迪生提出采用叠片铁心，以减少铁心损耗、降低电枢绕组的温升。鼓形电枢绕组和电枢开槽、叠片铁心的结构，一直沿用到今天。

上述直流电机的进步发展使得直流电机的电磁负荷、单机容量和效率大幅提高，这样，换向器上的火花问题就成为当时的突出问题。1884 年出现了换向极和补偿绕组，1885 年开始用炭粉来作电刷。这些措施一方面使火花问题暂告缓和，另一方面又促进了电磁负荷和单机容量的进一步提高。

在电机理论方面，1886 年，霍普金生兄弟确立了磁路的欧姆定律。1891 年，阿尔诺德建立了直流电枢绕组理论。这些理论使直流电机的设计和计算建立在更为科学的基础上。到 19 世纪 90 年代，直流电机已经具备了现代直流电机的主要结构特点。

1882 年是电机发展史上的一个转折点。这一年，台勃莱兹把米斯巴哈水电站发出的 2 kW 的直流电，用一条 57 km 长的输电线送到慕尼黑，从而为电能和电机的应用开创了广阔的前景。随着直流电的广泛应用，直流电机很快就暴露出其固有的缺点。众所周知，远距离输电时，电压越高，线路的损耗就越小，但是制造高压直流发电机却有很大的困难。此外，随着单机容量的日益增大，直流电机的换向也越来越困难。因此，19 世纪 80 年代以后，人们的注意力就逐渐转向交流电方面。

2．交流电机的形成和发展时期

早在 1832 年，单相交流发电机就已出现。但是在 1870 年以前，人们对交流电还不是很了解，生产上也没有对交流电的需要。1876 年，亚勃罗契柯夫首次采用交流和开磁路式串联变压器给“电烛”供电。1884 年，霍普金生兄弟发明了具有闭合磁路的变压器。次年，齐波诺斯基、德利和勃拉第三人又提出了变压器的心式和壳式结构，此后单相变压器在照明系统中得到了一定的应用。但是，应用交流电来驱动各种工作机械的问题，仍未获得解决。

交流感应电动机的发明，与产生旋转磁场这一研究工作紧密相连。1825 年，阿拉果利用金属圆环的旋转，使悬挂在其中的磁针得到一定的偏转，这一现象实质上就是多相感应电动机的原始工作基础。1879 年，拜依莱采用依次变动四个磁极上的激磁电流的办法，首次用电的办法获得了旋转磁场。1883 年，台勃莱兹提出，把两个在时间和空间上各自相差 1/4 周期的交变磁场合成，可以得到一个旋转磁场。1885 年，弗拉利斯把利用交流电来产生旋转磁场，和采用铜盘来产生感应涡流这两个思想结合在一起，制成了第一台两相感应电动机。1888 年，弗拉利斯又提出了《利用交流电来产生电动旋转》的经典论文。同一时期，特斯拉（Tesla）也独立地从事于旋转磁场的研究，并且几乎与弗拉利斯同时发明了两相感应电动机。

1889 年，多利伏-多勃罗伏尔斯基提出采用三相制的建议，并设计和制出了三相感应电动机。与单相或两相系统比较，三相输电系统的效率较高，用铜量也较节省；三相电机的性能、效率和材料利用也比两相电机好。三相制的优点，在 1891 年建成的从劳芬到法兰克福的三相电力系统中得到充分的显示。这个系统的顺利运行表明，三相交流电不但便于输送和分配，也可用作电力驱动。三相感应电动机的结构简单、工作可靠。因此到 20 世纪初叶，在电力工业中，交流三相制已占据绝对统治的地位。

19 世纪 80 年代末期，由于交流发电站的迅速发展，要求研制能与发电机直接连接的高速原动机。由于许多科技人员的潜心研究，很快就出现了高速的汽轮机。到 19 世纪 90 年代初期，许多电站中已经装有 1 000 kW 的汽轮发电机组。此后，三相同步发电机的结构逐渐划分为高速和低速两类，高速的以汽轮发电机为代表，低速的以水轮发电机为代表。同时，由于比较明显的理由，几乎所有的制造厂都采用了磁极旋转、电枢绕组嵌放在定子铁心槽内的结构。随着电力系统的逐渐扩大，频率也趋于标准化，欧洲以 50 Hz 为标准工频，美国以 60 Hz 为标准工频。

由于工业和运输方面的需要，19 世纪 90 年代还出现了由交流变换为直流的旋转变流机，以及交流换向器电机。

在电机理论方面，1893 年左右，开耐莱和司坦麦茨开始用复数和相量来分析交流电路。1894 年，海兰特发表了《多相感应电动机和变压器性能的图解确定法》的论文，是感应电机理论中的第一篇经典论文。同年，弗拉利斯已经采用把脉振磁场分解为两个大小相等、转向相反的旋转感场的方法，来分析单相感应电动机，这种方法以后被称为双旋转磁场理论。1894 年左右，波梯又建立了交轴磁场理论。1899 年，在研究凸极同步电动机的电枢反应时，勃朗台尔提出了双反应理论，此理论后来成为研究所有凸极电机的基础。

总的来说，到 19 世纪结束时，各种交、直流电机的基本类型及其基本理论和设计方法，大体上都已建立起来。

3．电机理论、设计和制造工艺逐步达到完善化的时期

20 世纪是电机发展史中的一个新时期。这个时期的特点是：由于工业的发展，对电机提出了各种新的和更高的要求。另外，由于自动化技术的需要，出现了一系列控制电机。在这个时期内，由于对电机内部所发生的电磁、发热和其他过程进行了深入的研究，加上材料的改进，使得交、直流电机的单机容量和材料利用得到很大的提高，电机的性能也有显著改进。

就材料利用来说，以德国 AEG 厂出品的三相笼型 3.7 kW、1 500 r/min 的感应电动机为例，1889 年该机重 155 kg，1901 年减少到 108 kg，1930 年进一步降低到 42 kg，外形尺寸也显著减小。就单机容量来说，20 世纪初，水轮发电机的最大单机容量不超过 1 000 kW，而现在则已达到 700 MW；汽轮发电机的单机容量开始时不超过 5 000 kW，1930 年提高到 100 MW，40 年代和 50 年代以后，由于采用了氢冷、氢内冷、油冷和水冷等冷却方法，单机容量进一步提高。目前汽轮发电机的单机容量已超过 1 000 MW。

在电机理论方面，1918 年，福提斯古提出了求解三相不对称问题的一般方法——对称分量法，使不对称运行时交流电机内部的物理情况得以弄清，并使同步电机和感应电机的分析方法初步得到统一。1926—1930 年，道赫提和聂克尔两人在发展勃朗台尔双反应理论的基础上，先后发表了五篇经典论文，在仔细地分析了气隙磁导和同步电机内部的磁场分布以后，导出了凸极同步电机的稳态电压方程和相量图，直轴和交轴同步电抗，稳态和瞬态时同步电机的功角特性，以及三相和单相突然短路时的短路电流；初步建立起同步电机稳态和瞬态分析的理论和计算方法。同一时期，许多学者（Wiesmann，Alger，Park，Kilgore）又研究并提出了电枢漏抗、同步电抗和直轴瞬态电抗的计算公式和测定方法，为同步电机稳态和瞬态参数的计算奠定了基础。1929 年派克发表了《同步电机的双反应理论（Ⅰ）——通用分析方法》的经典论文，提出 dq0 变换和瞬态运行时同步电机的电压方程（即派克方程），以及运算电抗的概念等一系列理论和思想。此后，又经过一批学者（Crary，Concordia，Rankin，Stanley，Lyon，Clarke，萨本栋，顾毓琇等）的多年努力，使坐标变换和交流电机的瞬态分析理论得以建立。

为了进一步找出分析各种电机的统一方法，经过对各类电机的综合考察，1935—1938 年，克朗提出了原型电机的概念，并且利用张量分析来研究旋转电机。这种方法的特点是，一旦列出原型电机的运动方程，通过特定的转换张量，就可以求出其他各种电机的运动方程。线圈的连接，电刷或集电环的引入，对称分量和其他各种分量的应用等等，都相当于一定的坐标变换。运动方程一旦建立，根据一定的步骤，即可画出电机的等效电路，并进一步得到电机的各种性能。Kron 的工作，不但揭示了各种电机和各种分析方法之间的相互联系，从而使

电机理论逐步趋于统一，而且还为许多复杂问题的求解提供了途径，所以它是电机理论的一个重大发展。

1920—1940 年，还有许多学者（Dreyfus，Punga，Fritz，Möller，Heller）对双笼和深槽电机的理论和计算方法、谐波磁场所产生的寄生转矩及其削弱、感应电机的噪声等问题进行了一系列的研究，使感应电机的运行性能得到明显提高。

20 世纪 40 年代前后，由于第二次世界大战的影响，自动控制技术得到很大的发展，此时出现了一系列新的控制电机，例如电机放大机，交流测速发电机，旋转变压器等。同时，自整角机和伺服电动机的性能也有很大的提高。同一时期，小型分马力电机的理论也有较大的发展。

1954 年，柯伐煦提出了空间矢量法，并导出了在转速为 ω_k 的旋转坐标系中，感应电机的空间矢量电压方程，为后来感应电机速度和转矩的矢量控制打下了理论基础。1957—1969 年，卡佐夫斯基发表了一系列论文，提出用频率法来分析和求解交流电机的各种瞬态过程和非正常运行情况，为交流电机的瞬态分析做出了新的贡献。但是在计算机引入以前，对于转速为变化的交流电机动态问题，除极少数借助微分分析器和动态模型机组而得到解答之外，其余则无法求出解答。

1965 年以后，计算机逐步被引入到电机工程的各个领域，先是模拟计算机，然后是数字计算机。由于数字计算机的快速发展和各种数值方法和软件包的应用，各种电机内的磁场分布、参数的不饱和值及饱和值，以及电机内三维温度场的分布等等，都可以用计算机得到其数值解。由于状态方程和数值解法的引入，动态运行时交流电机的非线性运动方程也可以用计算机顺利解出，从而使电机的各种动态问题的计算、分析得以实现。这是电机分析中的又一次突破。

电枢开槽、线圈置于槽内以后，由于导体所处位置的磁场明显减弱，线圈内的感应电动势和作用在转子上的电磁转矩是否会相应减小?实践表明，开槽以后感应电动势和电磁转矩并未发生变化，但是理论上应当如何解释，此问题曾经长期困扰着电机工程的研究人员。从 1896 年一直到 1960 年，经过许多学者对产生电动势和电磁转矩的机理进行认真分析、推导和实验研究以后，此问题最终得到解决。接下来是电机内部机电能量转换的机理问题。就交流电动机而言，电能是如何从定子输入并转换为气隙磁场的磁能？气隙磁能又在什么条件下转换为转子的机械能，并输出给负载？从 1950 年开始，国内外许多学者对此问题进行了一系列的研究。到目前为止，此问题可认为已经弄清。

在电机的理论体系方面，除了传统的电机学体系之外，从 1959 年起，以怀特和伍德逊为首，逐步建立起一种机电能量转换的新体系。这种体系的特点是：把旋转电机作为机电装置的一种，从电磁场理论出发导出其参数，从汉密尔顿原理和拉格朗日方程出发建立其运动方程，用统一的方法来研究各种电机的电动势、电磁转矩和能量转换的条件和机制，用统一的方法（动态电路法、坐标变换、框图和传递函数、状态方程等）来分析各种电机的稳态和动态性能，以及电机和系统的联系。这种体系的优点是理论和数学推导更加严密；缺点是物理概念不够清晰，使初学者较难掌握。

20 世纪 70 年代以后，由于大电流晶闸管的发展，出现了便于控制、体积小、噪声小的大容量直流电源，从而使直流电动机的良好调速性能得以进一步发挥。使用由电力电子器件所构成的变频器作为交流电动机的调频电源，可使感应电动机和同步电动机得到平滑、宽广的调速，具有较高的效率，从而改进了交流电动机的调速性能。1971 年，勃拉舒克和海斯模仿直流电机转矩的控制规律，利用坐标变换理论，将交流电机的磁场解耦，提出交流电机的“矢量变换控制”，加上电力电子技术的发展，使交流电动机的速度和转矩控制技术发生了一次飞跃。

20 世纪 80 年代以后，由于永磁材料、电力电子和自动控制技术的发展，使永磁无刷电机和开关磁阻电机等新型电机得到较快的发展。

20 世纪 90 年代以后，一种场路结合的有限元——状态空间耦合时步法得到应用。此法先用求解三维非线性恒定磁场的有限元法，求得定、转电流和转子位置为某一组设定值时电机的饱和参数；再用此参数代入状态方程，用数值法解出动态过程中定、转子电流和转子位置的即时值；再用修正的电流和位置值重新计算参数；经过多次迭代，可得该步长时的参数、电流和转子位置的确认值。然后一个步长、一个步长地往前计算，最后得到整个动态过程中的电流、转速、转矩和功角等。由于此法既考虑了参数的饱和值，又避免用时步法直接求解三维非线性瞬态场，一方面降低了计算难度和减少了计算时间，另一方面又可得到较高的精度，从而使交流电机的动态计算又前进了一步。

理想的目标是，利用求解定、转子具有相对运动，及铁心的非线性和磁滞、涡流损耗，以及定、转子端部磁场的瞬态非线性三维涡流场的时步法，来求解任意供电波形下交流电机的动态过程。随着计算机内存的扩展、CPU 速度的不断提高和计算方法的不断改进，这一目标正在逐步实现中。

关于电机和电机理论的发展简史，就介绍到这里。研究电机的发展历史，有助于我们认识电机的发展规律及其进一步发展的途径。

4．我国电机工业发展概况

中华人民共和国成立前，我国的电机工业极端落后，全国只有少数几个城市有电机制造厂。这些制造厂规模小、设备差、生产能力低下、产品规格混乱、材料多依赖于进口。中华人民共和国成立前（1947 年）全国的最高年产量，发电机为 2 万 kW，电动机为 5.1 万 kW，交流发电机的单机容量不超过 200 kW，交流电动机不超过 230 kW。1949 年，全国的发电机装机容量仅为 1 850 MW，年发电量约为 43 亿 kW·h。

中华人民共和国成立以来，我国的电机制造工业得到快速发展，从仿制阶段到自行设计阶段再到研究、创新阶段，经过 60 余年的努力，我国已经建立起自己的电机工业体系，有了统一的国家标准和统一的产品系列，建立了全国性的研究实验基地和研究工程技术人员队伍。在大型交、直流电机方面，已研制成功 2×5 000 kW 的直流电动机，4 700 kW 的直流发电机和 42 MW 的同步电动机。在大型发电设备方面，已研制出 1 000 MW 的汽轮发电机，1 150 MW 的核电机组和 700 MW 的水轮发电机。电力变压器的最大容量已达到 840 MVA，电压最高为 750 kV。

在中、小型和微型电机方面，已开发和制成一百多个系列、上千个品种、几千个规格的各种电机。在特殊电机方面，由于新的永磁材料的出现，制成了许多高效节能、维护简单的永磁电机。由于电机和电力电子装置、单片微型计算机相结合，出现了各种性能和形态迥异的“一体化电机”。

上述各种类型的电机，除满足我国生产和生活领域中的各种不同需求外，尚有部分电机出口。

二、电机在国民经济中的作用

就能量转换的功能而言，电机可分为发电机和电动机两大类。发电机是把机械能转换为电能。在发电站中，通过原动机先把各类一次能源（燃料发出的热能、水的位能、原子能、风能等）蕴藏的能量转换为机械能，然后通过发电机把机械能转换为电能，再经输、配电网络送往城市各工矿企业、家庭等各种场合，供公众使用。电动机是把电能转换为机械能，用来驱动各种用途的生产机械和装置，满足不同的需求。电力变压器则是将一种交流电压、电流的电能，转换成同频率的另一种电压、电流的静止电器。

由于一次能源形态的不同，可以制成不同类型的发电机。利用水力资源，和水轮机配合，可制成水轮发电机；利用煤、石油等能源的热能，和锅炉、汽轮机配合，可制成汽轮发电机。此外，还有利用风能、原子能等能源的各类发电机。

截止到2012年年底，我国的电站总装机容量已达11.4亿kW，年总发电量为4.94×10^4亿kW·h。从发电量看，我国已居世界第二位。随着三峡水利电力工程和大亚湾、秦山等核电站的建成和发电，我国逐年加大了水力资源的开发和建设核电站的投资。我国西部各水系蕴藏着丰富的水力资源，新疆、内蒙古、黑龙江和沿海各省拥有丰富的风力资源。优先发展水电，加快发展风电，积极发展核电和太阳能发电，努力增加洁净能源的比重，这不仅将改善环境，而且是一条可持续发展之路。

电动机作为动力设备，已广泛应用于各行各业，例如机械行业的工作母机，冶金行业的高炉、转炉、平炉和轧钢机，交通运输行业中的电车、电力机车，各类企业中的鼓风、起吊、运输传送，农业中的电力排灌、农副产品加工，以及医疗器械、家用电器等，大至冶金企业使用的高达上万千瓦的电动机，小至小功率电动机，乃至几瓦的微电动机。在各类动力机械中，电动机的容量已超过总容量的60%。

根据应用场合的要求和电源的不同，电动机分为直流电动机、交流同步电动机、交流感应电动机以及满足不同需求的特种电动机。20世纪70年代以后，由于大功率电力电子器件、微电子器件、变频技术以及计算机技术取得的一系列进展，我国还研制出多种调速性能优良、效率较高、能满足不同要求的交流电动机调速系统，和由变频器供电的一体化电机。

就信号转换功能的控制电机而言，大体上有测速电机、伺服电机、旋转变压器和自整角机等几种，这些电机主要用于自动控制系统中作为检测、执行、随动和解算元件，例如机床加工的自动控制，舰船方向舵的自动控制，大炮和雷达的自动定位，飞机的飞行控制，计算机、自动记录仪表的运行控制等。这类电机通常为微观电机，对精度和快速响应的要求较高。

总之，在电力工业中，发电机是生产电能的主要设备。变压器是变电站和输、配电线路中对电压进行变换的主要设备。在机械、冶金、纺织、煤炭、石油、化工，交通运输和家用电器等行业中，电动机是各种生产机械的主要动力设备。在国防和民用的各种自动控制系统中，控制电机是重要且不可缺少的元件。因此，电机在国民经济的各个领域中起到极其重要的作用。

三、电机在电力机车中的应用

电力机车是一种由外部接触网供电、由牵引电动机驱动的现代化牵引动力设备。电力机车在构造上一般划分为电气部分、机械部分和空气管路系统三大部分。

对于交-直传动的电力机车来说，电气部分包括牵引变压器、硅整流机组、牵引电动机、辅助电动机、高压电器和低压电器；对于交-直-交传动的电力机车来说，电气部分包括牵引变压器、变流器、牵引电动机、高压电器和低压电器，通过导线连接成三大电路：主电路、辅助电路和控制电路。主电路由牵引电动机以及与之相连接的电气设备和导线共同组成，是电力机车上的高电压大电流的动力回路，主要作用是实现牵引与制动运行；辅助电路是指将辅助电机（压缩机电机、通风机电机、油泵等）和辅助设备及其相关的电气设备连接而成的线路，辅助电路的作用旨在保证主电路设备正常工作，改善司乘人员的工作条件；控制电路是指司机控制器、低压电器和各电器控制线圈组成的电路，主要作用是通过控制低压电器实现对主辅电路设备的控制，使机车按照机车乘务员意图运行，完成运输任务。

电机在电力机车上的应用主要有以下三种：

1. 牵引电机

电力机车、电传动内燃机车、动车组、地铁车辆和城市地铁等各种电传动机车车辆都使用牵引电机驱动轮对来完成机车车辆的牵引运行。因此，我们把用作牵引功能的电机都称为牵引电机。牵引电机通常有直流牵引电机和交流牵引电机，直流牵引电机一般采用串励电动机，这是因为直流串励电动机具有牵引性能良好、调速范围广、控制方便、系统简单可靠等优点。例如，我国的 DF 系列的内燃机车大都采用直流串励电动机；我国自主研制的 SS 系列的电力机车也采用直流电机，只不过电力机车从接触网获得单相工频交流电，经整流后加在电动机两端的电压为脉动电压，电动机通过的电流为脉动电流，也可称作脉流牵引电动机。但直流电动机的主要缺点是必须有换向器，这不仅使机身质量和尺寸大、费铜，而且电机故障率高、维修保养工作量大，同时，还限制了转速的提高。随着科技的不断进步，尤其是三相交流异步电动机的控制技术的发展，现在很多机车采用三相交流异步牵引电机，其结构简单、牢固，没有换向器，维修方便，功率大，体积小，重量轻，具有良好的牵引性能。我国的 HX 系列内燃机车和电力机车都采用了三相交流异步牵引电动机。

2. 变压器

主变压器是交流电力机车上的重要部件，用来把接触网上的 25 kV 高压电降为具有多种电压的低压电，以满足机车各种电机、电器工作的需要。例如，SS_4 改型电力机车，高压绕组额定电压 25 kV，牵引绕组额定电压 1 390.8 V，辅助绕组额定电压 3 99.86/226 V，励磁绕组额定电压 104.3 V；HX_D3 型客运电力机车采用 JQFP1-10160/25 型主变压器，高压绕组额定电压 25 kV。

交流电力机车上还有很多的特殊的变压器——互感器，能够把高电压、大电流变换成低电压、小电流，供给测量仪表及继电器的线圈使用。这样，就可以使测量仪表与高压电路绝缘，保证工作安全，扩大仪表量程。与继电器线圈相连，当电路过流时，继电器动作，可以对电路起到保护作用。

3. 辅助电机

为了保证机车的正常运行，在单相工频交流电力机车中装有许多辅助机械，这些辅助机械多采用结构简单、价格低廉的三相异步电动机驱动。按用途可归纳为压缩机电动机、通风机电动机、主变压器油泵等几类。

项目一　磁路的基础知识

任务一　电机基本定律

微课：磁路的基础知识

在学习电机基本定律之前，我们首先了解一下磁场的相关知识。

一、磁路的基本物理量

（一）基本物理量

在中学时，为了研究和分析磁场，我们引入了定性描述磁场的物理量磁力线。磁力线上任一点的切线方向即为该点磁场的方向，磁力线的疏密程度反映该点磁场的强弱。

1．磁感应强度

磁感应强度 B 是表示磁场中某点的磁场强弱和方向的物理量，它是一个矢量。磁感应强度也被称为磁通量密度或磁通密度。在磁场中垂直于磁场方向放置一个通电导体，其所受的磁场力 F 与电流 I 和导体长度 L 的乘积 IL 之比称为通电导体所在处的磁感应强度 B，即

$$B=\frac{F}{IL} \tag{1-1}$$

磁感应强度 B 与电流之间的方向关系可用右手螺旋定则来确定。在国际单位制中，磁感应强度的单位为特斯拉（T）。

如果磁场内各点的磁感应强度大小相等、方向相同，则这样的磁场称为匀强磁场。

2．磁通

磁通 $\varPhi$ 是描述磁场在某一范围内分布情况的物理量。磁感应强度 B 与垂直于磁场方向的某一截面积 S 的乘积称为通过该面积的磁通 $\varPhi$，即

$$\varPhi=BS \quad 或 \quad B=\frac{\varPhi}{S} \tag{1-2}$$

由式（1-2）可知，磁感应强度在数值上可看作与磁场方向垂直的单位面积内所通过的磁通，因此，磁感应强度又称为磁通密度。

在国际单位制中，磁通的单位为韦伯（Wb）。

3．磁导率

磁导率 μ 是用来表示磁场媒质磁性的物理量，也就是用来衡量物质导磁能力大小的物理量，其单位为亨利每米（H/m）。

由实验可知，真空中的磁导率为一个常数，用 μ_0 表示，即 $\mu_0 = 4\pi\times10^{-7}\ \mathrm{H/m}$。为了比较不同的物质的导磁性能，我们把一种物质的磁导率 μ 与真空磁导率 μ_0 的比值称为相对磁导率，用 μ_r 表示，即

$$\mu_r = \frac{\mu}{\mu_0} \tag{1-3}$$

4．磁场强度

磁场强度 H 是计算磁场时所引用的一个物理量，是矢量，通过它可以确定磁场与电流之间的关系。磁场中某点的磁感应强度 B 与磁导率 μ 的比值称为该点的磁场强度 H，即

$$H = \frac{B}{\mu} \tag{1-4}$$

在均匀介质中，磁场强度的方向与磁感应强度的方向一致。在国际单位制中，磁场强度的单位为安培每米（A/m）。

（二）磁路的概念

磁通所通过的路径称为磁路。图 1-1（a）、（b）分别表示变压器磁路和四极直流电机磁路。

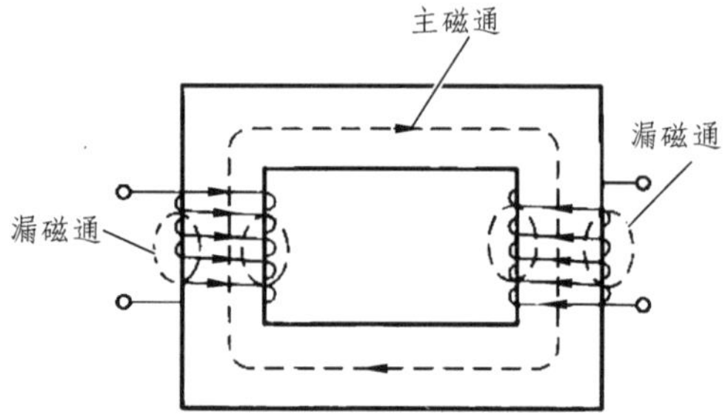

（a）变压器磁路

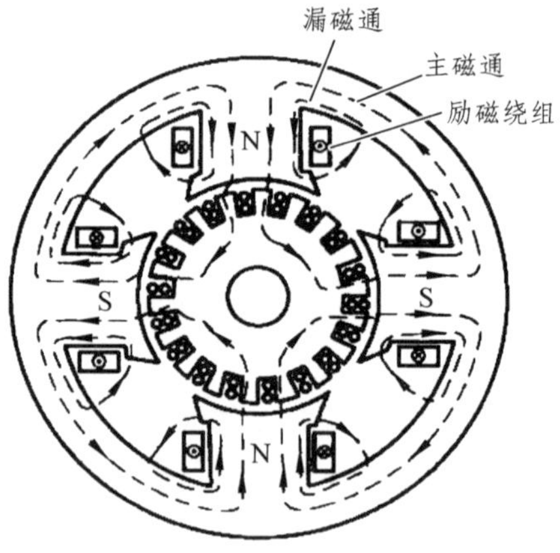

（b）四极直流电机磁路

图 1-1 磁路

在电机和变压器中常把线圈套装在铁心上。当线圈内通有电流时，在线圈周围的空间（包括铁心内、外）就会形成磁场。由于铁心的磁导率要比空气大得多，所以载流线圈所产生的绝大部分磁通将在铁心内通过，这部分磁通称为主磁通。围绕载流线圈和部分铁心周围的空间，还存在少量分散的磁通，这部分磁通称为漏磁通。主磁通和漏磁通所通过的路径分别称为主磁路和漏磁路。如图 1-1 所示为两种磁通和相应磁路的示意图。

产生磁通的载流线圈称为励磁线圈（或励磁绕组），励磁线圈中的电流称为励磁电流。若励磁电流为直流，磁路中的磁通为恒定，不随时间而变化，这种磁路就称为直流磁路。直流电机的磁路就属于这一类。若励磁电流为交流（为把交、直流激励区别开，对于交流情况，以后称为激励电流），磁路中的磁通随时间交变变化，这种磁路就称为交流磁路，交流铁心线圈、变压器和感应电机的磁路都属于这一类。

磁路的分析计算和电路的分析计算一样，也有类似的基本定律。

二、全电流定律

沿着任何一条闭合回线 L，磁场强度 H 的线积分值 $\oint H\mathrm{d}l$ 就等于该闭合回路所包围的总电流值 $\sum I$（代数和），这就是安培环路定律，又称为全电流定律，它是数学表达式为

$$\oint H\mathrm{d}l=\sum I \tag{1-5}$$

式中　H——磁路铁心的磁场强度，A/m；

l——磁路（闭合磁路）的平均长度，m；

I——通过线圈的电流，A。

在电工技术中，通常只应用安培环路定律的简单形式，即在磁场中，任选一磁力线作为闭合磁路，若闭合磁路上各点的磁场强度 H 相等，且其方向与闭合回线的切线方向一致，则磁场强度 H 与闭合回线的长度 l 的乘积就等于闭合回线内所包围的电流总和 $\sum I$，其表达式为

$$Hl=\sum I \tag{1-6}$$

在如图 1-2 所示磁路中，应用安培环路定律为

$$Hl=NI \tag{1-7}$$

式中　N——线圈的匝数。

式（1-7）中，线圈匝数与电流的乘积 NI 称为磁通势，用字母 F 表示，即

$$F=NI \tag{1-8}$$

式中　F——磁通势，安培（A）。

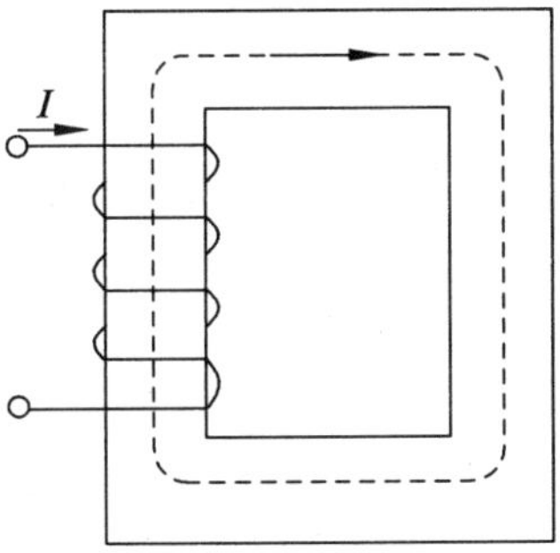

图 1-2　磁路

三、磁路的欧姆定律

以图 1-2 所示磁路为例，将 $H=B/\mu$ 和 $B=\Phi/S$ 代入式（1-7），可得

$$\Phi=\frac{NI}{\dfrac{l}{\mu S}}=\frac{F}{R_{\mathrm{m}}} \tag{1-9}$$

式中　S——磁路的截面积，m^2；

R_m——磁路的磁阻，$R_m = l/\mu S$，1/H。

式（1-9）与电路的欧姆定律在形式上相似，故称为磁路欧姆定律。因铁磁性材料的磁导率 μ 不是常数，因此，磁路的欧姆定律通常不能用于定量计算，只能用于定性分析。

磁路和电路的比较如表 1-1 所示。

表 1-1　磁路和电路的比较

磁路	电路
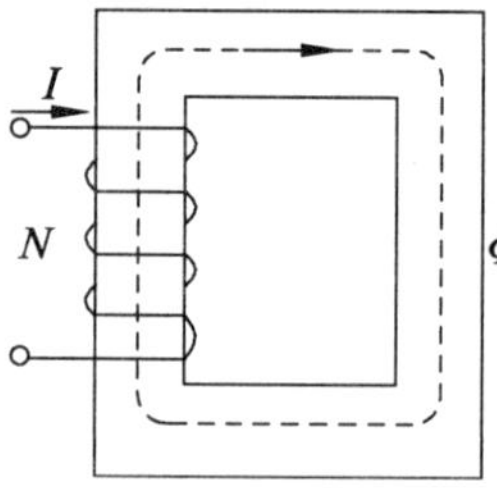	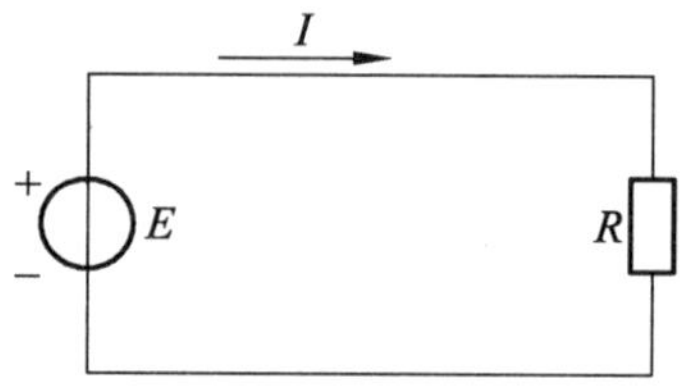
磁通势 F	电动势 E
磁通 Φ	电流 I
磁感应强度 B	电流密度 J
磁阻 $R_m = l/\mu S$	电阻 $R = l/\gamma S$
欧姆定律 $\Phi = F/R_m$	欧姆定律 $I = E/R$

表 1-1 中，γ 为电导率，$\gamma = 1/\rho$，单位为西门子每米（S/m）。其中，ρ 为电阻率，它是用来表示各种物质电阻特性的物理量。某种材料的导线，长为 1 m、横截面积为 1 mm^2 时，在常温（20 °C）的电阻称为这种材料的电阻率。

四、电磁感应定律（磁生电）

电磁感应定律也叫作法拉第电磁感应定律。实验指出，通电导体置于磁场中，并与磁场做相对运动而切割磁感线时，导体中会产生电流，该电流称为感应电流，产生的电动势称为感应电动势。

电磁感应定律中电动势的方向可以通过右手定则或楞次定律来确定。

1．右手定则

如图 1-3 所示，当处在均匀磁场中的有效长度为 L 的直导体，以速度 v 朝着与 B 相垂直的方向而切割磁感线时，此时导体中感应电动势 e 的大小为

$$e = BLv \tag{1-10}$$

感应电动势的方向由右手定则来确定，这是发电机理论的基础，如图 1-3 所示。

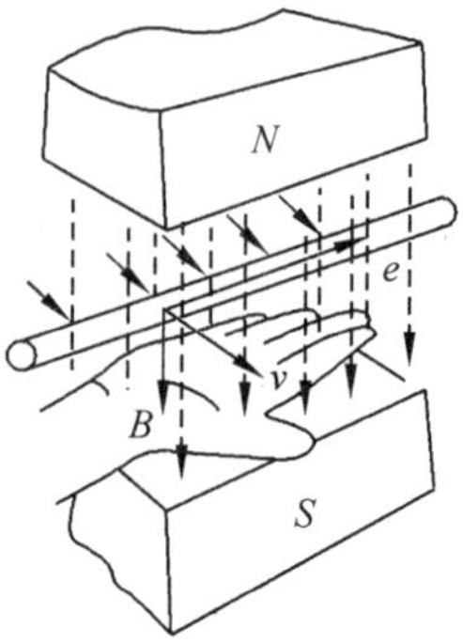

图 1-3　直导体中的感应电动势

2. 楞次定律

图 1-4 所示为一个多匝线圈，当与回路交链的磁通 Φ 发生变化时，回路中就要产生感应电动势 e，大小为

$$e = N\frac{\mathrm{d}\Phi}{\mathrm{d}t} \tag{1-11}$$

感应电动势的方向可由楞次定律来确定，它指出，如果回路中的感应电动势是由于与回路交链的磁通发生变化而产生的，则感应电动势在闭合回路中将产生电流，力图阻止原磁通改变。如图 1-5 所示，此即法拉第电磁感应定律，这是变压器理论基础。

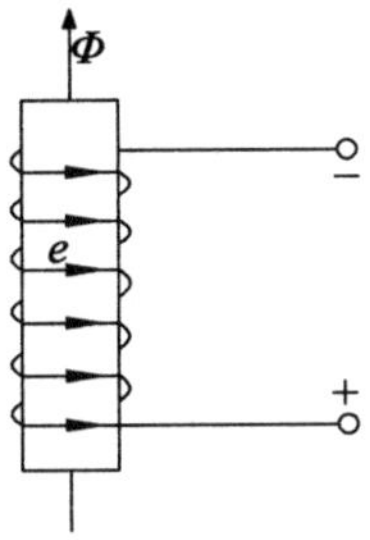

图 1-4　多匝线圈中的感应电动势

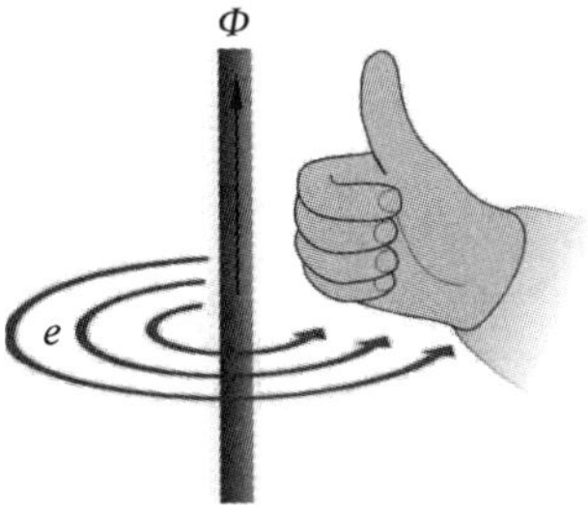

图 1-5　感应电动势的方向

五、电磁力定律

将长度为 L 的通电长直导体置于磁感应强度为 B 的磁场之中，导体受到力的作用，称为电磁力。电磁力方向如图 1-6 所示，若直导体与磁场垂直，电磁力计算简化为

$$F = BIL \tag{1-12}$$

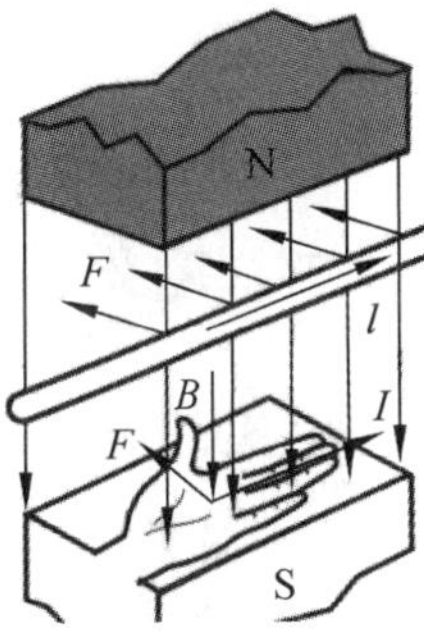

图 1-6　电磁力方向

电磁力的方向由左手定则判断，这是电动机的理论基础。

任务二　常用的铁磁性材料及其特性

按导磁性能的不同，自然界的物质大体上可分为磁性材料（常称为铁磁性材料）和非磁性材料。其中，铁磁性材料主要包括铁、钴、镍及其合金，它们的导磁能力很强；非磁性材料包括自然界的大部分物质，如铜、铝、空气等，它们的导磁能力很差。

为使在一定的励磁磁动势作用下能产生较强的磁场，电机和变压器的铁心常用导磁率较高的铁磁材料制成，下面将介绍常用的铁磁材料及其特性。

一、铁磁材料的磁化

将铁磁材料放入磁场后，材料内的磁场会显著增强。铁磁材料在外磁场中呈现很强的磁性，此现象称为铁磁材料的磁化。

铁磁材料能被磁化，是因为在它内部存在着许多很小的被称为磁畴的天然磁化区，每一个磁畴可以看作为一个微型磁铁。

在图 1-7 中，磁畴用一些具有一定指向的箭头来表示。铁磁材料未放入磁场之前，这些磁畴随机、杂乱地排列着，其磁效应互相抵消，对外部不呈现磁性，如图 1-7（a）所示。一旦将铁磁材料放入磁场内，在外磁场的作用下，磁畴的指向将逐步趋于一致，如图 1-7（b）所示，使铁磁性材料内部的 磁感应强度大大增强，对外呈现出很强的磁性，此时，铁磁性材料即被强烈磁化了。磁化是铁磁材料的特性之一。

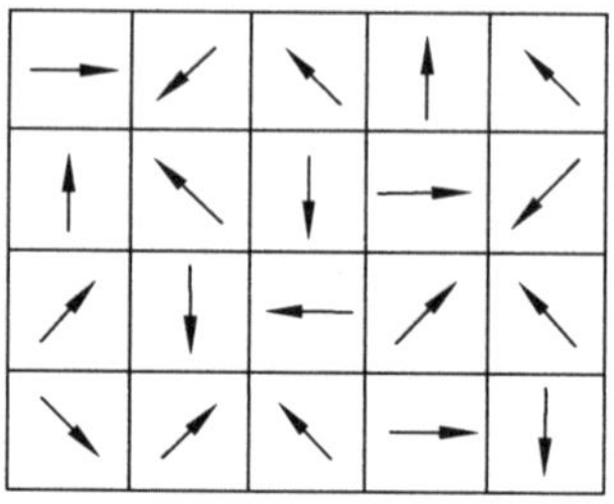

（a）未磁化时

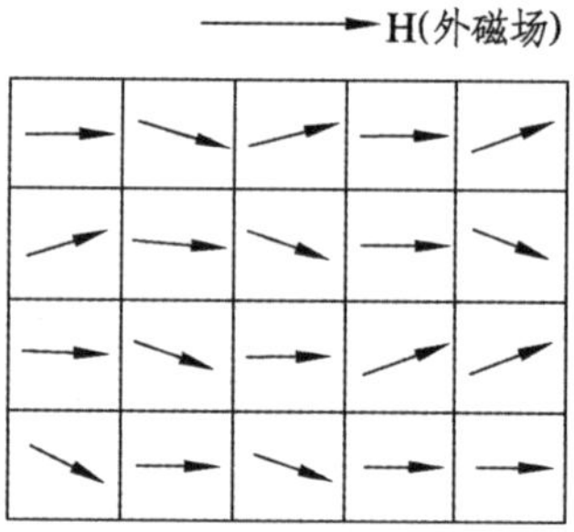

（b）磁化后

图 1-7　磁畴示意图

二、磁化曲线和磁滞回线

1. 初始磁化曲线

在非铁磁材料中，磁感应强度 B 和磁场强度 H 之间呈直线关系，直线的斜率就等于 u_0。铁磁材料的 B 与 H 之间则是曲线关系。将一块尚未磁化的铁磁材料进行磁化，当磁场强度 H 由零逐渐增大时，磁感应强度 B 将随之增大，曲线 $B=f(H)$ 就称为初始磁化曲线，如图 1-8 所示。

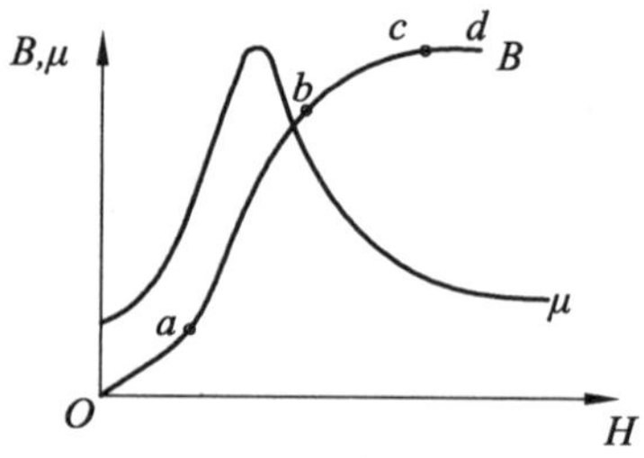

图 1-8　B 和 μ 与 H 的关系

初始磁化曲线大体上分为四段：开始磁化时，外磁场较弱，磁感应强度增加得较慢，如图 1-8 中的 Oa 段所示。随着外磁场的增强，材料内部大量的磁畴开始转向，趋向于外磁场方向，此时 B 值增加得很快，如 ab 段所示。ab 段的磁化曲线接近于直线。若外磁场继续增加，大部分磁畴已趋向于外磁场方向，可转向的磁畴越来越少，于是 B 值增加越来越慢，如 bc 段所示，这种现象称为饱和。饱和以后，磁化曲线基本上将成为与非铁磁材料的 $B=\mu_0 H$ 特性相平行的直线，如 cd 段所示。磁化曲线开始拐弯的点（如图 1-8 中的 b 点），称为膝点。

由于铁磁材料的磁化曲线不是一条直线，所以磁导率 $\mu_{Fe}=B/H$，将随 H 值的变化而变化，图 1-8 中同时表示出了曲线 $\mu_{Fe}=f(H)$。由图 1-8 可知，Oa 段的磁导率较低，直线段 ab 的磁导率较高，铁心饱和以后，磁导率又重新下降。

设计电机和变压器时，为使主磁路内得到较大的磁通量而又不过分增大励磁磁动势，通常把铁心内的工作磁通密度（即磁感应强度 B）选择在膝点附近。

2．磁滞回线

若将铁磁材料进行周期性交变磁化，B 和 H 之间的关系就会变成如图 1-9 中曲线 $abcdefa$ 所示形状。由图可知，当 H 开始从零增加到 H_m 时，B 相应地从零沿 Oa 逐步增加到 B_m，以后如逐渐减小磁场强度 H，B 值将沿曲线 ab 下降。当 $H=0$ 时，B 值并不等于零，而等于 B_r。这种去掉外磁场之后，铁磁材料内仍然保留的磁感应强度 B_r，称为剩余磁感应强度，简称剩磁。要使 B 值从 B_r 减小到零，必须加上一定的反向外磁场，此反向磁场强度称为矫顽力，用 H_c 表示。B_r 和 H_c 是铁磁材料的两个重要参数。铁磁材料所具有的这种磁感应强度 B 的变化之后与磁场强度 H 的变化的现象，称为磁滞。呈现磁滞现象的整个 B-H 闭合回线，称为磁滞回线，如图 1-9 中的闭合曲线 $abcdefa$ 所示。磁滞现象是铁磁材料的另一个特性。

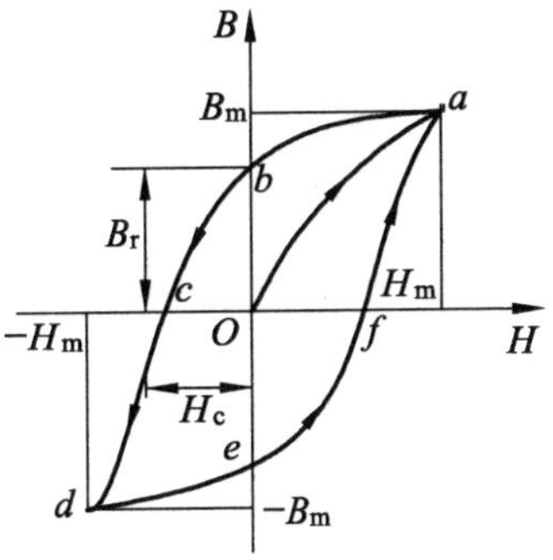

图 1-9　铁磁材料的磁滞回线

三、铁磁材料

不同的铁磁材料，其磁滞回线的形状不同，据此可将铁磁材料分为软磁材料、硬磁（永磁）材料和矩磁材料 3 类。

1．软磁材料

磁滞回线窄、剩磁 B_r 和矫顽力 H_c 都很小的材料称为软磁材料，如图 1-10（a）所示。常用的软磁材料有铸铁、铸钢和硅钢片等。软磁材料的磁导率较高，常用以制造电机和变压器的铁心。

2．硬磁材料

磁滞回线宽、B_r 和 H_c 都大的铁磁材料称为硬磁材料，如图 1-10（b）所示。常用的硬磁材料有碳钢、钨钢及铝镍钴合金等。硬磁材料剩磁 B_r 大，常用以制成永久磁铁，因而硬磁材料也称为永磁材料。

3．矩磁材料

磁滞回线接近矩形，稳定性好，具有较大的剩磁和较小的矫顽力，如图 1-10（c）所示。常用的矩磁材料有镁锰铁氧体及铁镍合金等，常用于制造计算机和控制系统中的记忆元件。

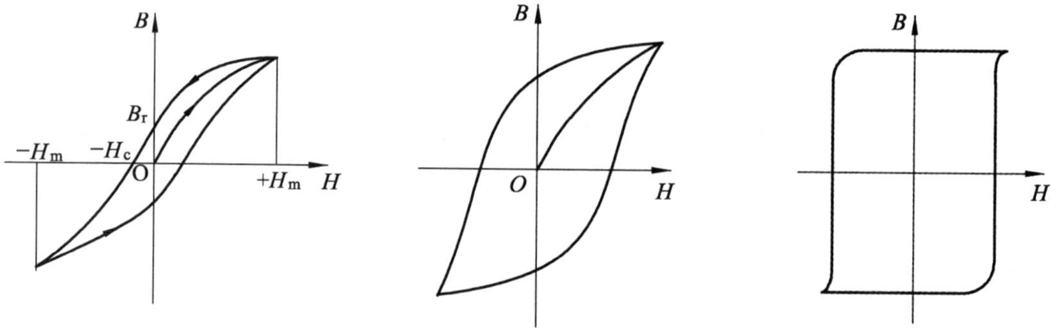

（a）软磁材料　　（b）硬磁材料　　（c）矩磁材料

图 1-10　磁滞回线

四、铁心损耗

交变磁化时的铁心损耗简称铁损（ ΔP_{Fe} ）。包括磁滞损耗和涡流损耗。铁损会使铁心发热，造成交流电机和变压器等电气设备的功率损耗增加，效率降低。

1．磁滞损耗

铁磁材料置于交变磁场中时，材料被反复交变磁化，与此同时，磁畴相互间不停地摩擦造成损耗，这种损耗称为磁滞损耗（ p_h ）。

$$p_h = fV\oint H\mathrm{d}B \tag{1-13}$$

式中　f——磁场交变的频率；

V——铁心的体积；

$\oint H\mathrm{d}B$——磁滞回线的面积。

由式（1-13）可知，交变磁化一周，在单位体积铁心内所产生的磁滞损耗与磁滞回线所包围的面积成正比。因此，为减小磁滞损耗，应选用磁滞回线较窄的软磁材料制造铁心。

2．涡流损耗

因为铁心是导电的，故当通过铁心的磁通随时间交变时，根据电磁感应定律，铁心中将产生感应电动势，并引起环流。这些环流在铁心内部围绕磁场作旋涡状流动，称为涡流，如图 1-11 中所示，涡流在铁心中引起的损耗，称为涡流损耗。

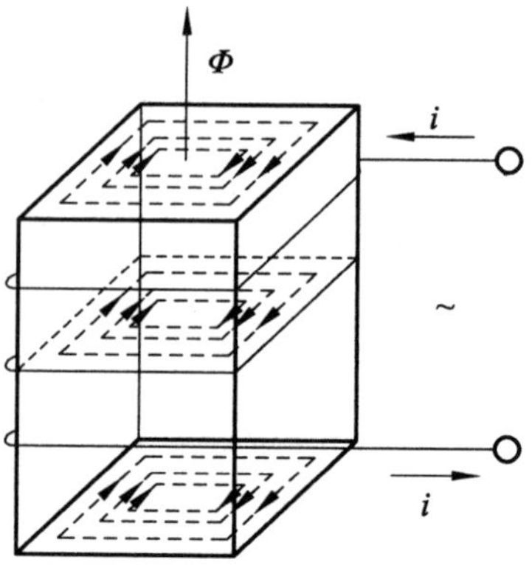

图 1-11　涡流

分析表明，整块金属的电阻很小，涡流很大，因此涡流损耗较严重。为减小涡流损耗，在顺磁场方向铁心可由彼此绝缘的薄钢片叠成，如图 1-11 所示，这样可将涡流限制在较小的截面内流通，并使回路电阻增大，涡流减小，从而减小涡流损耗。

涡流在很多情况下都是有害的，但在一些场合，它也有有利的一面，例如，利用涡流损耗的热效应来加热的高频感应电炉，就广泛用于非铁合金和特种合金的冶炼中。

五、交流铁心线圈电路

铁心线圈分为直流铁心线圈和交流铁心线圈。直流铁心线圈用直流电来励磁，它所产生的磁通势是恒定的，在线圈和铁心中不会产生感应电动势，线圈中的电流由外加电压和线圈本身的电阻决定，功率损耗也只有线圈电阻上的损耗。交流铁心线圈用交流电来励磁，它所产生的磁通是交变的，因此，其电磁关系、电压电流关系和功率损耗等都有特殊规律。

1．电磁关系

图 1-12 所示为交流铁心线圈电路，线圈匝数为 N。磁通势 N_i 产生的交变磁通分两部分，主磁通 Φ 通过铁心闭合，漏磁通 Φ_σ 通过线圈周围的空气闭合。这两个磁通在线圈中都会产生感应电动势，即主磁通电动势 e 和漏磁通电动势 e_σ。根据电磁感应定律可得

$$e=-N\frac{\mathrm{d}\Phi}{\mathrm{d}t} \tag{1-14}$$

$$e_\sigma=-N\frac{\mathrm{d}\Phi_\sigma}{\mathrm{d}t} \tag{1-15}$$

由公式 $\Phi=BS$ 可知，磁通 Φ 与 B 成正比，产生磁通的励磁电流 I 与 H 也成正比。对铁磁材料，由于 B 与 H 不成比例，因此，Φ 与 I 也不成比例，根据 $N\Phi=Li$ 可知，铁心线圈的主电感 L 不是一个常数。对非磁性材料，由于 B 与 H 成比例，因此 Φ 与 I 也成正比，根据 $N\Phi=Li$ 可知，漏电感 L_σ 为一常数。于是式（1-15）可写为

$$e_\sigma=-N=\frac{\mathrm{d}\Phi_\sigma}{\mathrm{d}t}=-L_\sigma\frac{\mathrm{d}i}{\mathrm{d}t} \tag{1-16}$$

2．电压电流关系

如图 1-12 所示，设线圈电阻为 R，磁通的参考方向与感应电动势的参考方向之间符合右手螺旋定则。则根据基尔霍夫电压定律可得

$$u+e+e_\sigma-Ri=0 \tag{1-17}$$

$$u=Ri-e_\sigma-e=Ri+L_\sigma\frac{\mathrm{d}i}{\mathrm{d}t}-e \tag{1-18}$$

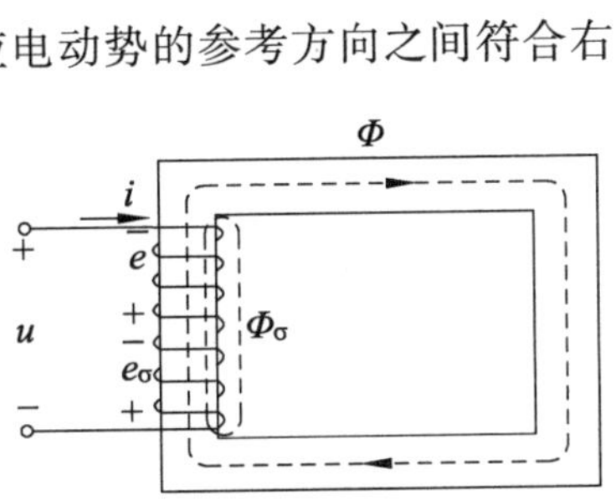

图 1-12　交流铁心线圈电路

由于外加电压 u 通常为正弦电压，所以，其他电流、电压和电动势也都为正弦量，于是电压、电流关系的相量表示式为

$$\dot{U}=R\dot{I}+\mathrm{j}X_\sigma\dot{I}-\dot{E} \tag{1-19}$$

式中　X_σ——漏磁感抗，$X_\sigma=\omega L_\sigma$。

设主磁通 $\Phi = \Phi_m \sin \omega t$，则

$$e = -N\frac{d\Phi}{dt} = -N\frac{d(\Phi_m \sin \omega t)}{dt} = -N\omega\Phi_m \cos \omega t$$
$$= 2\pi f N\Phi_m \sin(\omega t - 90°) = E_m \sin(\omega t - 90°) \tag{1-20}$$

式中，$E_m = 2\pi f N\Phi_m$，为主磁通电动势 e 的最大值。e 的有效值为

$$E = \frac{E_m}{\sqrt{2}} = \frac{2\pi f N\Phi_m}{\sqrt{2}} = 4.44 f N\Phi_m \tag{1-21}$$

式中　B_m——铁心中磁感应强度的最大值，T；
S——铁心截面积，m^2。

3．功率损耗

交流铁心线圈的功率损耗主要有铜损和铁损两种。其中，铜损是指线圈电阻 R 上的功率损耗 RI^2，用 ΔP_{Cu} 表示；铁损是指处于交变磁化下铁心内的功率损耗，用 ΔP_{Fe} 表示，它包括磁滞损耗 ΔP_h 和涡流损耗 ΔP_e。因此，交流铁心线圈的功率损耗为

$$\Delta P = \Delta P_{Cu} + \Delta P_{Fe} = \Delta P_{Cu} + \Delta P_h + \Delta P_e \tag{1-22}$$

任务三　机车电机的分类

电机的种类很多，静止的有变压器，运动的有直线电机和旋转电机。直线电机应用较少，技术较为复杂，我们主要学习旋转电机。按电流制分类有直流电机和交流电机。直流电机按励磁方式不同分为他励电机、并励电机、串励电机和复励电机；交流电机有异步电机和同步电机两大类。直流电机和交流电机在机车上应用广泛。按能量转换的角度分类，有发电机和电动机。发电机是由原动机拖动，将机械能转换为电能的装置；电动机是将电能转换为机械能，驱动生产机械的装置。需要指出的是，发电机和电动机只是电机运行的两种形式，其本身是可逆的。也就是说，一台电机既可作为发电机运行，又可作为电动机运行。

复习思考题 >>>

1. 简述铁磁性材料磁化过程。
2. 什么是剩磁？什么是矫顽力？
3. 简述软磁材料、硬磁材料和矩磁材料之间的区别。
4. 什么是磁滞损耗？什么是涡流损耗？

项目二　直流电机

微课：直流电机

直流电机是实现直流电能和机械能互相转换的旋转电机。将直流电能转换为机械能的是直流电动机，直流电动机具有宽广的调速范围、较强的过载能力和较大的启动转矩等特点，因此广泛应用于对启动和调速要求较高的生产机械中，如电力机车、内燃机车、工矿机车、城市机电及轧钢机等的拖动机车。将机械能转换为电能的是直流发电机，直流发电机可作为直流电源。直流电机具有可逆性，既可作为电动机使用，也可作为发电机使用。本项目介绍直流电机结构、工作原理、感应电动势及电磁转矩的一般计算方法，以及常用的电工材料等内容。

任务一　直流电机的工作原理

图 2-1 表示一台最简单的两极直流电机模型，它的固定部分（定子）上，装有一对用直流励磁的主磁极 N 和 S，在旋转部分（转子）上装设电枢。定子与转子之间有一气隙。电枢铁心上装有由 A 和 X 两根导体连接而成的电枢线圈，线圈的首端和末端分别接到两个圆弧形的铜片 K_1 和 K_2，此铜片称为换向片，换向片之间互相绝缘。由换向片构成的整体称为换向器，换向器固定在转轴上。换向器上放置着一对静止不动的电刷 B_1 和 B_2，电枢旋转时，电枢线圈通过换向片和电刷与外电路连接。

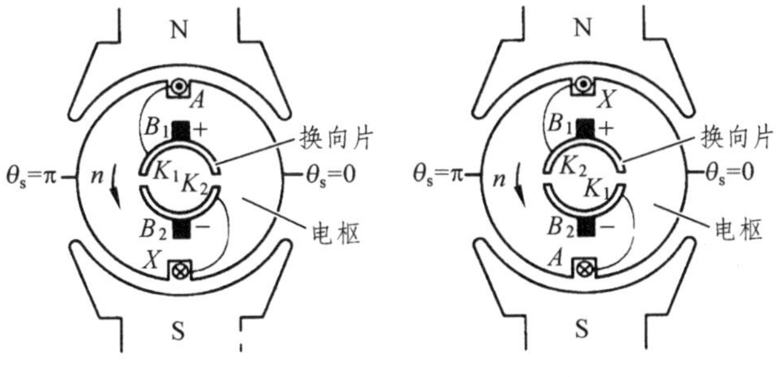

图 2-1　两极直流电机模型

1．直流发电机的工作原理

直流发电机是将机械能转换为直流电能的旋转电机。

图 2-2 为直流发电机的物理模型，N、S 为定子磁极，*abcd* 是固定在可旋转导磁圆柱体上的线圈，线圈连同导磁圆柱体称为电机的转子或电枢。线圈的首末端 *a*、*d* 连接到两个相互绝缘并可随线圈一同旋转的换向片上。转子线圈与外电路的连接是通过放置在换向片上固定不动的电刷进行的。

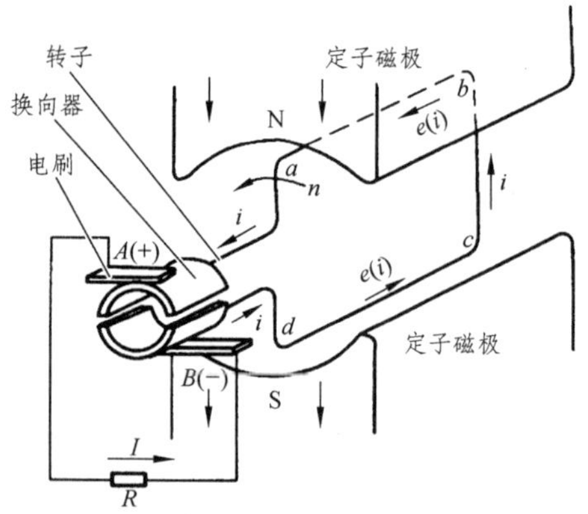

（a）

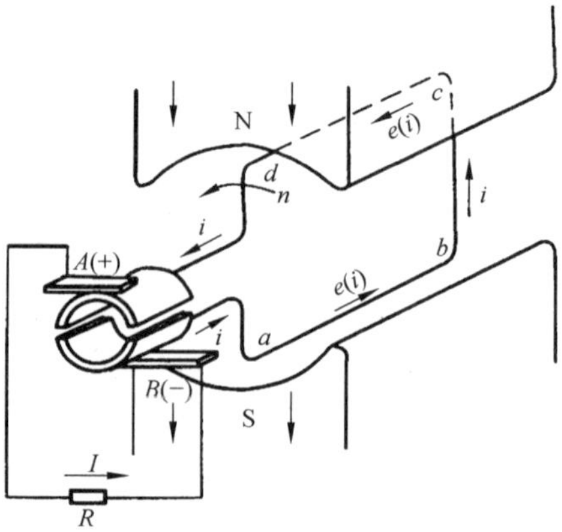

（b）

图 2-2 直流发电机工作原理

当原动机驱动电机转子逆时针旋转时，线圈 *abcd* 将感应电动势。如图 2-2（a）所示，导体 *ab* 在 N 极下，*a* 点高电位，*b* 点低电位；导体 *cd* 在 S 极下，*c* 点高电位，*d* 点低电位；电刷 *A* 极性为正，电刷 *B* 极性为负。

当电枢转过 90° 时，线圈 *abcd* 转到 N、S 极之间的几何中心线上，此处的磁感应强度为零，故这一瞬间感应电动势为零。

当原动机驱动电机转子逆时针旋转 180° 后，如图 2-2（b）所示。

导体 *ab* 在 S 极下，*a* 点低电位，*b* 点高电位；导体 *cd* 在 N 极下，*c* 点低电位，*d* 点高电位；电刷 *A* 极性仍为正，电刷 *B* 极性仍为负。

与电刷 *A* 接触的导体总是位于 N 极下，与电刷 *B* 接触的导体总是位于 S 极下，电刷 *A* 的极性总是正的，电刷 *B* 的极性总是负的，在电刷 *A*、*B* 两端可获得直流电动势。

由以上分析可知，线圈内部为一交变电动势，如图 2-3 所示，但电刷引出的电动势为一单方向的直流电动势，如图 2-4 所示。从图中可以看出，感应电动势数值较小，波动较大。为了减小电动势的脉动，在实际中电枢上放置许多线圈按一定规律组成电枢绕组，波形如图 2-5 所示，其脉动程度大为减小。

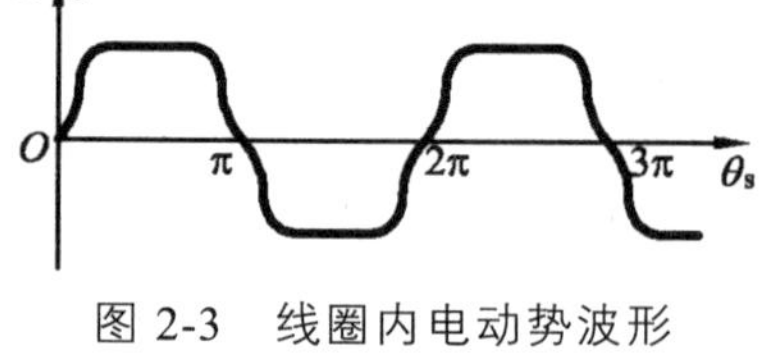

图 2-3 线圈内电动势波形

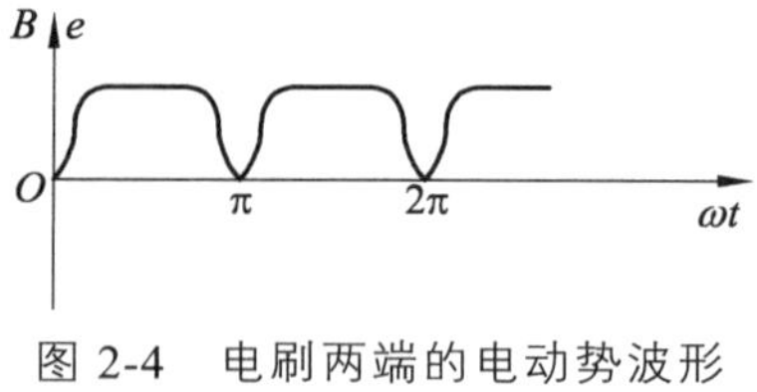

图 2-4 电刷两端的电动势波形

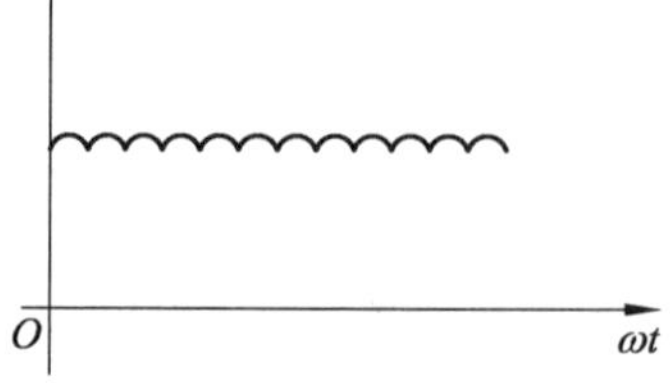

图 2-5 多个线圈电刷两端的电动势波形

2．直流电动机的工作原理

直流电动机是将电能转换为机械能的旋转电机。图 2-6 所示为直流电动机工作原理图。

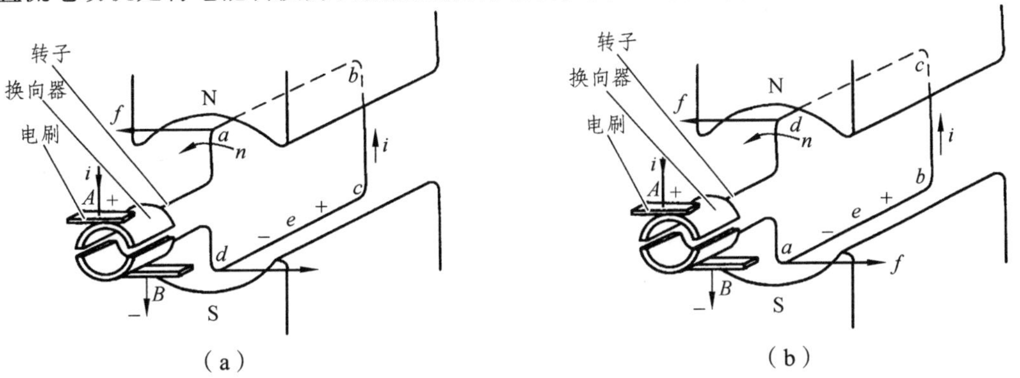

图 2-6　直流电动机工作原理

如图 2-6（a）所示，把电刷 A、B 接到直流电源上，其中电刷 A 接正极，电刷 B 接负极。此时电枢线圈中电流方向为 $+\rightarrow A\rightarrow$换向器$\rightarrow a\rightarrow b\rightarrow c\rightarrow d\rightarrow$换向器$\rightarrow B\rightarrow -$。在磁场的作用下，N 极性下导体 ab 受力方向从右向左，S 极下导体 cd 受力方向从左向右。该对电磁力矩形成逆时针方向的电磁转矩。当电磁转矩大于阻转矩时，电机转子逆时针方向旋转。

当电枢转过 90° 时，电刷不与换向片接触，此时线圈内没有电流流过，$i=0$，故电磁转矩 $T=0$。由于机械惯性作用，电枢转过这一角度。电刷 A、B 又接到换向器上，线圈内又有电流流过。此时导体 ab、cd 电流改变方向，即为 $b\rightarrow a$ 和 $d\rightarrow c$。

当电枢旋转 180°，到图 2-6（b）所示位置时，原 N 极性下导体 ab 转到 S 极下，受力方向从左向右，原 S 极下导体 cd 转到 N 极下，受力方向从右向左。该电磁力形成逆时针方向的电磁转矩。线圈在该电磁力形成的电磁转矩作用下继续逆时针方向旋转。在实际当中，为了获得持续的转矩，和发电机一样，在电枢上安装许多线圈组成电枢绕组。

任务二　直流电机的基本结构及铭牌数据

一、直流电机的基本结构

直流电机由静止的定子与旋转的转子两部分组成，在定子与转子之间有一个储存磁能的气隙。图 2-7 所示为一台国产直流电机的结构图。

（一）定子

定子是直流电机的静止部分，其作用是产生磁场和作为电机的机械支撑。定子由机座、主磁极、换向极和电刷装置组成。

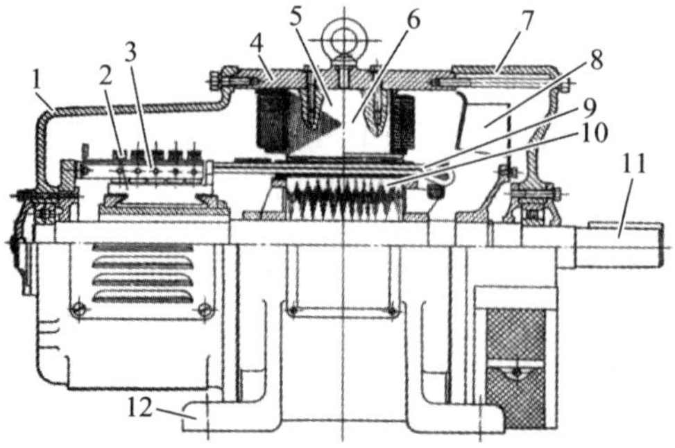

1—端盖；2—换向器；3—电刷装置；4—机座；5—主磁极；6—换向极；7—端盖；
8—风扇；9—电枢绕组；10—电枢铁心；11—转轴；12—底脚。

图 2-7 国产直流电机的结构图

1．机座

机座一般用铸钢或厚钢板焊接而成。它用来固定主磁极、换向极及端盖，并且借助底脚将电机固定于基础上。机座还是磁路的一部分，用以通过磁通的部分称为磁轭。电机结构如图 2-8 所示。端盖主要起支撑作用，端盖固定于机座上，其上放置轴承，支撑直流电机的转轴，使直流电机能够旋转。

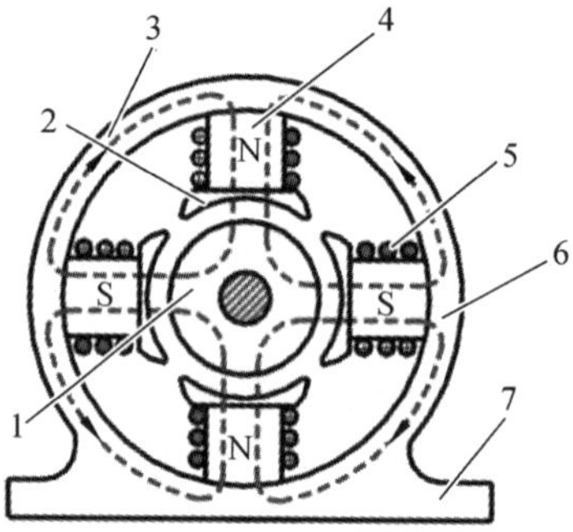

1—转子；2—极靴；3—磁轭；4—极身；
5—励磁绕组；6—机座；7—底脚。

图 2-8 电机结构图

2．主磁极

主磁极的作用是建立主磁场。主磁极由主极铁心和套装在铁心的励磁绕组构成，如图 2-9 所示。主磁极包括磁极和励磁绕组两部分。当励磁绕组中通入直流电流后，即产生励磁磁通，并在气隙中建立励磁磁场。励磁绕组通常用圆形或矩形的绝缘导线制成一个集中的线圈，套在磁极外面。主磁极一般用 1 ~ 1.5 mm 厚的低碳钢板冲片叠压铆接而成，主磁极柱体部分称为极身，靠近气隙一端较宽的部分称为极靴，极靴与极身交接处形成一个突出的肩部，用以支撑住励磁绕组。极靴沿气隙表面成弧形，使磁极下气隙磁通密度分布更合理。整个主磁极用螺杆固定在机座上。

主磁极总是 N、S 两极成对出现。各主磁极的励磁绕组通常是相互串联连接，连接时要能保证相邻磁极的极性按 N、S 极交替排列。

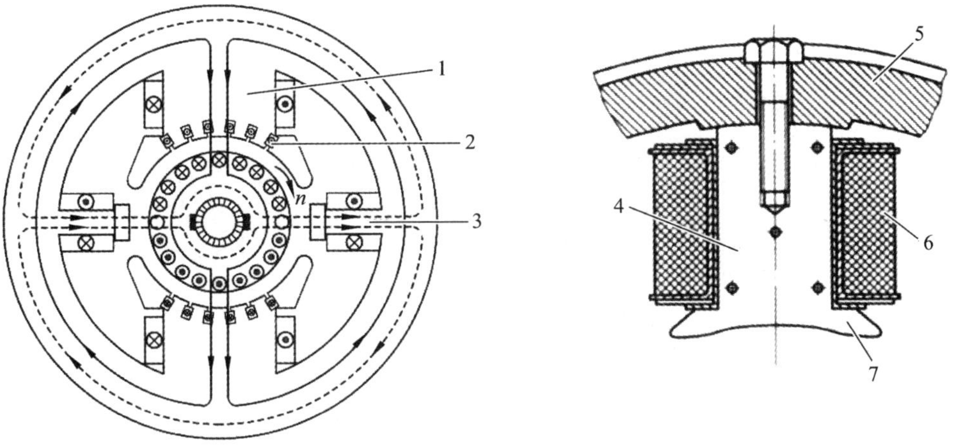

1—主极；2—补偿绕组；3—换向极；4—主极铁心；5—机座；6—励磁绕组；7—极靴。

图 2-9　主磁极

3．换向极

换向极又称为附加极，它装在两个主极之间，用来改善直流电机换向。换向极也由磁极和绕组构成，如图 2-10 所示。换向极大多由整块钢板加工而成。但在整流电源供电的功率较大的电机中，为了更好地改善电机的换向，换向极也采用叠片结构。换向极线圈与主极线圈一样也是用圆铜线或扁铜线绕制而成，经绝缘处理后套在换向极上，最后用螺钉固定在机座内壁上。

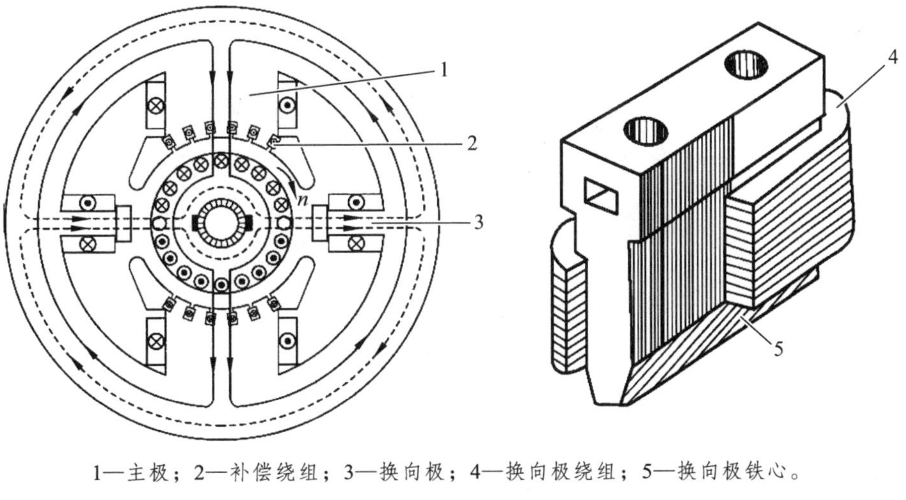

1—主极；2—补偿绕组；3—换向极；4—换向极绕组；5—换向极铁心。

图 2-10　换向极

4．电刷装置

电刷装置的作用是通过电刷与换向器表面的滑动接触把转动的电枢绕组与外电路相连。如图 2-11 所示，电刷装置一般由电刷、刷握、刷杆及刷杆座等部分组成。电刷一般用石墨粉压制而成，电刷装在刷握盒内，用压紧弹簧压紧在换向器的表面上。刷握固定在刷杆上，刷杆装在刷杆座上，彼此之间绝缘。

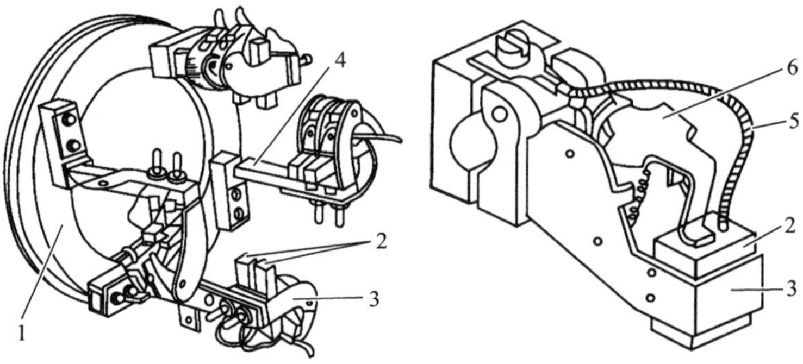

1—刷杆座；2—电刷；3—刷握；4—刷杆；5—钢丝辫；6—压紧弹簧。

图 2-11 电刷装置

（二）转子

直流电机转子又称为电枢，由转轴、电枢铁心、电枢绕组及换向器等组成。

1．转轴

转轴作用是传递转矩，要求具有足够的机械强度，一般为合金钢锻压而成。

2．电枢铁心

电枢有两个作用：一是固定电枢绕组，承受电磁力；二是作为磁路主要部分。为了减少铁损，一般用 0.5 mm 厚的硅钢冲片叠压而成。如图 2-12 所示，电枢铁心上有电枢槽、轴孔和通风孔，其中电枢槽内嵌放电枢绕组。

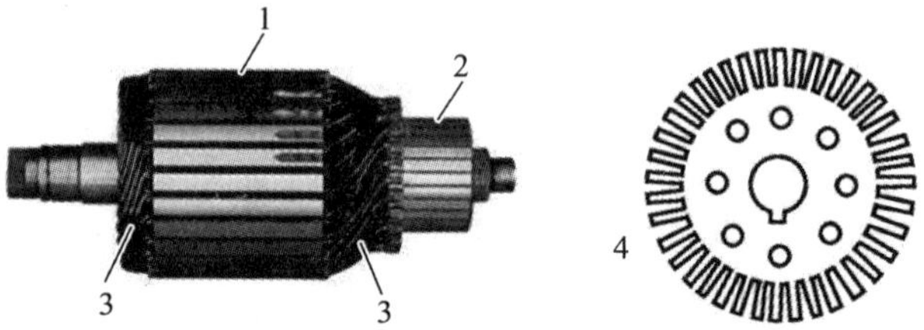

1—电枢；2—换向器；3—电枢绕组；4—冲片。

图 2-12 电枢与电枢铁心冲片

3．电枢绕组

电枢绕组的作用是产生感应电势，通过电流产生电磁转矩，实现机电能量的转换。电枢绕组是电机的核心部件，如图 2-12 所示，是电机的主要电路部分。电枢绕组通常用带绝缘的圆形或矩形截面的导线绕制而成，再按一定规律嵌放在电枢槽内，线圈与之间以及上下层之间均要妥善绝缘，用槽楔压紧，再用玻璃丝带或钢丝扎紧。绕组端头则按一定规则嵌放在换向器的升高片槽内，并用锡焊或氩弧焊焊牢。

4．换向器

换向器作用是机械变流。在直流电动机中，它将外加的直流电流转换为绕组内的交流电流；在直流发电机中，它将绕组内的交流电动势转换为电刷端的直流电动势。换向器的结构如图 2-13 所示。换向器由许多换向片组成，换向片间用云母绝缘。换向器凸起的一端称为升高片，用以与电枢绕组端头相连，换向器下部做成燕尾形，利用换向器套筒、V 形压圈及螺旋压圈将换向片、云母片紧固成一个整体，在换向片与套筒、压圈之间用 V 形云母片绝缘，最后将换向器压装在转轴上。

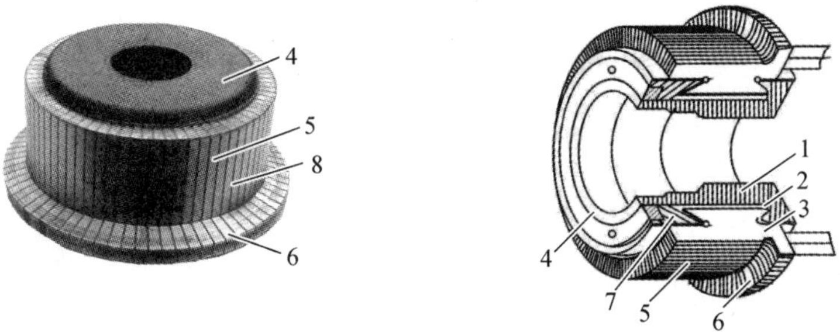

1—换向器套筒；2—V 形云母环；3—连接片；4—螺旋压圈；
5—换向铜片；6—升高片；7—V 形压圈；8—云母片。

图 2-13　换向器

二、直流电机的铭牌数据

每台电机都有一个铭牌，上面标注各种额定数据，简要介绍这台电机型号、规格及性能，是用户合理选择和使用电机的依据。如图 2-14 所示。

直流电动机	
型号　Z_3-95	产品编号　7001
结构类型 励磁方式他励	
功率　30 kW	励磁电压　220 V
电压　220 V	工作方式 连续
电流　160.5 A	绝缘等级 定子 B 级 转子 B 级
转速　750 r/min	质量　685 kg
标准编号　JB1104-68	出厂日期　　年　月

图 2-14　直流电机的铭牌数据

（一）直流电动机的型号

电机的铭牌上都标有电机的型号，直流电机的型号很多，各有不同的特点和使用范围。一般用途的直流发电机的类型代号为 ZF，直流电动机的类型代号为 Z（或 ZD）；电机类型代号后面的数字表示电机的尺寸和规格，如图 2-14 所示电机型号 Z_3-95，Z 表示直流电动机，注脚 3 表示第三次改型设计，后面的第一个数字 9 表示机座号，第二个数字 5 表示长度铁心长度序号。

机车用的牵引电机型号含义有所不同，例如：ZQDR-410 为 DF_4 型内燃机车的牵引电动机的型号，Z 表示直流，Q 表示牵引，R 表示“热”力机车，内燃机车为热力机车之一，D 表示电动机。此型号表示热力机车用直流牵引电动机，额定功率 410 kW。ZD105 型牵引电动机为 SS_4 型和 SS_4 改型电力机车脉流牵引电机，其中 Z 表示直流，D 表示牵引电动机，1 表示牵引电动机，05 为设计序号。

（二）额定值

根据国家标准要求设计和试验所得的一组反映电机性能的主要数据，称为电机的额定值。

1．额定功率 P_N

额定功率指额定条件下电机所能提供的功率。对于发电机，额定功率是指出线端输出的额定电功率；对于电动机，额定功率是指转轴上输出的机械功率，单位为千瓦（kW）。额定功率、额定电压和额定电流的关系为

发电机： $$P_N = U_N I_N \tag{2-1}$$

电动机： $$P_N = U_N I_N \eta_N \tag{2-2}$$

2．额定电压 U_N

额定电压指电机安全工作时，电枢绕组允许输出的最高电压或外加电压，单位为伏（V）。

3．额定电流 I_N

额定电流指电机按照规定的工作方式运行时，电枢绕组允许流过的最大安全电流，单位为安（A）。

4．额定转速 n_N

额定转速指电机在额定电压额定电流和额定输出功率时电机的旋转速度，单位为转/分（r/min）。此外还有工作方式、励磁方式、额定励磁电压、额定温升及额定效率 η_N 等。

电力机车用 ZD105 型牵引电动机的额定功率为 800 kW，额定电压为 1 020 V，额定电流为 840 A，额定转速为 960 r/min，工作方式为连续式等。

任务三 直流电机的电枢绕组

绕组是直流电机实现机电能量转换的枢纽，为直流电机的重要部件，绕组的形式与电机的性能、寿命和效率有很大关系。它的制造工艺比较复杂，在运行中易发生故障，因此，设计绕组时要求：

① 能通过规定的电流和产生足够大的电势；

② 尽可能节省有色金属和绝缘材料；

③ 保证换向良好。

一、电枢绕组的基本术语

电枢绕组是由结构和形状相同的绕组元件（简称元件）构成的。一个元件由两个元件边和端接组成，并且两个元件边安放在不同的槽中，如图 2-15 所示。元件边是指在槽中能切割磁场感应电动势和产生电磁转矩的部分，也称有效边；端接是指在槽外仅起连接作用的部分。直流电机的电枢绕组是双层的，即元件的一个有效边放在某一槽的上层，称为上层边（绘图时画实线），另一个有效边放在相隔一定距离的另一个槽的下层，称为下层边（画虚线），若电枢每槽上、下层只有一个元件边，则整个绕组的元件数等于槽数。

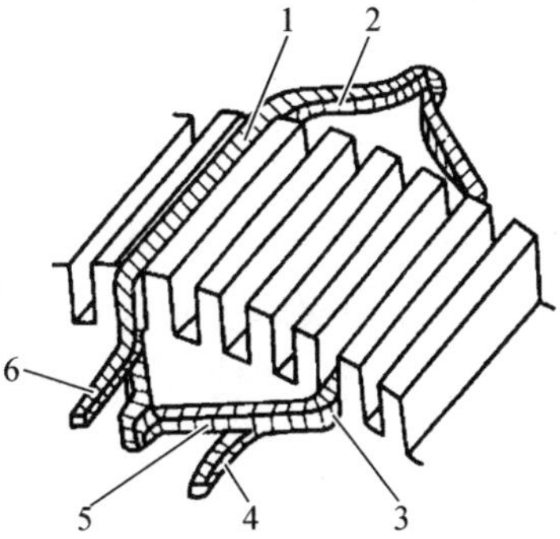

1—上层有效边；2，5—端接部分；
3—下层有效边；4—线圈尾端；
6—线圈首端。

图 2-15　线圈在槽内安放的示意图

直流电机电枢绕组的形式有很多，其基本形式有单叠绕组和单波绕组两类，这里只讨论单叠绕组和单波绕组，如图 2-16 所示。

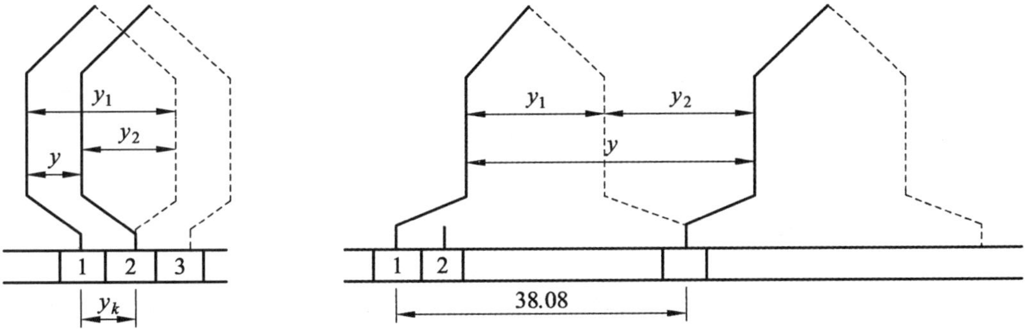

（a）单叠绕组　　　　（b）单波绕组

图 2-16　电枢绕组的基本形式

下面接着学习直流电机绕组的基本术语。

1．极距 τ

极距 τ 是指相邻两个主极轴线沿电枢表面所跨的空间距离，即

$$\tau = \pi D_a / 2p \tag{2-3}$$

式中，D_a 为电枢铁心的外直径；p 为电机主磁极对数。

极距有时用槽数 Z 来表示，即

$$\tau = Z / 2p \tag{2-4}$$

式中，Z 表示电枢铁心表面的总槽数。

2．第一节距 y_1

每一元件的两个元件边在电枢表面所跨的距离，用槽数来表示。

例：上元件边在 1 槽，下元件边在 5 槽，则 $y_1=5-1=4$。为了使绕组感应电动势最大，应使 y_1 接近于极距 τ。通常取 y_1 接近于极距 τ，即

$$y_1=\frac{Z}{2p}\pm\varepsilon \tag{2-5}$$

式中，ε 是用来凑成 y_1 为整数的小数，当 ε 取“+”时，为长距线圈；当 ε 取“－”时，为短距线圈；当 $\varepsilon=0$ 时，为整距线圈。为了节省材料，不采用长距线圈。

3．合成节距 y 与第二节距 y_2

合成节距 y 是指相串联两个元件的对应有效边（上层边或下层边）沿电枢表面所跨的距离，一般用槽数来表示；第二节距 y_2 是指相串联两个元件的前一个元件的下层边与后一个元件的上层边沿电枢表面所跨的距离，一般也用槽数表示。如图 2-16 所示，若定义叠绕组的 y_2 为负，波绕组的 y_2 为正，则合成节距与第一和第二节距有如下关系：

$$y=y_1+y_2 \tag{2-6}$$

4．换向节距 y_k

换向节距 y_k 是指一个元件的两个出现端所接的两个换向片之间的距离，一般用换向片数表示。通常换向片数等于元件数，因此合成节距等于换向节距，如图 2-16 所示。

二、单叠绕组和单波绕组

电枢绕组的形式很多，下面仅介绍单叠绕组和单波绕组。

（一）单叠绕组

如图 2-16（a）所示，元件的两个出线端连接于相邻的两个换向片上；相邻元件依次串联，后一元件的首端与前一元件的尾端连在一起，并接到同一个换向片上，最后一个元件的尾端与第一个元件的首端连在一起，形成一个闭合回路。由于后一个元件总是“叠”在前一个元件上，所以形象地称为“叠绕组”。

下面以极对数 $p=2$，槽数 $Z=16$，元件数 S，换向片数 K 为 16 的直流电机为例绘制绕组展开图说明单叠绕组的连接特点和支路组情况。

1．计算节距

单叠 $y_1=y_k=1$，第一节距 $y_1=16/4=4$，该绕组为整距绕组，第二节距 $y_2=y-y_1=1-4=-3$。

2．绘制绕组展开图

假设把电枢从某一个齿的中间沿轴向切开，可以展开成一平面绕组连接图，如图 2-17 所示。箭头和 n 表示电枢旋转的方向和转速；槽内元件的上层边用实线表示，下层边用虚

线表示；元件、槽及换向片自左至右编号，元件顶上的号码表示元件号，中间的号码表示槽号。编号的原则是，元件号、元件上层边安放的槽号以及该边所连接的换向片采用相同的编号。例如，1 号元件的上层边放在 1 号槽中，并与 1 号换向片相连，根据 $y_1 = 4$，1 号元件的下层边应在 5 号槽中；根据 $y_k = 1$，下层边出现端应与 2 号换向片相连。接着 2 号换向片与放在 2 号槽中的 2 号元件的上层边相连，2 号元件下层边应放在 6 号槽中，并与 3 号换向片相连。依此类推，最后 16 号元件的下层边与 1 号换向片相连，从而所有元件组成一个闭合回路。

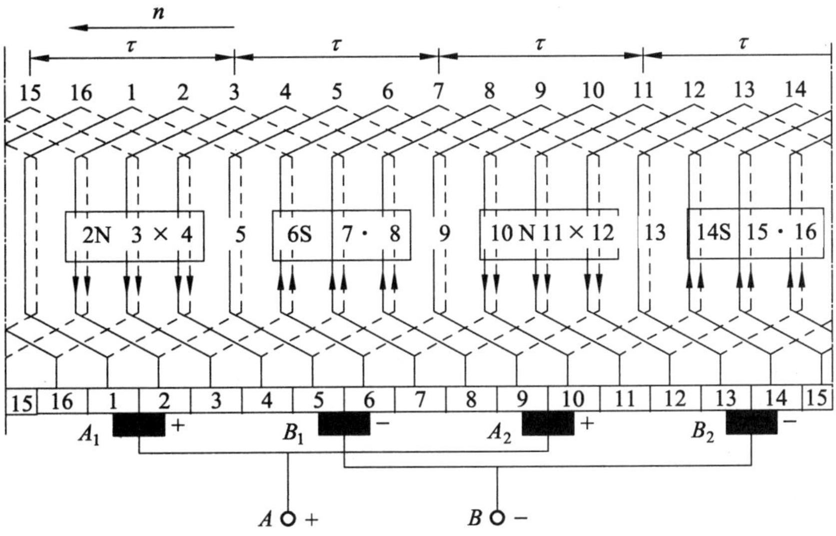

图 2-17　$Z = 16$，$2p = 4$ 的单叠绕组展开图

3．安放主磁极和电刷

根据所给定的主磁极数，取磁极宽度约为 0.7，将主磁极 N 极和 S 极相间均匀放置在绕组展开图中，表明各磁极在圆周上的位置是均匀对称的。假设磁极在绕组上面。两个磁极间的中心线称为几何中性线。为使正负电刷间能获得最大的感应电动势，且被电刷短接的元件的感应电动势最小，电刷应放在磁极轴线的位置上，即电刷的中心线对着磁极的中心线，如图 2-17 所示。

4．单叠绕组的瞬间电路图

按照图 2-17 所示单叠绕组展开图，可以画出该瞬间的绕组电路图，根据主磁极的极性和电枢的旋转方向，可以确定各元件中感应电动势的方向及电刷的极性。如图 2-18 所示，此时被电刷短接的元件，其元件边恰好在两个主磁极之间的几何中性线上，该处的磁感应确定为零，故两条元件边的感应电动势为零，被电刷短路时也不会产生环流。此时电刷的位置，习惯上称为“电刷放在几何中性线位置”。

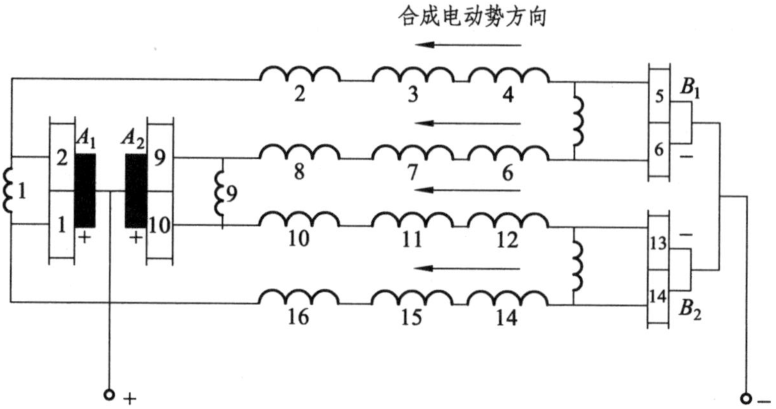

图 2-18 单叠绕组瞬间电路

5．单叠绕组的并联支路数

单叠绕组的并联支路数等于电机极数。并联支路对数等于极对数，即

$$a = p \tag{2-7}$$

式中，a 为并联支路对数。

（二）单波绕组.

单波绕组的连接特点是把相隔约为一对极距的同极性磁极下对应位置的所有元件串联起来，直到沿电枢和换向器绕过一周后，恰好回到起始换向片的相邻一片上。由于元件串联后形成波浪形，所以形象地称为“波绕组”，如图 2-16（b）所示。

从图 2-16（b）可看出，如果电机有 p 对磁极，元件接绕电枢一周后，就有 p 个元件串联起来。从换向器上看，每连一个元件前进 y_k 片，连接 p 各元件后所跨过的总的换向片数为 p_{y_k} 片。由于单波绕组在换向器上绕过一周后，应回到起始换向片的相邻一片上，即总共跨过 $K+1$ 片，故换向节距 y_k 与合成节距 y 应满足

$$y_k = y = (K \pm 1)/p \tag{2-8}$$

在式中，若取“-”，表示元件接绕一周后，比出发时的换向片后退一片，称为左行绕组；若取“+”号，表示元件接绕一周后，比出发时的换向片前进一片，称为右行绕组。右行绕组因端接部分交叉，较少采用。

下面以极对数 $2p=4$，$Z=S=K=15$ 的直流电机为例绘制绕组展开图，说明单波绕组的连接特点和支路组成情况。

1．计算节距

采用左行绕组，则合成节距与换向节距为 $y = y_k = (K-1)/p = (15-1)/2 = 7$。

采用短距绕组，第一节距 $y_1 = 15/4 - \varepsilon = 3$；第二节距 $y_2 = y_k - y_1 = 7-3 = 4$。

2．绘制绕组展开图

单波绕组的展开图如图 2-19 所示，图中箭头、符号、编号和虚线、实线的表示与单叠绕组相同。例如，1 号元件的上层边放在 1 号槽中，并与 1 号换向片相连。根据 y_1=3，1 号元件的下层边应在第 4 个槽中，再根据 y_k=7 可知，1 号元件的下层边应与 8 号换向片相连。接着 8 号换向片与放在 8 号槽中的 8 号元件的上层边相连，8 号元件的下层边应放在 11 号槽中，并与 15 号换向片相连，依此类推，最后 9 号元件的下层边与 1 号换向片相连，从而所有元件组成一个闭合回路。单波绕组元件的连接次序如图 2-20 所示。

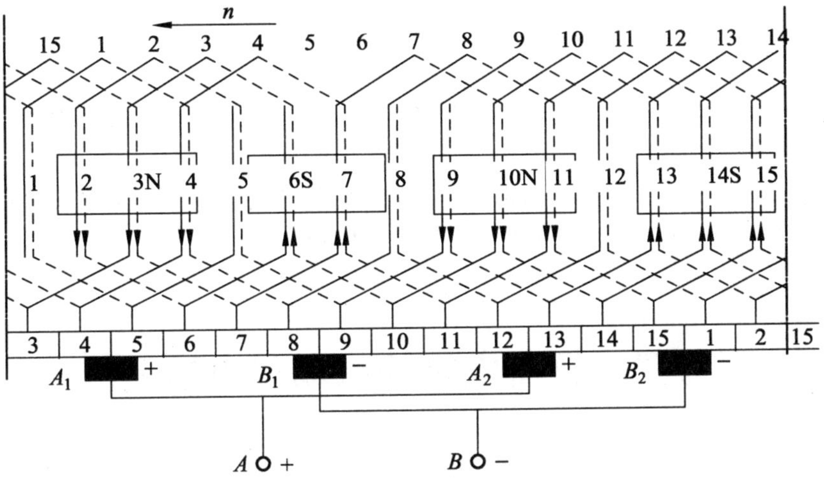

图 2-19　$Z=15$，$2p=4$ 的单波绕组展开图

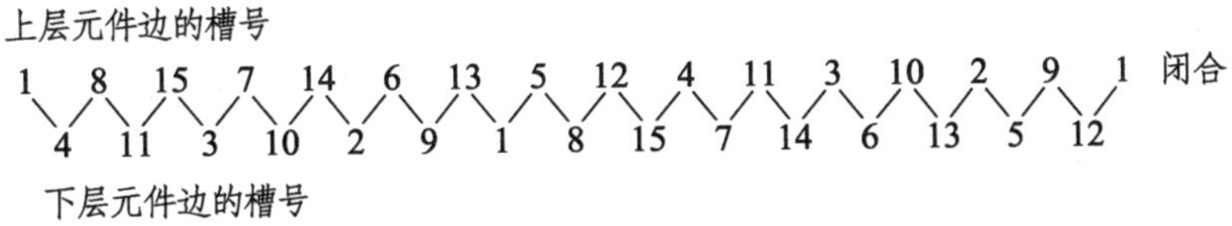

图 2-20　单波绕组元件的连接次序

3．安放主磁极和电刷

主磁极和电刷的安放原则与单叠绕组相同。

4．单波绕组的瞬间电路图

按照图 2-19 所示的单波绕组展开图，可画出该瞬间的电路图，如图 2-21 所示，图中，元件 15、7、14、6 和 13 的上层边都在 S 极下，电动势方向相同，串联起来组成一条支路；元件 4、11、3、10 和 2 的上层边都在 N 极下，电动势方向也相同，串联起来组成另一条支路。此时，元件 5 和 12 被电刷 A_1、A_2 短路，元件 1、8 和 9 被电刷 B_1、B_2 短路，由于这五个元件的感应电动势接近于零，故环流也接近于零。

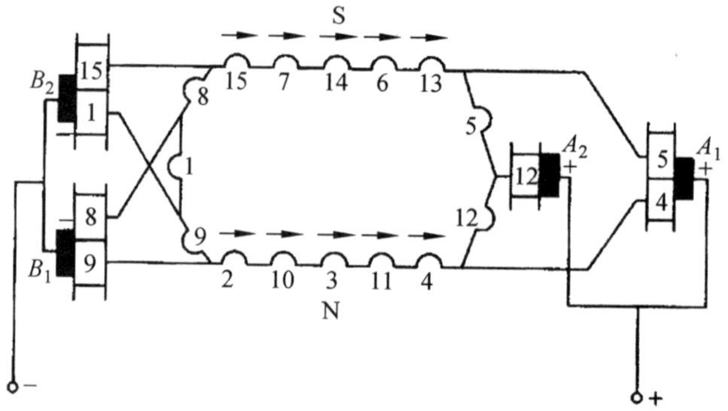

图 2-21 单波绕组瞬间电路

5．单波绕组的绕组并联支路数

由单波绕组的瞬间电路可知，单波绕组的并联支路数恒等于 2，与主极数无关。并联支路对数 $a=1$。

另外，虽然单波绕组只有两条支路，即只需两组电刷，但考虑到支路的对称性和电刷下的电流密度对称性的要求，一般仍取电刷组数等于磁极数。

任务四 直流电机的磁场和电枢反应

由直流电机的基本工作原理的分析可知，发电机将机械能转换为电能、电动机将电能转换为机械能的必要条件之一，是必须具有气隙磁通。因此，必须在直流电机主磁场和励磁绕组中通以励磁电流来产生磁势，才能产生气隙磁通。电枢绕组切割气隙磁通产生感应电动势，或者由电枢绕组与气隙磁通相互作用产生电磁转矩，从而实现机电能量的转换。因此分析电机的磁场是分析电机运行状态的基础。

一、励磁方式

直流电机的励磁方式是指直流电机的励磁绕组和电枢绕组之间的连接方式。不同励磁方式的直流电机，其特性有很大的差异。按照励磁方式的不同，直流电动机可分为他励、并励、串励、复励电机，如图 2-22 所示。

1．他励电机

励磁绕组和电枢绕组各自分开，励磁绕组由独立电源供电，如图 2-22（a）所示。励磁电流 I_f的大小只取决于励磁电源的电压和励磁回路的电阻，而与电机的电枢电压大小和负载无关。用永久磁铁作主磁极的电机可作为他励电机。

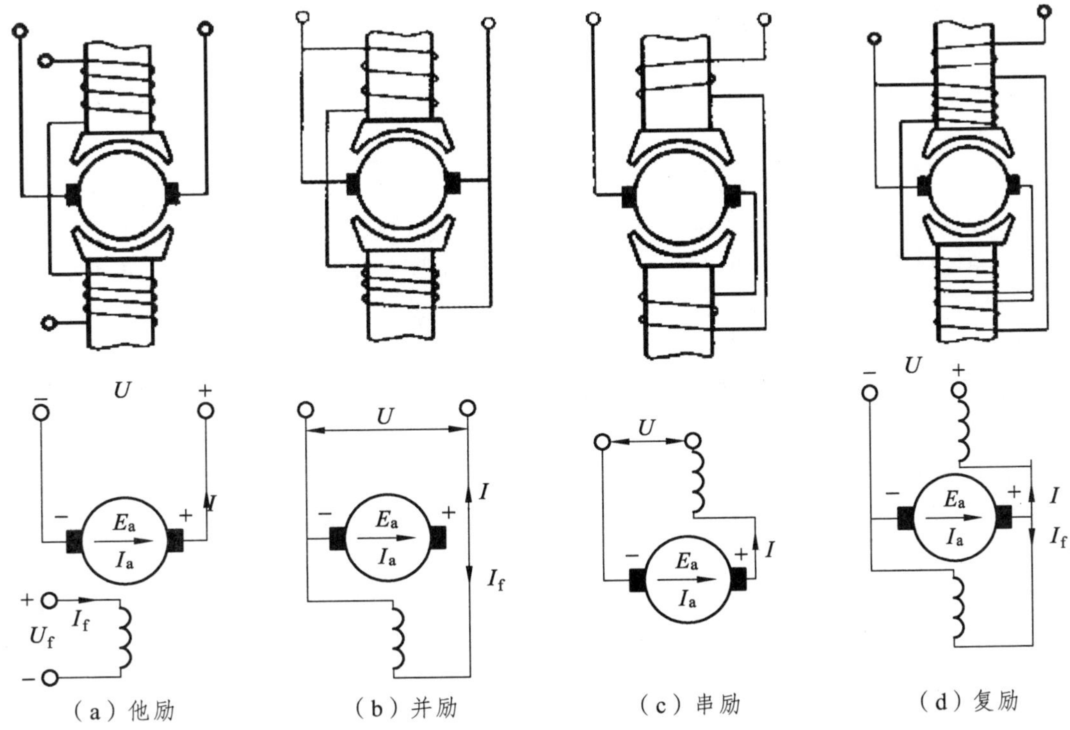

图 2-22　直流电机的励磁方式

2. 并励电机

励磁绕组和电枢绕组相并联如图 2-22（b）所示。励磁电流一般为额定电流的 5%，要产生足够大的磁通，需要较多的匝数。所以并励绕组匝数多，导线较细。

3. 串励电机

励磁绕组和电枢绕组相串联，如图 2-22（c）所示。励磁电流与电枢电流相同，数值较大。因此串励绕组匝数较少，导线较粗。

4. 复励电机

主磁极有两个励磁绕组：一个是串励，一个是并励，如图 2-22（d）所示。通常并励绕组起主要作用（70% 以上），串励绕组仅起补偿作用。若串励绕组和并励绕组磁势方向相同，称为积复励；若串励绕组和并励绕组磁势方向相反，称为差复励。并励绕组，匝数多导线细；串励绕组，匝数少导线粗。

直流电机各类绕组接线后，其引出线的端头要加以标记，根据 IEC 国际标准规定的各绕组端线符号如表 2-1 所示。

表 2-1　直流电机各绕组线段符号

绕组名称	电枢绕组	换向极绕组	补偿绕组	串励绕组	并励绕组	他励绕组
线端符号	A_1、A_2	B_1、B_2	C_1、C_2	D_1、D_2	E_1、E_2	F_1、F_2

二、直流电机空载磁场

直流电机空载时，电枢电流为零，只有励磁绕组中存在电流，即空载时气隙磁场完全由励磁绕组的电流产生。

如图 2-23 所示是一台四极直流电机空载磁场分布图。其中大部分磁感线从主磁极的 N 极出发，经气隙和电枢齿，进入电枢铁心，然后再经过电枢齿和气隙，回到相邻的主磁极 S 极，最后经过机壳，回到原来出发的主磁极 N 极，形成闭合回路。这部分磁通同时与励磁绕组和电枢绕组交链，称为主磁通，用 $\boldsymbol{\Phi}_0$ 来表示。在电枢旋转时，电枢绕组将切割主磁通感应出电动势。另外，还有一部分磁通，只与励磁绕组交链，这部分磁通称为漏磁通，用 $\boldsymbol{\Phi}_\sigma$ 表示。由图 2-23 可以看出，主磁通气隙较小；漏磁通气隙较大，磁阻也较大，通常漏磁通的数量只有主磁通的 2%～8%。

由于主磁极的极靴宽度比一个极距小，且极靴下的气隙不均匀，所以，主磁通的每条闭合磁感线所经过的磁回路的磁阻都不同，在磁极轴线附近的磁路中，气隙较小，而接近极尖处的磁路中，气隙较大。若不计铁磁材料的磁压降，可以认为所有励磁磁动势全部降落在气隙中。这样，在气隙较小处，磁感应强度较大；在气隙较大处，磁感应强度较小；在两主磁极之间的几何中性线处，磁感应强度为零。因此，在不计齿、槽影响的情况下，直流电机的空载气隙磁感应强度分布如图 2-24 所示，为一空间位置固定的平顶波。

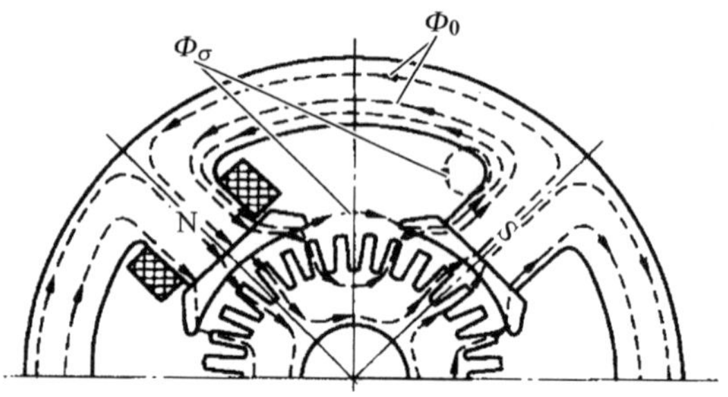

图 2-23 直流电机空载磁场分布图

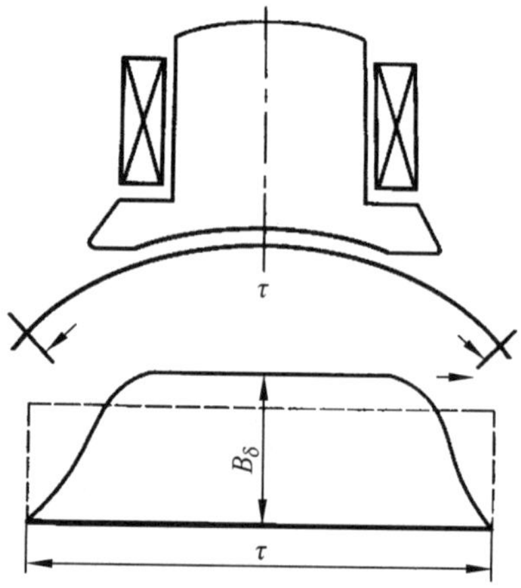

图 2-24 直流电机空载气隙磁感应强度分布图

三、直流电机负载时的气隙磁场和电枢反应

当直流电机带上负载时，电枢绕组中有电流流过，电枢电流将产生电枢磁场，此时气隙磁场由为主极磁场和电枢磁场叠加形成。负载时，电枢磁场对主磁极的磁场影响称为电枢反应。

为了分析直流电机的电枢反应的作用，先假定励磁电流为零，分析电枢绕组中电流所产生电枢磁场的分布情况，然后再看电枢磁场对主极磁场的影响。

1. 电枢磁场的分布

如图 2-25 所示，给出了两极电枢磁场的分布，为了画图简便，省去了换向器，并假定电枢是光滑的，导体在电枢表面均匀分布。电刷位于几何中性线上，即直接与几何中性线上的元件边接触。

在直流电机中，支路电流是通过电刷引入或引出的，所以电刷是电枢表面电流分布的分界线。在图 2-25 中，若电枢上半圆周的导体电流方向为流出，下半圆周的导体电流方向为流入。根据右手螺旋定则，磁场分布如图中虚线所示。

电枢虽然在旋转，但由于电刷和换向器的作用，使得每个极下元件边中电流的方向固定不变的，所以电枢磁场在空间位置上是固定不动的。因此，电枢磁场与主极磁场之间是相对静止的。

根据安培环路定律和磁路定律的计算，得出电枢磁动势波形（见图 2-26 曲线 1）和电枢磁感应强度的分布（见图 2-26 曲线 2）。由图可知，磁感应强度曲线近似马鞍形。在极靴下，气隙变化小，呈线性变化，磁感应强度受气隙大小的影响小；而在两极之间，由于气隙较大，磁感应强度被大大削弱，所以才呈现马鞍形。

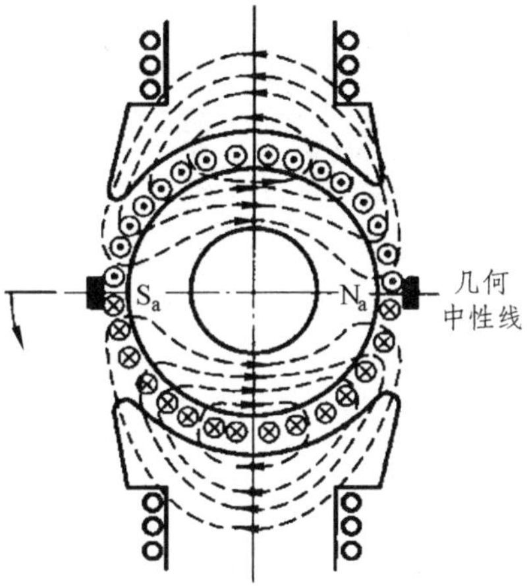

图 2-25　电刷在几何中性线上的电枢磁场

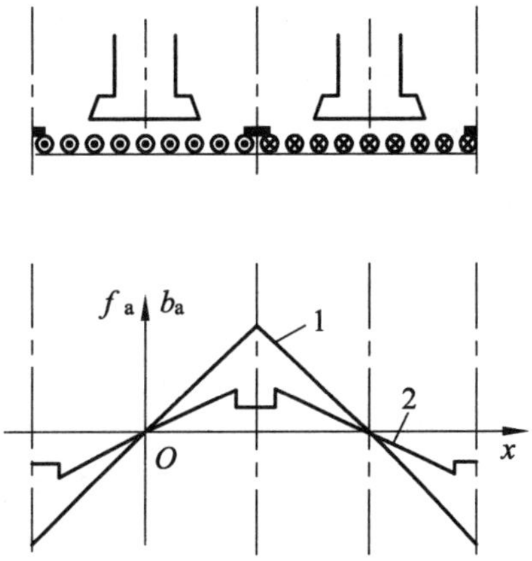

图 2-26　电刷在几何中性线上时电枢磁动势和磁感应强度的分布

2．直流电机负载时的气隙磁场

我们已经分析了主磁极磁场和电枢磁场，二者在空间位置上相对静止，所以，利用叠加定理，可以将平顶波分布的主极磁通与按马鞍形分布的电枢磁通进行叠加，得到直流电机负载时的气隙磁感应强度分布，如图 2-27（a）所示。

3．直流电机电枢反应的作用

由图 2-27（a）可知，每个磁极下，主磁场的一半被削弱，另一半被加强。当电机空载时，几何中性线处的主磁极磁场为零。电机中将磁场为零的位置统称为物理中性线。所以，电机空载时，物理中性线与几何中性线重合。当电机负载后，由于电枢反应的影响，使气隙磁场发生畸变，电枢表面上磁感应强度为零的位置将随之移动，使得物理中性线与几何中性线不重合。负载时的气隙磁场示意图，如图 2-27（b）所示。对于发电机，物理中性线将顺着电枢旋转方向从几何中性线向前移过一定的角度 α；对于电动机，则逆着电机旋转方向向后移过一定角度α。

当磁路不饱和时，主磁场中被削弱的数量与被加强的数量相等，如图 2-27（a）所示，图中所示的面积 $A_1 = A_2$，此时，负载时每极下的合成磁通仍与空载时相同。但在实际电机中，由于磁路饱和的影响，增磁部分将使饱和程度提高，磁感应强度降低；去磁部分磁感应强度与不计饱和时基本一致。因此，负载时每极磁通比空载时略有减小，总体呈现去磁趋势。负载时实际气隙的合成磁场如图 2-27（a）虚线所示。

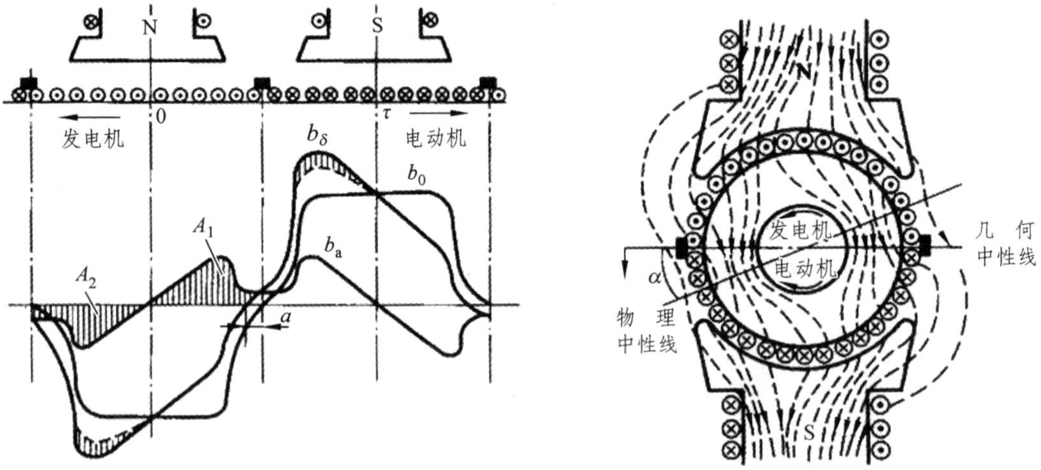

（a）电枢磁场和气隙磁场的分布图　　（b）负载时气隙磁场的示意图

图 2-27　电刷在几何中性线上的电枢磁场

综上所述，直流电机电枢反应的作用为：

① 使气隙磁场发生畸变，物理中性线偏离几何中性线；

② 考虑饱和时，每极磁通略有减小，即具有一定的去磁作用。

任务五　直流电机的基本方程

从直流电机可逆性原理可知，无论是发电机还是电动机，在实现能量转换过程中，都伴有感应电动势、电流、电磁转矩的产生。电机稳态运行时，即电机的负载、励磁电流以及转速达到稳定值时，各种电压转矩和功率之间存在的平衡关系，称为电机平衡方程式。这些平衡关系应分别符合电学、力学及能量守恒定律，是分析直流电机运行特性的基础。

一、电动势平衡方程式

1．电动机的电动势平衡方程

在电动机里，电枢绕组经电刷接外电源，外加电压是驱动电流流动的原因，电枢电流与电源电压方向相同，产生电磁转矩（$T = C_T \Phi I_a$）带动负载工作；与此同时，在电枢上也产生感应电动势，此时感应电动势与电枢电流方向相反，称为反电动势（E_a），其大小 $C_e \Phi n$，如图 2-28 所示。

设 U 为直流电机的端电压，取 U、E_a、I_a 的实际方向作为正方向，可得电枢回路的电动势平衡方程为

$$U = E_a + I_a R_a \tag{2-9}$$

式中，R_a 为电枢回路总电阻，包括电枢回路中各串联绕组的电阻和电刷与换向器之间接触电阻。

这就是电动机的电压平和方程式，它说明加在电动机上的电源电压与电枢反电动势及电枢绕组电压降相平衡。由于 R_a 小，电压降 I_aR_a 不大，电源电压主要与反电动势相平衡。

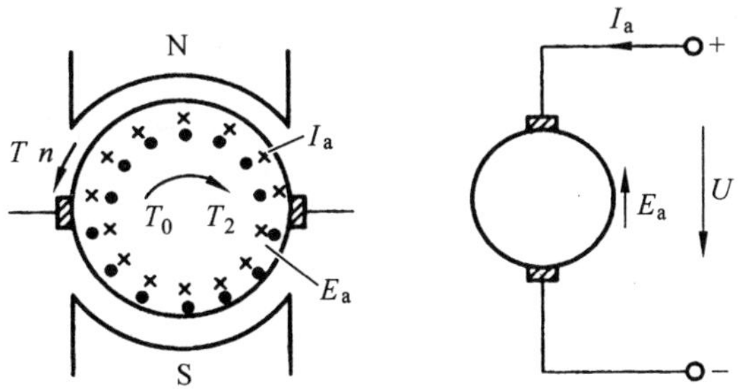

图 2-28　直流电动机的电动势及转矩平衡关系

由上式得电动机电枢电流 I_a 的计算公式：

$$I_a = \frac{U - E_a}{R_a} \tag{2-10}$$

可见，当电源电压不变时，电动机电枢电流 I_a 的大小主要取决于电枢反电动势的大小。反电动势愈大，电枢电流愈小。而电动机的转速又是决定电枢反电动势大小的重要因素。例如在直流电动机刚接通电源的瞬间，电动机转速为零，电枢反电动势也为零，所以电枢电流很大。当电动机转速逐渐增加时，电枢导体切割主磁通的速率增加，电枢反电动势也跟着增加，结果电源电压与反电动势的差值降低，电枢电流减小。反之，当电动机的转速降低时，电动机反电动势减小，结果电源电压与反电动势差值增大，电枢电流增大。

2．发电机的电动势平衡方程

在发电机里，电枢绕组经电刷接负载，感应电动势（E_a）驱动电流流动，所以电枢电流与感应电动势同方向，如图 2-29 所示。

同样，设 U 为直流电机的端电压，取 U、E_a、I_a 的实际方向作为正方向，可得电枢回路的电动势平衡方程为

$$U = E_a - I_a R_a \tag{2-11}$$

式中，R_a 为电枢回路总电阻，包括电枢回路中各串联绕组的电阻和电刷与换向器之间接触电阻。

这是发电机的电压平衡方程式，说明发电机的输出端电压与发电机的电动势和 R_a 上的压降之差相平衡。发电机电枢电流公式及变化规律自行讨论。

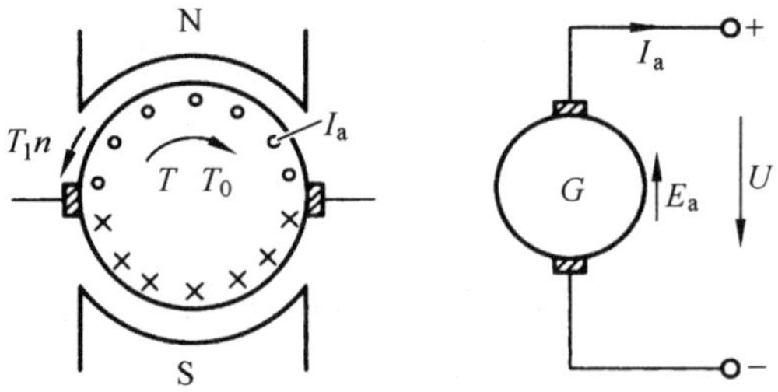

图 2-29 直流发电机的电动势及转矩平衡关系

二、转矩平衡方程式

无论是发电机还是电动机，当电枢绕组有电流时，电枢电流和磁场相互作用都产生电磁转矩，其大小为 $T = C_T \Phi I_a$。转矩的方向可由左手定则判断，除了电磁转矩电机运行时还有其他转矩，下面分别讨论电动机和发电机的转矩平衡方程。

1. 电动机转矩平衡方程

电动机在运行时，电磁转矩 T 使电枢转动为驱动转矩，与电动机转向相同，此时轴上的负载转矩 T_2 和空载阻力转矩 T_0 均为阻转矩。

电机的转速恒定时，加在电机轴上的驱动转矩应与阻转矩相等，其平衡方程为

$$T = T_2 + T_0 \tag{2-12}$$

由公式看出，作为驱动转矩的电磁转矩必大于负载转矩 T_2，电动机的转向取决于电磁转矩 T 的方向。若想提高转速，应增大电枢电流 I_a。这时驱动转矩大于阻转矩，电枢加速旋，当达到某一转速时，驱动转矩和阻转矩达到新的平衡状态，电动机又在恒定转速下运行。

2. 发电机的转矩平衡方程

发电机在运行时，驱动转矩为原动机拖动的外转矩 T_1，决定电机的转向，电磁转矩 T 和空载阻力转矩 T_0 均为阻转矩，当电机转速恒定时，驱动转矩和阻转矩平衡，得平衡方程为

$$T_1 = T + T_0 \tag{2-13}$$

由公式可以看出，$T_1 > T$，与电动机有所不同，电动机是电磁转矩大于负载转矩，发电机是外转矩大于电磁转矩，注意区分电机工作状态，即是电动机运行还是发电机运行，才能知道转矩的情况。

三、功率平衡方程式

功率平衡方程式指电机的输入功率与输出功率及损耗功率间的平衡方程式。电机运行过程中，输入功率、输出功率和各种损耗满足能量守恒定律。电机中的能量平衡图如图 2-30 所示。电系统为电源或电力负载，机械系统对发电机来

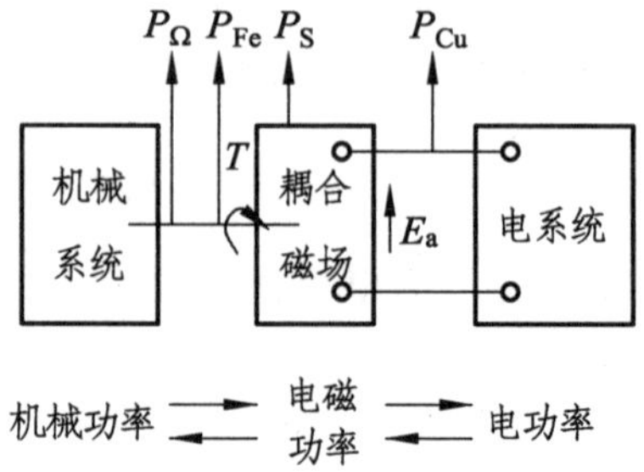

图 2-30 电机中的能量平衡图

说是原动机，对电动机来说是机械负载，电系统和机械系统通过电机联系起来，若将电机进行能量转换过程中的各种损耗抽出，可用一耦合磁场来表述电机。

1．电机的损耗

发电机把机械能转换为电能，电动机将电能转换为机械能，电机内部在进行能量形态的转换过程中，存在着电能、机械能、磁场储能和热能四种能量形态。实际运行当中，能量损耗如下：

（1）铜耗 p_{Cu}。

铜耗是指当电机的各种绕组中流过电流而产生的电阻损耗。

（2）铁耗 p_{Fe}。

铁耗是指由于铁心中的磁滞、涡流而产生的损耗。

（3）机械损耗 p_{Ω}。

机械损耗是指由于各种机械摩擦、通风而产生的损耗。

（4）空载损耗 p_0。

空载损耗是指铁耗和机械损耗在电机空载时已经存在，其大小与电机负载无关，合称为空载损耗，即

$$p_0 = p_{Fe} + p_{\Omega} \tag{2-14}$$

（5）附加损耗 p_s。

附加损耗是指由于气隙磁场畸变、电流分布不均、均压电流等造成的损耗，一般为输出功率的 0.5%～1%。

电机损耗 $\sum p$ 为

$$\sum p = p_{Cu} + p_{Fe} + p_{\Omega} + p_s \tag{2-15}$$

2．电磁功率

无论是发电机还是电动机，电磁功率均指电机能够利用电磁感应原理进行转换的这部分功率，用 P_M 表示，可以表示为机械功率的形式，也可以表示为电功率的形式，即

$$P_M = T\Omega = E_a I_a \tag{2-16}$$

式中　T——电磁转矩；

Ω——电枢旋转角速度，$\Omega = 2\pi n/60$，n 为电机的转速。

3．功率平衡方程式

对电机而言，通常用 P_1 表示输入功率，P_2 表示输出功率，有

（1）发电机：

$$P_1 = P_M + p_0 \tag{2-17}$$

原动机输入的机械功率，部分用于克服空载损耗，大部分转换为电磁功率。

$$P_M = P_2 + p_{Cu} + p_s \tag{2-18}$$

电磁功率 P_M 一部分用于电枢铜耗和附加损耗，大部分用于输出。

$$P_1 = P_M + p_0 = P_2 + p_{Cu} + p_s + p_0 = P_2 + \sum p \tag{2-19}$$

（2）电动机：

$$P_1 = P_M + p_{Cu} \tag{2-20}$$

原动机输入的电功率，一部分用于铜耗，大部分转换为电磁功率，即

$$P_M = P_2 + p_s + p_0 \tag{2-21}$$

$$P_1 = P_M + p_{Cu} = P_2 + p_s + p_0 + p_{Cu} = P_2 + \sum p \tag{2-22}$$

通过以上讨论，电机的输入功 P_1，输出功率 P_2，总损耗 $\sum p$，无论是电动机还是发电机，都有

$$P_1 = P_2 + \sum p \tag{2-23}$$

四、电机的效率

电机的效率指电机输出功率 P_2 与输入功率 P_1 之比的百分数，计算式为

$$\eta = \frac{P_2}{P_1} = \frac{P_1 - \sum p}{P_1} \times 100\% = 1 - \frac{\sum p}{P_1} \times 100\% \tag{2-24}$$

一般大型牵引电机的效率较高，例如 SS_4 型电力机车使用的 ZD105 型脉流牵引电机功率为 800 kW，效率为 94.05%。

复习思考题 >>>

1. 直流电机电枢绕组中的电流和外电路的电流有什么不同？
2. 用什么方法可以改变直流电动机的转向？用什么方法可以改变直流发电机的输出电压方向？
3. 写出直流电机电磁转矩的计算公式，说明每个字母表示的意义。
4. 写出直流电机感应电动势的计算公式，说明每个字母表示的意义。
5. 直流电机有哪些主要部件？各部件起什么作用？
6. 直流电机的额定数据通常有哪些？
7. 直流电机电枢绕组基本形式有哪两种？各有什么特点？
8. 什么是绕组？什么是元件？有什么区别？

9. 第一节距、第二节距和合成节距有什么关系?
10. 直流电机有哪几种励磁方式? 各有什么特点?
11. 直流电机空载时的气隙磁场由什么产生的? 该磁场有什么特点?
12. 直流电机负载时的气隙磁场由什么产生的? 该磁场有什么特点?
13. 什么是电枢反应? 它有什么作用?
14. 直流电动机的电磁转矩、转向电枢反电动势、电枢电流的方向有何关系?
15. 直流电机的损耗通常有哪几种?
16. 写出电磁功率的计算公式，并分析其物理意义。

项目三 直流牵引电机

微课：直流牵引电机

牵引电机是驱动机车车辆动轮轴的主电动机。为了满足运输生产的需要，必须对机车牵引性能提出一定要求，例如能产生足够大的牵引力；能方便和广泛地调节速度，有较强的过载能力；具备先进的经济技术指标等。对机车牵引性能的要求，在很大程度上讲就是对牵引电动机性能的要求。因此在设计参数的选择上和结构形式上不同于普通电动机，而成为电动机一个单独类型。

直流电机具有调速范围广、较强的过载能力和较大的启动转矩，早期在机车上应用较多；交流电机和直流电机相比，其结构简单、价格便宜、工作可靠、维护方便等优点，近年来被广泛地应用在机车上。本项目根据机车运行特点，介绍牵引电动机的一些特殊问题和直流牵引电机的有关知识。

任务一 直流牵引电机传动方式

牵引电动机的安装和一般常见的电机不同，不是用地脚螺钉固定在基础上，而是用悬挂的方式安装在机车上，并通过齿轮传动装置驱动机车轮对使机车行驶。因此必须考虑到机车结构特点和运行要求，合理地选择传动方式和悬挂方式。而传动和悬挂方式也对牵引电动机的总体结构和外形尺寸起着制约作用。

牵引电机的传动方式通常分为个别传动和组合传动两种。

一、个别传动

个别传动是目前国内外应用最为广泛的传动方式。所谓个别传动是指 1 台牵引电动机只驱动 1 个轮对，它是借助电机轴上的小齿轮驱动轮对轴上的大齿轮来实现机车牵引运行的。个别传动有抱轴式悬挂、架承式悬挂和体承式悬挂 3 种悬挂方式。

1. 抱轴式悬挂

抱轴式悬挂是指牵引电动机一侧通过滑动轴承抱在机车动轮轴上，另一侧通过弹性缓冲装置悬挂在机车转向架的横梁上，如图 3-1 所示。这种悬挂的牵引电动机，其质量约一半直接作用在机车动轮轴上，称为簧下质量；另一半质量通过转向架经轴箱弹簧压在轮轴上，称为簧上质量，故这种悬挂方式有时称为半悬挂。

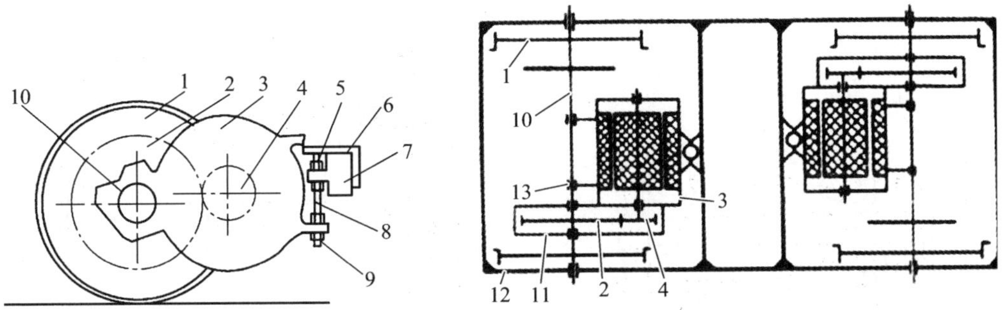

1—机车动轮；2—大齿轮；3—牵引电动机；4—小齿轮；5—橡胶件；6—安全托板；7—枕梁；
8—拉杆；9—橡胶件；10—轮轴；11—齿轮箱；12—转向架；13—滑动轴承。

图 3-1　抱轴式悬挂示意图

抱轴式悬挂结构简单、检修方便、成本较低。但由于这种悬挂方式下牵引电机的一半质量作用在机车动轮轴上，呈刚性连接。车轮与钢轨之间的动力作用直接传到牵引电动机，影响牵引电机正常工作。此外，因为受轮轴之间中心距离限制，所以电机尺寸不能任意选择，从而限制了机车功率和速度的提高，因此，抱轴式悬挂的电机一般适用于速度不超过 120 km/h 的客货两用机车，例如我国的 DF_4 型内燃机车和 SS_3 型电力机车都采用这种悬挂方式。

2．架承式悬挂

对于速度较高的客运机车和电动车辆，抱轴式悬挂方式已不能适应运行需要，通常要采用架承式悬挂。所谓架承式悬挂就是牵引电动机完全固定在转向架上。这样，牵引电动机的全部重量都作用在转向架的减振弹簧上，即称为簧上质量。因此线路动力作用在对牵引电动机工作的不良影响将大为减少，克服了抱轴式悬挂的缺点。但这种悬挂方式由于牵引电动机是簧上部分，在行车过程中，牵引电动机的转轴中心线与机车动轮轴中心线会产生较大的相对移动。为此，必须改变传动结构，在牵引电动机转轴和机车动轮轴之间装置了弹性的或联轴节式的传动构件。通常不再将小齿轮（主动齿轮）直接装在电机转轴上，而是通过两个滚柱轴承装在齿轮箱上，并与装在机车动轮轴上的大齿轮啮合。这时，牵引电动机的转轴和小齿轮之间必须采用联轴节传动。

大功率牵引电机可采用空心轴传动方式。空心轴传动可分为电枢空心轴和动轮空心轴两类。

采用电枢空心轴传动的架承式悬挂如图 3-2 所示。这种传动方式中，电动机的转轴是空心轴，该空心轴通过球面齿式联轴节与动轮轴相连，传动轴穿过空心轴内腔，将转矩传给小齿轮（装在齿轮箱中）。由于利用了电机空心轴内腔的空间，节省了联轴节所占据的电机轴向空间，故可充分利用轴向长度尺寸，以提高牵引电动机的功率。

电枢空心轴传动方式适用于车速不超过 160 km/h 的准高速客运列车。

采用轮轴空心轴传动的架承式悬挂如图 3-3 所示。这种传动方式由套在轮轴外的空心轴及其两端的六连杆万向节组成。牵引电动机是全悬挂，安装在转向架横向中心线上，小齿轮热套在电机转轴上，大齿轮通过滚动轴承装在空心轴轴套上。电动机产生的转矩传递到大齿轮上后，由万向节 2 通过空心轴 4 和万向节 3 传递给车轮 6，再经车轴传给车轮 5，驱动机车行驶。

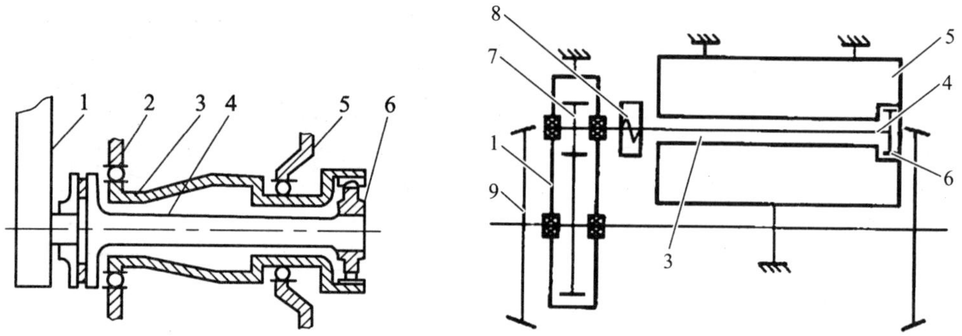

1—传动齿轮箱；2，5—电机端盖；3—电枢空心轴；4—传动轴；6—球面齿式联轴节；
7—小齿轮；8—弹性联轴节；9—轮对。

图 3-2 电枢空心轴传动的架承式悬挂

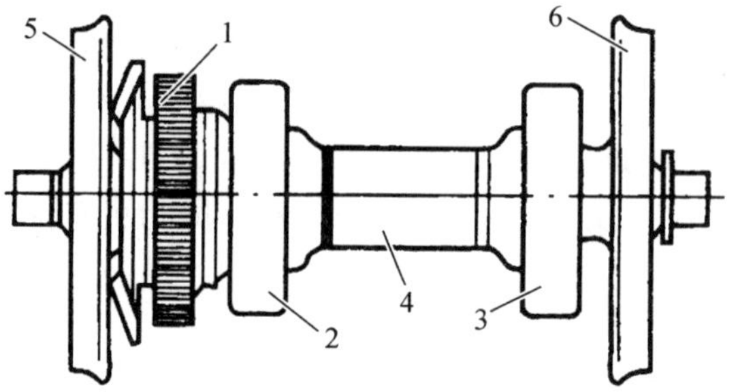

1—大齿轮；2，3—六连杆万向节；4—空心轴；5，6—车轮。

图 3-3 轮轴空心轴传动的架承式悬挂

这种传动装置结构复杂，但传递功率大，工作可靠。由于传动齿轮箱支撑在转向架构架上，簧下质量显著减小。轮轴空心轴传动方式适用于速度在 220 ~ 250 km/h 的高速机车。

3．体承式悬挂

对于机车运行速度在 200 ~ 250 km/h 以上的高速机车，为了减轻转向架构架的质量，进一步改善机车动力学性能，以提高转向架的蛇行稳定性，把牵引电机移至车体上，使其成为二系弹簧以上的质量，称为体承式悬挂。

体承式悬挂簧下质量小，转向架质量及绕中心的转动惯量小，因而转向架的蛇行稳定性好，机车的蛇行临界速度高，对减轻轮轨的垂向及横向动载荷也有帮助，适用于高速机车。但牵引电机输出端至轮对之间传递力矩所使用的驱动装置结构比架承式悬挂还要复杂，制造更难，成本更高。

如图 3-4 所示为法国 TGV 动力车的驱动装置。牵引电动机悬挂在车体上，其扭矩通过齿轮箱（装在车体上）、万向轴、小齿轮、大齿轮传至轮对。

为了高速运行，牵引电机体承式悬挂是必要的。为此驱动装置必须适应车体与转向架之间的相对运动以及转向架与轮对之间的相对运动。万向轴关节联轴器就是用来

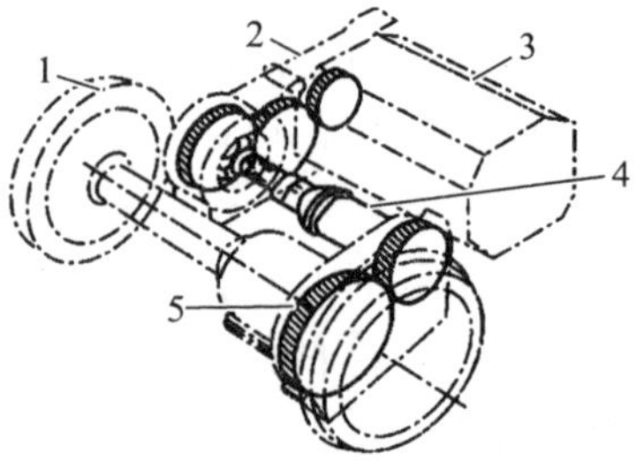

1—动轮；2—齿轮箱；3—牵引电动机；
4—关节联轴器；5—齿轮箱。

图 3-4 法国 TGV 动力车驱动装置

适应车体与轮对之间的相对运动，包括垂向、横向及回转方向的相对位移。此类传递扭矩的万向轴必须制成长度能伸缩，以适应车体与轮对之间较大的相对运动。

个别传动的主要优点是故障时可单独切除故障电机，不会影响其他电机工作，而且充分利用了机车下部空间，所以得到广泛应用。但是，由于各轮轴间没有直接的机械联系，个别轮对容易空转，从而使机车的黏着牵引力降低。

二、组合传动

组合传动就是每个转向架上只安装 1 台牵引电动机，通过变速齿轮装置传动该转向架的每一根机车动轮轴。也就是一台转向架的各个轴组合在一起，由 1 台牵引电动机驱动，如图 3-5 所示。组合传动装置的结构比个别传动复杂但由于组合传动有其特点而受到重视。干线电力机车随着铁路运输重载高速的不断发展，要求充分利用机车每 1 个轮对的黏着质量，以实现大的黏着牵引力，在这种情况下，就倾向采用组合传动。组合传动还有利于降低牵引电动机单位功率的质量，因为组合传动相当于把几个轮对上的较小功率的牵引电动机合并为 1 台大功率的电机，电机功率越大，其重量指标（即每 1 kW 功率的质量）越低，在相同容量上，电机的造价也将降低。此外，采用组合传动还可以将传动齿轮进行不同的搭配来改变传动比，这样就可实现同一台机车即可成为高速客运机车，又可作为牵引力大的低速货运机车，从而使机车和牵引电动机具有通用性。

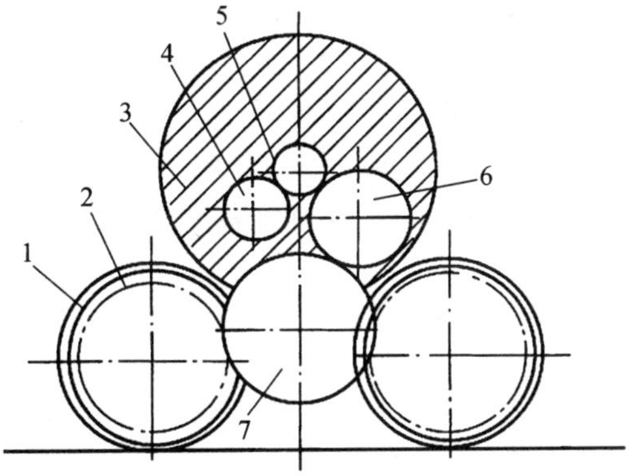

1—车轮；2—大齿轮；3—电动机；4，6—变速齿轮。

图 3-5　单电机两轴转向架组合传动

三、牵引电动机的工作条件

牵引电动机的工作原理和普通电动机是一样的，基本结构和普通电动机也相似，但是牵引电动机的工作条件与普通电动机相比则有很大区别，因此牵引电机在设计、结构、材料、绝缘、工艺等方面都要慎重考虑。

牵引电动机工作条件主要特点有：

（1）由于机车既要有大的牵引力，又要能高速运行，因此加到电动机上的电压与电流幅度较大，故要求电动机能适应较大的调压比，并有一定深度的磁场削弱能力。

（2）牵引电动机在露天工作，环境恶劣，经常受到风沙、雨雪的侵袭，运用地区海拔高度、环境温度的差别很大，空气中的湿度、盐分（海滨区热季）和含尘量也不相同，这些都能使电动机的绝缘变差。因此，牵引电动机的绝缘材料和绝缘结构应具有较好的防尘、防潮能力。

（3）由于牵引电动机在运行中经常启动、制动、过载和磁场削弱，且机车运行时电动机受到冲击和制动都比普通电动严重，因此，无论是电磁原因还是机械原因都会造成牵引电动机换向困难，换向器上经常产生火花甚至会形成环火。尤其要指出的是，在脉动电压下工作的牵引电动机，其换向和发热更为困难，因此，对脉流牵引电动机的结构选择还要考虑这方面的特殊问题。运行中的冲击和振动除造成换向恶化外，还易使电动机的零部件损坏，因此要求牵引电动机的零部件必须具有较高的机械强度。

（4）牵引电动机的安装空间尺寸受到限制。由于电动机一般是悬挂在机车转向架上，电机结构必须考虑传动和悬挂两方面问题，它的径向尺寸受轮对直径的限制，轴向尺寸受轨距的限制，还受到轮对中心线与机车走行部分其他构件之间距离的限制，因此，要求牵引电动机结构紧凑，通常都采用高等级绝缘材料和性能良好的导磁材料。

四、牵引电动机的定额

电动机是完成机械能、电能转换的机械，因此要有各种电与机械量值及其运行性能。电动机的定额是电机制造厂根据国家技术标准要求，对电动机全部的电量和机械量的数值以及运行方式所做的规定，它表示电动机的运行特点和工作能力。电动机的定额既是制造厂对电动机进行性能分析和验证设计合理性的依据，也是运用部门正确使用电机的依据。

机车用直流电机的定额按照铁道部标准《机车用直流电机基本技术条件》（TB 1449—2000）中规定，分为连续定额、小时定额、断续定额和等效定额 4 类，全部按定额运行称为“额定运行”。

1. 连续定额

连续定额是相应于电机在试验台上，按温升试验所规定的条件连续运行，且温升不超过规定限值时，所能承受负载的定额。

2. 小时定额

小时定额是相应于电机在试验台上，按温升试验所规定的条件，从实际冷态开始运行 1 小时，而温升不超过规定限值时所能承受负载的定额。

3. 断续定额

断续定额是相应于一系列完全相同的周期，每一周期包括一个或几个在规定负载值下的工作时间，根据情况，无论是否被一个停止时间所隔开，在长期运行后，电机的温升不超过规定限值时所能承受负载的定额。

4. 等效定额

等效定额是断续定额的替代方法。它具有恒定电压、电流和转速值的连续或短时定额的温升的特点，它与电机在实际使用中承受一系列断续的工作周期是等效的。根据机车运行特点，牵引电动机负载的性质基本上是连续和短时重复的。因此，牵引电机规定了两个定额，即连续定额和小时定额。

五、牵引电动机的额定数据

在规定定额情况下，制造厂对电机的每个电量或机械量所规定的数值，称为电机的额定数据。牵引电动机所规定的两种定额下的额定数据含义如下。

1．额定小时功率 P_{Nh}

额定小时功率是指牵引电动机在规定的通风条件下，从实际冷态开始运行 1 h，各部件不超过允许值时，电动机轴上输出的有效机械功率。

2．额定连续功率 $P_{N\infty}$

额定连续功率是指连续定额下工作，经过较长时间运行以后，电机温升在允许的范围内不再增加时，电动机轴上输出的有效机械功率。

3．额定电压 U_N

额定电压是指在额定运行时电机的端电压。

由直流接触网直接供电给直流牵引电动机的直流电力机车，其额定电压等于接触网的额定电压，而对于通过机车上变压器降压→整流器整流→平波电抗器滤波后向脉流牵引电动机供电的交-直型整流器式电力机车，其额定电压不受接触网电压的限制，可根据机车和牵引电动机在设计和运用方面最经济、最可靠的条件来选择，由用户和制造厂协商决定。

为了保证牵引电动机正常可靠地运行，铁道部标准（TB 1449—2000）中规定了电机的最高电压。对于由直流接触网供电的牵引电动机，最高电压规定为额定电压的 1.2 倍。对于通过交—直型整流器式电力机车采用的脉流牵引电动机，最高电压规定为额定电压的 1.16 倍。

4．额定电流 I_N

额定电流是指在额定运行时，允许从电源输入的电流。牵引电动机的额定电流与额定功率、额定小时功率相对应，有额定连续电流 $I_{N\infty}$ 和额定小时电流 I_{Nh}。它们和功率、电压的关系为

$$\eta_{N\infty}=\frac{P_{N\infty}}{U_N I_{N\infty}} \tag{3-1}$$

$$\eta_{Nh}=\frac{P_{Nh}}{U_N I_{Nh}} \tag{3-2}$$

式中　$\eta_{N\infty}$——连续额定运行时的效率；

η_{Nh}——小时额定运行时的效率。

通常情况下，额定小时功率高于额定连续功率，额定小时电流大于额定连续电流。

电机在使用过程中不允许超过的电流称为最大电流。对于牵引电动机，最大电流定义为额定电流的两倍。

5. 额定转速 n_N

额定转速是指在额定运行时的转速。牵引电机的额定转速是指与机车额定转速相对应的电动机转速。连续定额和小时定额下的额定转速分别为 n_∞ 和 n_h。牵引电动机的最大转速是指与机车正常运行时的最大速度相对应的电动机转速。

除上述额定数据外，在牵引电动机铭牌上还有励磁方式、通风量、绝缘等级等数据。

任务二 直流牵引电机常用电工材料和绝缘结构

牵引电动机运行条件非常苛刻，环境恶劣，因此在制造电机时对材料的要求较高。牵引电动机常用的材料主要有导电材料、导磁材料和绝缘材料。

一、导电材料

导电材料的种类很多，在牵引电动机中，主要指引线电缆、电碳制品（电刷）、各种线圈、制造换向器的梯形铜排等。

1. 导线

牵引电机的导线一般采用软铜导线，它是由含铜量 99.9% 以上的紫铜制成的硬铜线，经退火处理而成，它具有导电性能好、电阻系数小、良好的导热性和耐腐蚀性，在常温下有足够的机械强度、良好的延展性，便于加工等一系列优点。

铜导线通常分为裸铜线和外表有绝缘层的电磁线两类。裸铜线按截面形状可分为扁铜线和圆铜线。扁铜线又可分为硬扁铜线（TBY）和软扁铜线（TBR）。牵引电动机的磁极线圈常采用软扁铜线制成。电磁线按耐热等级、绝缘材料的类别、用途分为普通漆包线、耐高温漆包线纤维漆包线及特种漆包线等。牵引电动机电枢线圈常用的电磁线有高强度聚酯漆包线、高强度聚酯亚胺漆包线、玻璃丝包线、高强度聚酯亚胺薄膜漆包线等。

2. 梯形铜排

牵引电动机的换向片采用由电解铜经冷拉成型的梯形铜排制成，为了提升其耐磨性、机械性能和耐弧性，在铜排中含有少量的铬、镉、银及稀土等。

3. 电碳制品

电碳制品用来制造电机的电刷。电碳制品具有耐高温、导电性好、耐磨性、自润滑性等优点。其种类很多，有碳质材料、碳-石墨材料、天然石墨材料、电化石墨、金属石墨材料等。目前牵引电机广泛采用电化石墨电刷。

二、导磁材料

用来制造牵引电机铁心的材料主要是电工钢片。电工钢片又称硅钢片，属于软磁材料。普通电工钢片是由硅钢锭轧制而成，含硅量一般在 0.8%～4.8%。按含硅量多少分为低硅、中硅和高硅电工钢片。常用的厚度有 0.35 mm 和 0.5 mm 两种。牵引电动机电枢铁心采用 0.5 mm 厚冷轧电工钢片，机车主变压器铁心多采用 0.35 mm 厚的晶粒有取向冷轧硅钢片。

三、绝缘材料

牵引电机使用多种绝缘材料，由同一种或几种绝缘材料通过一定的工艺而组合在一起所形成的结构称为绝缘结构。绝缘材料和绝缘结构在电机中的基本作用就是把具有不同电位的各带电部件之间以及带电部件与机座、铁心等不带电的部件隔开，以确保电流按规定的路径流通。如果电机中带电部件与不带电部件绝缘状态破坏，称为“接地”。如果电机中电位不同的带电部件之间的绝缘状态破坏，就称之为“短路”。接地和短路都是电机的故障状态，严重的绝缘损坏导致整个电机烧损。

1．对绝缘材料的基本要求

为了保证电机的可靠运行，避免发生接地和短路故障，对绝缘材料和绝缘结构的基本要求有：

① 有良好的介电性能，即有较高的绝缘电阻和耐压强度；
② 有良好的耐热性能，即不因长时间受热作用失去机械强度和绝缘性能；
③ 有良好的导热性、防潮性等；
④ 有良好的机械强度和耐磨性。

2．绝缘材料的分类

绝缘材料通常分为天然绝缘材料、人工绝缘材料、有机绝缘材料、无机绝缘材料及不同材料组合而成的复合材料。

绝缘材料可根据产品形态分为以下 6 类：

① 漆、树脂和胶类：包括浸渍漆、覆盖漆和环氧树脂等；
② 浸渍纤维制品类：包括漆布、漆管和绑扎带等；
③ 层压制品类：包括层压板、层压管和层压棒等；
④ 塑料类：包括粉末塑料和玻璃纤维塑料等；
⑤ 云母制品类：包括云母带、云母板和石母箔等；
⑥ 薄膜、黏带和复合制品类：包括薄膜、黏带和各种复合制品等。

绝缘材料不同，性能和作用一般不同，但都是电机绝缘结构常用的材料。牵引电机运行时，经常受温度、湿度振动等影响，特别是在温度的剧烈变化影响和长时间热作用下，会使绝缘材料的性能变坏，尚失绝缘性能。因此，为了在同一工作温度下，合理地选择绝缘材料，使牵引电动机在足够长的时间内可靠运行，将各种绝缘材料按其耐热性能来进行分级，也就是每一级的绝缘材料都规定了它的极限容许温度。绝缘材料根据耐热性能划分为 7 个等级，如表 3-1 所示。

表 3-1 绝缘等级划分

绝缘等级	Y	A	E	B	F	H	C
最高允许温度/°C	90	105	120	130	155	180	> 180

四、牵引电动机绝缘结构

1. 匝间绝缘

匝间绝缘是指同一线圈的各个线匝之间的绝缘。其作用是将电机各绕组中电位不同点的导体互相隔绝开，以免发生匝间短路。属于这一类的绝缘有主磁极线圈和换向极线圈的匝间绝缘、电枢线圈的匝间绝缘以及换向片间的匝间绝缘等。因为匝间的电位差不大，因此匝间绝缘所包扎的层数不多，厚度也较薄。一般情况下，匝间绝缘只需包扎一层或仅靠导线本身所带绝缘即可。对于扁铜线绕制的线圈也只垫 2 ~ 3 层的漆布或复合绝缘。但是，匝间绝缘是电机绝缘结构中比较薄弱的环节，因此在线圈包扎成型或嵌线装配时，必须保证不能损伤匝间绝缘。

2. 层间绝缘

层间绝缘是指线圈层与层之间的绝缘。其作用是防止线圈上下层之间由于绝缘层损坏而引起层间短路。属于这一类的绝缘有分层平绕得主极线圈各层间的绝缘，电枢绕组前后端节部分与槽内部分上下层之间的绝缘等。

3. 对地绝缘

对地绝缘是指电机各绕组对机座和其他不带电部件之间的绝缘。其作用就是把电机中带电部件和机座、等不带电部件隔离开，以免发生对地击穿。属于这类范畴的由主极线圈和换向极线圈对地绝缘，电枢绕组的对地绝缘以及换向器的对地绝缘。

对地绝缘是电机的主绝缘，它的工作电压较高，所以要求它的电性能和热性能必须满足电机运行的要求。对地绝缘的层数和厚度，取决于绝缘材料本身的电气性能和电机的额定电压。在绝缘材料具有一定的电气强度条件下，电机的额定工作电压越高，对地绝缘包扎的层数（或绝缘厚度）也要求越多。

4. 外包绝缘

外包绝缘是指包在对地绝缘外面的绝缘。其作用主要是保护对地绝缘免受机械损伤并使整个线圈结实、平整。当然，外包绝缘也起到对地绝缘的补强作用。

5．填充及衬垫绝缘

填充绝缘主要用于填充线圈的空隙，使整个线圈牢固地形成一个整体，减少震动，也使线圈成型规矩、平整，以便于包扎对地绝缘，也有利于散热。衬垫绝缘的主要作用是保护绝缘结构在工艺操作时免受机械损伤。

6．换向器绝缘

换向器绝缘包括换向器片间绝缘和换向片组对地绝缘。换向器的主绝缘是换向片组和压圈间的 V 型云母环和云母套筒。它们通常由多层优质虫胶塑料云母板经烘压压制而成，其厚度取决于电机的额定电压。

任务三　直流牵引电机的特性

机车是由牵引电动机直接驱动的，因此牵引电机的工作特性必须满足机车牵引性能的要求。牵引电动机输出的机械转矩和转速是说明电动机工作特性的两个重要物理量，与此相应，转矩特性和转速是电动机的两个主要工作特性。除此之外，还有机械特性和效率特性等。

一、转速特性 $n=f(I_a)$

转速特性表示当电动机端电压为额定电压 U 等于常数以及励磁不进行人为的调节时，电动机转速和电枢电流之间的关系，它可由电动机的电压平衡方程式推出。

无论是哪一种励磁方式的直流电动机，它的转速对电枢电流的变化关系都可根据直流电动机电动势平衡方程式求得，即

$$U_N = E_a + I_a R_a = C_e \Phi n + I_a R_a \tag{3-3}$$

$$n = \frac{U_N - I_a R_a}{C_e \Phi} \tag{3-4}$$

由上式可以看出，当 U_N 和励磁电流都为常值时，影响电动机转速的因素有两个：一是电枢回路电阻压降 $I_a R_a$ 的变化；二是磁通 Φ 的变化。直流牵引电动机的转速特性如图 3-6 所示。由图可以看出并励电动机转速随电流的变化不大，串励电动机的转速随电流变化最大，当电流稍有增加，转速急剧下降，当电流减小时，转速很高，空载时，电流趋近于 0，主磁通也趋近于 0，理论上转速趋于无穷大，实际上转速可达（5 ~ 6）n_0。这样高的转速会使电动机的转子损坏。因此，串联电动机不得空载启动，也不允许使用皮带或链条传动。通常采取齿轮传动或直接耦合的方式。复励电动机具有并励和串励两套绕组，其特性介于并励和串励电动机特性之间。

二、转矩特性 $T=f(I_a)$

转矩特性表示当电动机端电压为额定电压以及励磁不进行人为的调节时，电动机机械转矩 T 与电枢电流 I_a 的关系，忽略数值很小的空载阻转矩后，机械转矩等于电磁转矩，即

$$T=C_T\Phi I_a \tag{3-5}$$

各种励磁方式电动机的转矩特性，如图 3-7 所示。并励电动机，磁通不随电枢电流变化，特性曲线为一条直线，对于串励电动机在轻载时磁路不饱和，磁通和电流可认为成正比，转矩特性曲线是一条抛物线。当负载增加时，随着电枢电流的增大，磁路逐渐饱和，磁通基本不变，特性曲线是一条直线。积复励电动机转矩特性介于串励和并励之间。

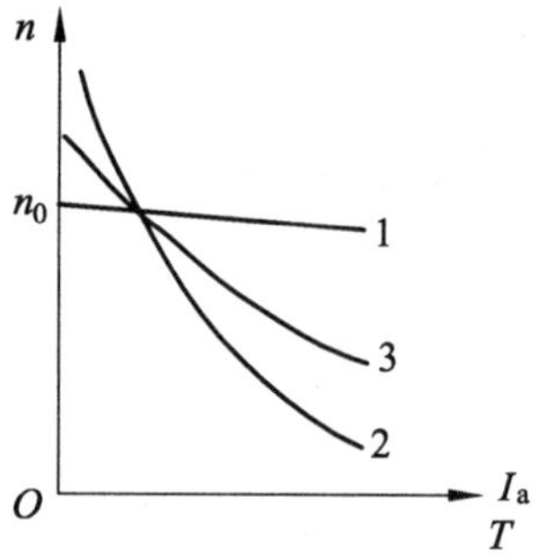

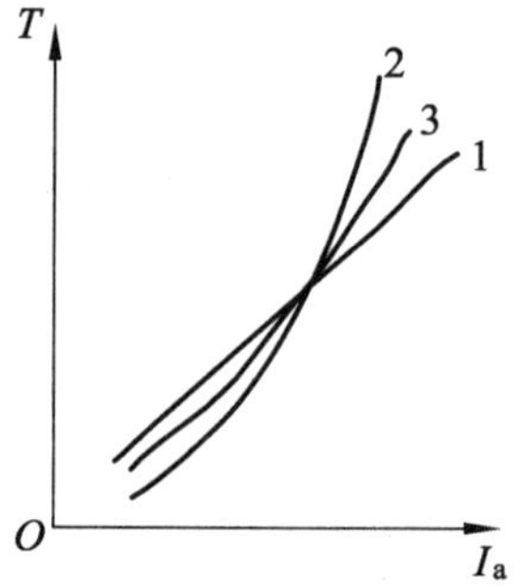

1—并（他）励；2—串励；3—积复励。

图 3-6 直流牵引电动机的转速特性和机械特性

图 3-7 直流牵引电机的转矩特性

三、机械特性 $n=f(T)$

机械特性表示了电机中转速与电磁转矩的关系，在电力拖动中具有重要意义，是比较和分析各种电动机性能的依据。因为电磁转矩 T 和电枢电流 I_a 成比例关系，机械特性曲线与转速特性曲线形状相似，可参考图 3-6。他励和并励电动机，由于 R_a 较小，在负载变化时，速度变化不大。因此，并励电动机具有硬的机械特性。串励电动机，速度变化范围大，称为软特性。

四、效率特性 $\eta=f(I_a)$

牵引电动机运行时，在能量变换过程中，必然会引起损耗，损耗将变为热能。从第二项目的学习知道，主要有铜耗、附加损耗、铁耗和机械损耗。按照负载变化对损耗的影响，把铜耗和附加损耗归为第一类损耗，它们都随电流变化而变化，与电流平方成正比，称为变值损耗，可用 $K'I^2$ 表示；把铁耗和机械损耗归为第二类损耗，它们的总和几乎与负载变化无关，这类损耗称为定值损耗，用 K 表示，所以有总损耗，即

$$K'I_a^2+K=\sum P \tag{3-6}$$

电机的效率可表示为

$$\eta = \frac{UI_a - (K'I_a^2 + K)}{UI_a} \tag{3-7}$$

当电压恒定时，绘制成曲线，得到电机的效率特性，如图 3-8 所示。

效率特性曲线的形状取决于定值损耗和变值损耗的比例关系。由图 3-8 可见，效率曲线上有一个最大值 η_{max}（A 点）它出现在 $\frac{d\eta}{dI_a}=0$ 时。因此，设计电机时，可用控制定值损耗和变值损耗比例关系的方法，使电动机在额定电流或经常工作电流具有最高效率，或者说使电动机在一定负载变化范围内，能获得最优越、最合理的效率。

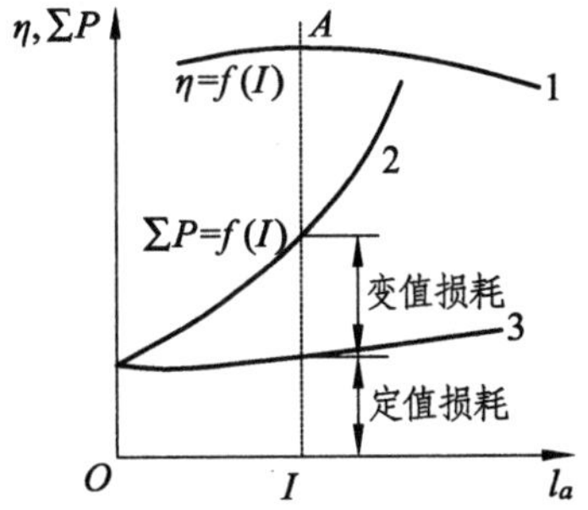

1— $\eta=f(I_a)$ 曲线；2— $\sum P=f(I_a)$；3—定值损耗曲线。

图 3-8　牵引电机的损耗和效率特性

五、牵引电动机工作特性分析

1．串励电动机的自调节性能好

通过对电动机特性进行分析，我们知道，串励电动机具有软特性，并励电动机具有硬特性。即串励电动机转速随着负载的增加而下降很多，并励电动机转速随着负载增加而下降很少。因此，串励电动机的牵引力和速度能够按照机车运行条件进行自动调节。例如在重载或上坡时，随着机车速度的降低，串励牵引电动机的转矩自动增大，使机车发挥较大的牵引力；在轻载或平道运行时，机车具有较高的速度，即串励电动机的自调节性能好。

2．串励电动机的功率利用好

图 3-9 所示为串励电动机和并励电动机牵引特性曲线，牵引电动机的功率是牵引力和速度的乘积，为 $P=Fv$。从图中比较两种电动机，并励电动机在速度变化不大时，牵引力变化很大，功率变化较大；而串励电动机速度变化和牵引力变化基本上成反比关系，即功率基本不变，接近于恒功率运行，功率利用好。

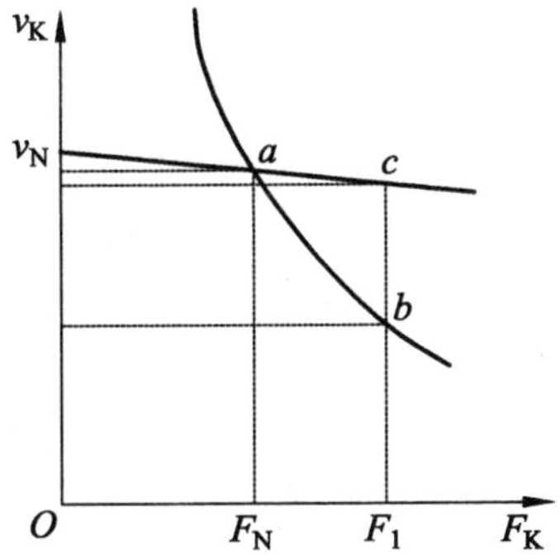

图 3-9　牵引电动机的功率利用

3．串励电动机受电网电压波动影响较小

机车运行时，接触网的网压经常发生波动，当电压变化时，由于列车的机械惯性，机车的速度来不及变化，牵引电动机就可能承受较大电流和牵引力的冲击。图 3-10 所示为串励和并励牵引电动机在电压突然增加时产生的电流和牵引力的变化情况。设电动机变化前的电压为 U_1，相应的速度特性为 $v_1=f(I)$，变化后的电压为 U_2，相应的速度特性为 $v_2=f(I)$，由图 3-10 可见，当电网电压从 U_1 突变为 U_2 时，电动机的转速来不及变化，其工作点从曲线 1 跃变到曲线 2 上，其电流和牵引力都将产生相应的变化。并励电动机特性较硬，电流和牵引力的冲击都比串励电动机大得多，这将使牵引电动机的工作条件恶化，并引起列车运行中的冲动。

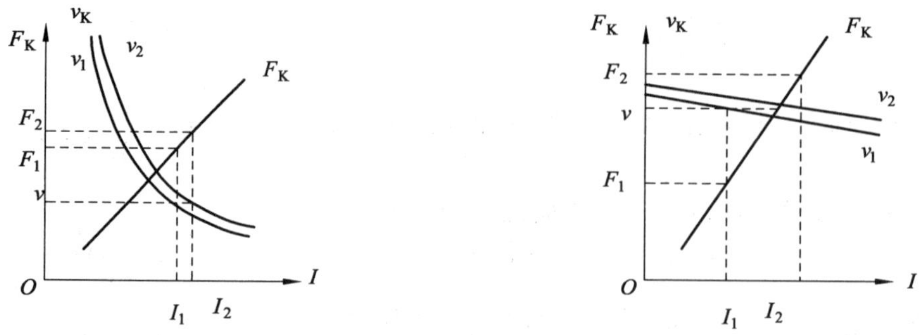

（a）串励 （b）并励

图 3-10 电压波动时牵引电动机电流和牵引力的变化

另外，当牵引电动机的外加电压突然增加时，并励电动机的励磁线圈较多，和电枢绕组并联，电枢电路电流增长速度比励磁回路电流增长速度要快得多，电机的转速来不及变化，反电动势不能及时增加，造成了电枢电流的冲击过大。而串励电动机励磁绕组和电枢绕组串联，电流增长速度相同，引起的电流冲击比并励电动机小得多。

4．串励电动机并联工作时负载分配较均匀

SS 系列电力机车，牵引电机的传动为个别传动，总是几台牵引电机同时并联运行，例如，SS_9 型电力机车有 6 台牵引电动机并联运行。由于电动机的特性不可能完全一致，或者电动机驱动的动轮直径不完全相等，这些都将产生电动机负载分配不均匀的现象。对串励电动机来讲，由于具有“软特性”，这种负载的分布不均匀的现象远远小于并励电动机。图 3-11 表示当两台电动机转速 n 相同时，由于特性差异而出现的负载分配不均匀的情况，同时也表示电流各为 I_1 和 I_2，转矩各为 T_1 和 T_2，比较（a）、（b）两图，可知串励电动机负载间的差异要小得多，可以防止个别电动机运行时发生严重的过载现象。

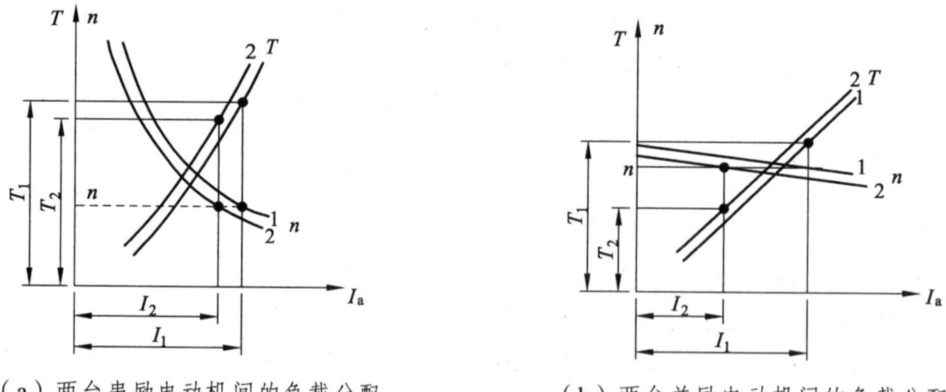

（a）两台串励电动机间的负载分配 （b）两台并励电动机间的负载分配

图 3-11 并联运行时牵引电动机之间的负载分配

5．串励电动机的防空转性能差

在牵引电动机个别传动的情况下，当机车启动或满载爬坡时，常常发生动轮和钢轨之间黏着破坏而使动轮空转的现象，这种情况下，串励电动机的软特性不利于黏着条件恢复。而他励电动机的“硬特性”却有利于防止动轮的空转，因为并励电动机的电枢电流和转矩随着转速的微小增加而急剧下降，促使黏着条件迅速恢复。图 3-12 表示串励电动机和并励电动机的防空转性能。

此外，机车在实施电气制动时，由于串励发电机特性不稳定，需将励磁绕组改接为他励。

综上所述，虽然串励电机防空转性能不好，电气制动性能差，但由于其自调节性能好、功率利用好、并联时负载分配较均匀、受电网电压波动影响小等优点，所以被广泛地应用在电力机车和内燃机车上。

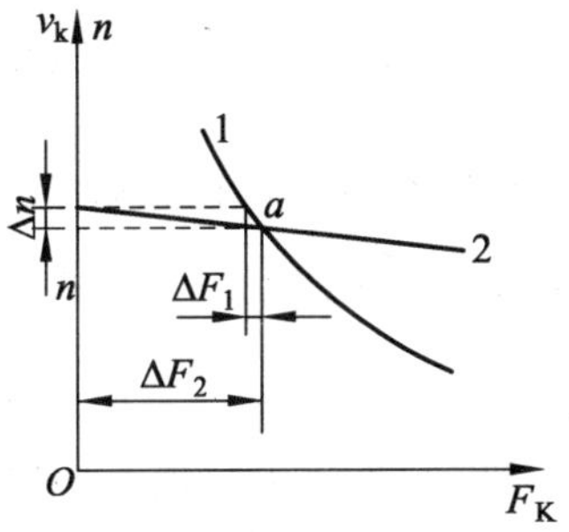

1—串励；2—并励。

图 3-12　串励电动机的防空转性能

任务四　直流牵引电机的启动、调速、制动和反转

一、直流牵引电机的启动

当电动机接到电源启动时，转速从零逐渐上升到稳定值，这个过程称为启动过程。

由于直流电机电枢回路电阻和电感都较小，而转动体具有一定的机械惯性，因此当直流电机接通电源后，启动的开始阶段电枢转速以及相应的反电动势很小，启动电流很大。最大可达额定电流的 15 ~ 20 倍。这一电流会使电网受到扰动、电动机受到机械冲击、换向器发生火花。因此，必须设法降低启动电流。

1. 直流电动机的启动条件

（1）要有足够大的启动转矩；

（2）启动电流不能太大。

2. 启动方法

（1）降电压启动（指启动电压小于额定电压或工作电压）。

对容量较大的直流电机，通常采用降电压启动，即由单独的可调压直流电源对电机电枢供电，控制电源电压既可使电机平滑启动，又能实现调速。

降压启动虽然需要专用电源，设备投资大，但它启动电流小，升速平滑，并且启动过程中能量消耗也较少，因而在电力机车和内燃机车上得到广泛应用。

（2）电枢回路串电阻启动。

为了限制启动电流，常在电枢回路内串入专门设计的可变电阻。在启动过程中随着转速的不断升高及时逐级将各分段电阻短接，使启动电流限制在某一允许值以内。这种启动方法称为串电阻启动，非常简单，设备轻便，广泛应用于各种中小型直流电机中。但由于启动过程中能量消耗大，不适于经常启动的电机和中、大型直流电机。

二、直流牵引电机的调速

在电动机的机械负载不变情况下，对电动机转速进行人为调节称为调速。分析转速公式 $n=\frac{U_N - I_a R_a}{C_e \Phi}$ 可知，直流牵引电动机调速方法有 3 种：调节电枢回路的电阻、改变牵引电动机的电源电压、调节牵引电动机的励磁。

其中，采用电枢电路中增加电阻的方法调速，实际上是降低牵引电动机电枢两端的电压，只能降低转速，同时附加电阻的损耗使电机效率降低，因此，在机车中不采用这种方法，而广泛采用改变牵引电动机的电源电压以及削弱牵引电动机的磁场的调速方法。

1．改变电源电压调速

改变电源电压调速，即改变加在牵引电动机上的电压，电压只能以额定电压为上限。根据转速公式，忽略电枢回路的电压降，可以认为电动机的转速与端电压成正比，有

$$\frac{n_1}{n_2}=\frac{U_1}{U_2} \tag{3-8}$$

可见在电动机负载不变的情况下，把电源电压由 U_1 调节为 U_2 时（ $U_1 < U_2$ ），电动机的转速将升高至 $n_2 = n_1 \frac{U_2}{U_1}$，电动机的速率特性曲线上移，如图 3-13 所示。因此，采用改变牵引电动机电源电压的方法可以获得所需要的许多条速率特性曲线，从而可以在宽广的范围内经济地调节转速。在电力机车上，牵引电动机大多由相控整流装置（采用相位控制方式以实现负载端直流电能控制的可控整流电路）供电，可以方便地调节其输出电压。因此，改变端电压调速是控制机车速度的主要方法。

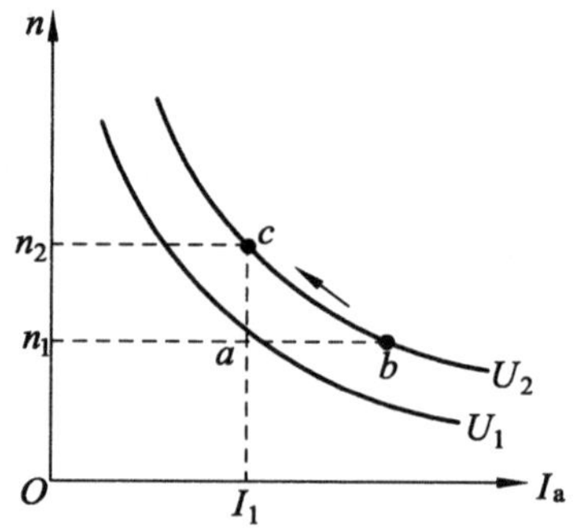

图 3-13 牵引电动机在不同端电压时的速率特性

实际上机车运行中速度调节并不是瞬变的，而是需要一个过程的。例如，当牵引电动机在电压 U_1 和某一负载转矩 T_1（相应的电枢电流为 I_1）下以转速 n_1 稳定运行 a 点时，为了调速，电源电压由 U_1 突然改变为 U_2，于是调节过程开始，由于机车的机械惯性，在电压 U_1 变为 U_2 的瞬间机车速度和电动机转速都来不及变化，电枢反电动势 E_a 也因之不变，根据电压平衡方程式可知电枢电流 I_a 必将突增，电动机的工作点由 a 点跳到 b 点。因电枢电流及励磁电流的这一增加，牵引电动机输出的转矩增大电动机的转速因之提高，并沿着电压 U_2 的特性曲线上升。如果负载转矩 T_1 没有变化，随着转速的上升，电枢电流和机械转矩逐渐减小，直至到 n_2，电枢电流重新等于 I_1，转矩重新平衡为止，电动机便稳定运行在 c 点。可见，电动机转速由于电压的提高而提高了。

2．磁场削弱调速

在串励电动机中，比较常用的磁场削弱的方法是在励磁绕组两端并联一级或数级分路电阻（磁场削弱电阻 R），从而减少励磁电流和磁通，简称磁场削弱。如图 3-14 所示，当分路电阻上的开关断开时，电枢电流等于励磁绕组中的电流，这种状态称为“满磁场”。当开关闭合后，磁场削弱电阻对励磁绕组起分流作用，分流程度与电阻阻值大小有关。改变电阻阻值的大小，就可

以获得不同的磁场削弱。牵引电动机磁场削弱程度通常用磁场削弱系数 β 表示。其计算式为

$$\beta=\frac{I_L}{I_a}\times 100\% \tag{3-9}$$

例如，SS_4 型电力机车使用的 ZD105 牵引电动机，固定磁场分路 96%，一级磁场削弱系数 70%，二级磁场削弱系数 54%，三级磁场削弱系数 45%。其中 $\beta=70\%$ 表示励磁电流为电枢电流 70%，其余的 30% 电流通过分路电阻。β 愈小，表示磁场削弱愈深。如图 3-14 所示。

采用磁场削弱的方法调速，调速范围大，附加电能损耗很小，调速后的效率不致降低，是一种经济的调速方法，缺点主要是使牵引余电动机换向条件恶化，容易发生环火。

对于 SS_4 型电力机车而言，采用的是恒电压磁场削弱。实际上，电力机车先采用调压调速，当电压达到额定值时，才进行磁场削弱调速，经理论分析得转速的变化和磁通的变化成反比，如图 3-15 所示。

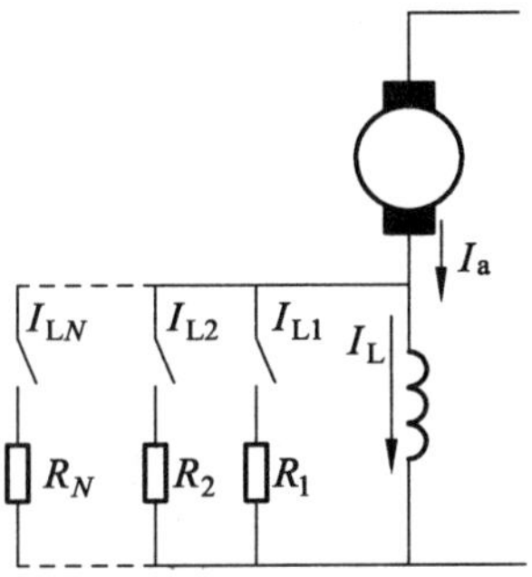

图 3-14 磁场削弱原理图

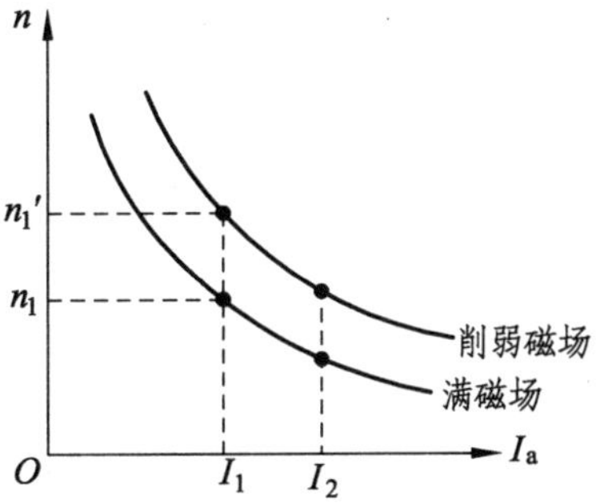

图 3-15 磁场削弱原理图

三、直流牵引电机的制动

机车运行过程中，经常需要使机车速度降低或停止，这就要求牵引电机由高速转换为低速或使其停转；下坡运行时，也要限制电机转速，从而控制机车的运行速度。这就需要在牵引电机的转轴上施加一个与运行方向相反的转矩来实现，称为牵引电动机的制动，此时施加的转矩称为制动转矩。

实现制动有两种方法：机械制动和电磁制动。机械制动指制动转矩是由机械制动瓦产生的摩擦转矩。电磁制动是电机在制动时使电机产生与其旋转方向相反的电磁转矩，其特点是制动转矩大，操作控制方便。直流牵引电机的电磁制动类型有能耗制动和回馈制动两种。

1. 能耗制动

机车牵引工况时，牵引电动机将电能转换为机械能（列车动能），产生牵引力，驱动列运行。机车在制动工况时，列车惯性力带动牵引电机使其电枢在磁场中旋转，由电机的可逆性原理知道，此时电机工作在发电机状态，产生电能，通过制动电阻转换为热能，散失于大气中。在此过程中，电枢在磁场中转动，产生电磁转矩作用效果与机车运行方向相反，因而使列车运行速度降低，起到了制动作用。因为依靠制动电阻产生的热能来消耗机车的机械能，所以称为能耗制动，也称为电阻制动。

机车牵引工况时，牵引电动机从电源获得电能，驱动列车运行，通过前面学习的知识，我们知道，机车的牵引电机大多为串励电动机，其作为发电机运行制动效果差。因此，需要把串励电动机改接为他励发电机，这样可以在较大范围内，调节机车制动力，方便地调节机车运行速度。

把串励电动机改接为他励发电机，主电路必须进行下列转换。

① 切断牵引电动机电源。

② 将牵引电动机的励磁绕组与电源接通，建立磁场，使旋转的牵引电动机变成发电工况。

③ 在牵引电机电枢回路中接入制动电阻 R，使其电能消耗在电阻上。

如图 3-16 所示，对于 SS_4 型电力机车来说，1 节机车 4 台牵引电机的励磁绕组串联，有变压器的励磁绕组专门供电，电枢绕组分别与制动电阻并联。

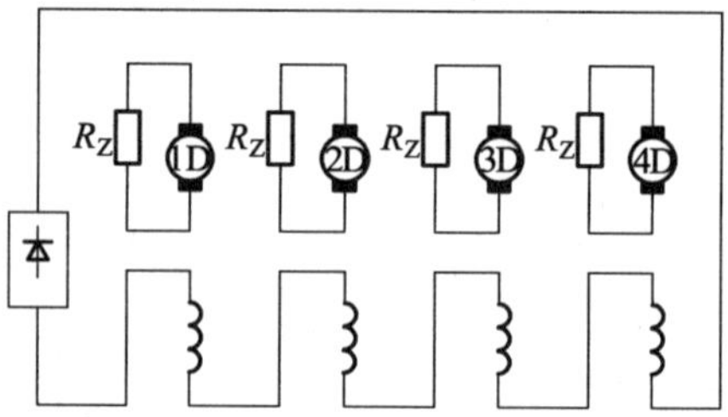

图 3-16 机车电阻制动电气原理图

能耗制动所需设备简单，成本低，操作方便。不足之处是列车动能转换为电能后消耗在制动电阻上，最终变化为热能散发到大气中，未能利用；还有不易迅速制停，因为当电机转速 n 较小时，E_a 较小，制动转矩也相应较小。此时，采用减小制动电阻 R 或采取加馈电来增大电枢电流 I_a，以提高低速区的制动转矩。

2. 再生制动（回馈制动）

将制动时发电机产生的再生电能逆变为与电网同频率同相位的交流电回送电网，这种制动方式称为回馈制动，又称为再生制动，这时的机车相当于一台移动的发电站。

如果发电机为直流发电机，把直流电能逆变为和电网频率相位相同的交流电，设备复杂，工作特性不很稳定，不易控制。国产的 SS_7 型电力机车应用再生制动。

当电力机车下坡时，重力加速度使车速提高，牵引电机感应电动势 E_a 随之增大，若 $E_a > U$ 则 I_a 反向，牵引电机自动转换为发电机工作状态。此时电动机的动能转换为电能，回馈给电网。车速越高，制动转矩越大，如图 3-17 所示，转速增加到一定程度，下坡使机车所受到的动力转矩与制动转矩和摩擦阻转矩之和平衡，机车恒速稳定运行（b 点）。

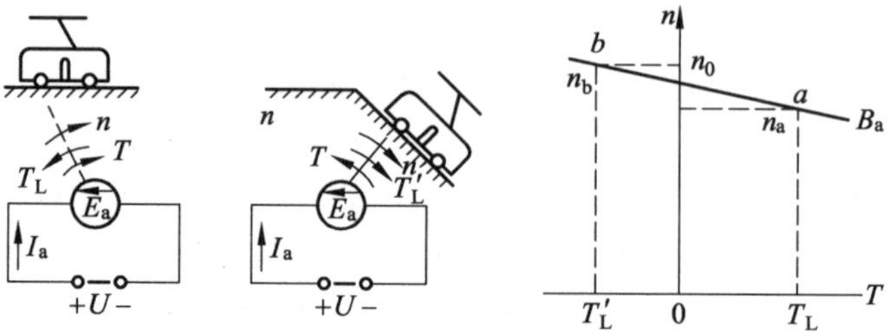

图 3-17 电力机车下坡时的回馈制动

四、直流牵引电机的反转

直流电动机的反转方法有两种：一种是改变主极磁通 Φ 的方向（励磁电流方向），另一种是改变电枢电流的方向。如果同时改变磁通和电枢电流方向，电机转向不变。

牵引电机多采用励磁绕组反接法，如图 3-18 所示。利用电器触头 H、a 的闭合和断开将励磁绕组进行反接，改变了励磁绕组电流方向，进而改变了磁通的方向，已达到改变电动机转向的目的。

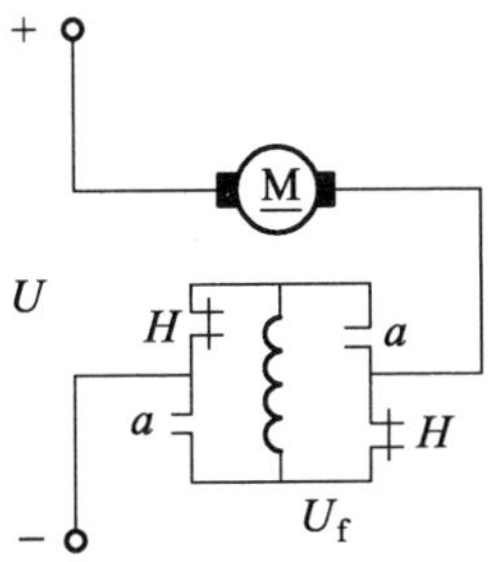

图 3-18　励磁绕组反接

任务五　直流牵引电机的换向

从直流电机的工作原理知道，电机的端电压是直流电，直流电经过换向器作用后，电枢绕组线圈中流的就是交流电。电机运行时电枢不停地旋转，当旋转的电枢元件从电枢绕组的一条支路经电刷进入电枢绕组的另一条支路时，元件中电流的方向发生改变，这种绕组元件中电流方向的改变称为换向，电流方向的改变过程称为换向过程。元件所经历的换向时间极为短暂，通常为千分之几秒，时间虽短，但过程极为复杂，不仅是单一的电磁过程，同时还出现了机械、电化学与电热现象，而且它们之间相互影响。换向是直流电机运行时的薄弱环节，对电机正常运行有很大的影响，也是评定电机质量优劣的标准之一。由于牵引电动机特殊的工作条件，其换向更为困难。

一、火花现象和火花等级

人们从生产实践中发现，直流电机运行时，其电刷与换向器之间常常伴有火花。火花通常出现在电刷的后刷边，发生火花是直流电机换向不良的直接表现。如果火花在电刷上范围很小，亮度微弱，呈浅蓝色，它对电机运行并无危害，不必要求绝对没有火花。但当火花在电刷上范围较大，比较明亮，呈白色或红色，就会灼伤换向器及电刷，影响电机的正常运行。因此，火花的大小直接反映了直流电机换向性能的好坏。

我国国家标准《电机基本技术要求》（GB 755—2000）中，对直流电机换向器上的火花等级做了规定，如表 3-2 所示。

表中 1 级、$1\frac{1}{4}$ 级、$1\frac{1}{2}$ 级均为无害火花，允许电机在这些火花等级下长期运行。在 2 级火花作用下，换向器上会出现灰渣和黑色的痕迹。随着运行时间的延长，黑色痕迹将逐渐扩展，电刷和换向器磨损也显著增加，因此，2 级火花只允许短时出现。电机运行时绝不允许出现 3 级火花。

直流和脉流牵引电动机由于工作条件恶劣，如负载急剧变化、电网电压波动、强烈的机械振动和冲击、在脉动电压下工作等，都使电机换向更加困难。为了保证牵引电动机运行可靠，直流牵引电动机在运行时的火花等级应限制在下述范围内：在额定磁场和各削弱磁场级位上正常运行时，火花不应超过$1\frac{1}{2}$级；在其他情况下（如短时冲击负载）运行时，火花不应超过 2 级。对于脉流牵引电动机，其换向条件更为困难，允许在 2 级火花下持续运行。此时，换向器表面将发黑，但只要不损坏换向器工作表面，这种火花是允许的。

表 3-2 火花等级

火花级别	电刷下火花的特点	换向器及电刷状态
1	无火花	换向器上没有黑痕，电刷上没有灼痕
$1\frac{1}{4}$	电刷边缘仅小部分有微弱的点状火花，或有非放电性的红色小火花	
$1\frac{1}{2}$	电刷边缘大部分或全部有轻微的火花	换向器上有黑痕，但用汽油能擦去，同时在电刷上有轻微的灼痕
2	电刷边缘全部或大部分有强烈的火花	换向器上有黑痕，用汽油不能擦去，同时，电刷上有灼痕，如短时出现这一级火花，换向器上不出现灼痕，电刷不被烧焦或损坏
3	电刷整个边缘有强烈的火花，同时有大火花飞出	换向器上黑痕相当严重，用汽油不能擦出，电刷上有灼痕，如在这一级火花下短时运行，则在换向器上将出现灼痕，同时电刷将被烧焦或损坏

直流和脉流牵引电动机在运行过程中的火花情况，除使用专门仪器测量外，很难直接观察。因此，通常以换向器及电刷表面状态作为确定火花等级的主要依据。

二、产生火花的原因

直流电机的换向问题十分复杂，产生火花的原因也是多种多样的。通过不断实践和分析研究，到目前为止，对产生火花通常归纳为电磁、机械和化学等 3 个方面的原因。

（一）电磁原因

由电机电磁方面的原因产生的火花称为电磁火花。换向时，线圈中电流方向发生改变，大小也发生变化，铁心磁场随之变化，产生感应电动势，此电动势极为复杂，有电抗电动势、电枢反应电动势，都阻碍电流换向引起电磁火花。为了减少和消除电磁火花，在牵引电动机中装有换向极，它安装在主极之间的几何中性线上，在换向极上装有换向极绕组，当换向极绕组通以电流时产生换向电动势使其极性适当，抵消电抗电动势和电枢反应电动势，从而改善电机的换向，此时换向极绕组产生的电动势称为换向电动势。电抗电动势、电枢反应电动势、换向电动势之和称为合成电动势，若合成电动势为零，不会产生火花，为电阻换向；当合成电动势不为零时，则附加换向电流不为零，产生换向火花，通常在刷边产生电磁火花。

（二）机械原因

牵引电动机在运行中受到强烈振动，换向器、转子和电刷装置不良也会导致电机产生火花，这类火花称为机械火花。

机械火花的产生可以归纳为两大类。

1．换向器及电机旋转部分的缺陷

（1）个别换向片或云母片凸出；
（2）换向器偏心、转子动平衡不好；
（3）换向器工作表面污染、有毛刺、斑痕或拉伤沟纹等；
（4）换向器工作表面变形，如呈椭圆形、腰形或锥形等。

2．电刷装置的缺陷

（1）电刷接触面研磨得不光滑，接触不良或只是局部接触；
（2）电刷在刷盒中间隙不合适，造成跳动、倾斜或卡死现象；
（3）电刷上压力不适当；
（4）刷握装置不稳固，造成刷握位置偏离几何中性线；
（5）刷架圈的定位不准确或安装不牢固等。

产生机械火花的原因是多种多样的，有时可能是多种原因同时起作用。因此在电机零部件生产和组装时，必须精心制造和严格工艺要求。电机运行时，一旦出现火花，应仔细观察和具体分析。

一般来说，机械火花和电磁火花是有区别的。机械火花呈红色或黄色，连续而较粗，沿切线方向飞出，且在换向器表面产生无规律的黑痕。电磁原因引起的火花呈白色或蓝色，连续而细小，基本上都在后刷边燃烧，换向器上留下有规律的黑色痕迹。

（三）化学原因——换向器滑动面的薄膜

过去，主要是以电磁理论方面来研究换向，分析产生火花的原因。但实际上，换向问题相当复杂，除电磁原因和机械原因会导致火花外，化学原因也将导致直流和脉流牵引电动机在运行中产生火花。

在正常情况下，当电机长期运行之后，换向器滑动面会覆盖一层很薄的薄膜，电刷在与换向器接触时，并不是直接与换向器钢片本身接触，而是通过这层薄膜与换向器铜片接触。要获得良好的换向，除保持电磁和机械方面的良好条件外，还必须在换向器表面形成均匀而光亮的薄膜层，不正常薄膜的出现将预示着电机换向的恶化。

1．薄膜的形成、化学成分及作用

换向器滑动面的薄膜是电刷与换向器接触并在相对运动过程中逐渐形成的。由于大气中有水蒸气，使电刷和换向器表面都覆盖着一层水膜，当电机工作时，电刷和换向器接触面上流过电流，该电流使水汽发生电解作用，电刷和换向器形成两个极，正极产生氧，负极产生氢。起初，铜离子向外运动，遇到氧离子生成氧化亚铜膜，而铜离子不断穿越最初建立的膜，再与空气中的氧相遇产生新的膜，使膜不断加厚。随着膜的不断加厚，新生膜的速度也逐渐减慢，直到一定的厚度为止。这样，换向器滑动面的氧化膜就形成了。同时，在这层薄膜上面又吸附着一层非常薄、有黏性的石墨和碳粉组成的碳膜，其结构如图 3-19 所示。

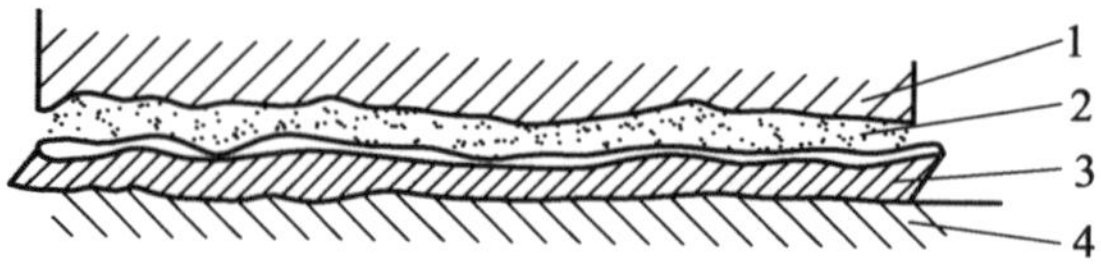

1—电刷；2—石墨碳粉；3—氧化亚铜；4—换向器。

图 3-19 换向器滑动面薄膜

由图 3-19 可见，换向器滑动面薄膜由两部分组成：

（1）金属氧化膜，由氧化铜和氧化亚铜的混合物组成；

（2）碳膜，在氧化膜上面，由微小的碳粒、石墨和其他附着物组成。

电机运行时，由于金属氧化膜本身具有较高的电阻，从而增加了换向元件回路的电阻，降低了附加换向电流中，改善了电机的换向。碳膜附着物在吸收空气中的水分之后能产生良好的润滑作用，减小电刷与换向器之间的磨耗，使电刷运行稳定。另外，薄膜与电刷间相互存在着一定的黏附作用，可以缓冲或减小电刷的颤振频率和速度，保持电刷与换向器之间滑动接触的稳定性，减小或消除机械性火花。因此，薄膜对电机的工作起着十分重要的作用。

但是，这层薄膜并非静止不变。电机工作时，金属氧化膜在电刷的摩擦下被破坏，但当电流通过时，由电刷和换向器形成的正、负电极使空气中的水汽电解，加之换向器滑动接触面温度较高，又会使铜表面氧化形成新的氧化膜。与此同时，由正电刷分离出许多极小的微粒吸附在氧化膜上形成碳膜，又由负电刷将它们清除。因此，薄膜在不断地形成与破坏，如果破坏的速率小于形成的速率，则氧化膜逐步建立起来，对正常运行的电机维持一种动态平衡。

薄膜的形成及其颜色，还与电刷的材质。电刷的压力、电流密度。运行时间长短及周围环境等许多因素有关。正常的换向器表面薄膜应当是棕褐色的，在手电光照之下，能反射出光泽，有一种油润感。从运用观点来看，只要薄膜是均匀的、光亮的、稳定的和呈棕褐色的，则标志着电机的换向是正常的。

2．不正常的换向器薄膜

（1）黑片：无光泽的黑膜。

① 有规律分布的黑片。

② 无规律分布的黑片。

（2）条纹和沟槽。

条纹是沿换向器表面圆周上形成的有明暗色调度变化的平行圆环，其宽度不规则，条纹的继续发展形成沟槽。

（3）电刷轨痕：平行的电刷轨道之间在色调上的不同。

（4）铜毛刺：指在换向片边缘出现像碎片一样的毛刺，逐渐发展成薄铜片延伸至云母槽内。

（5）换向器表面高度磨光：指换向器表面的氧化膜被摩擦掉，露出本铜色，抛光发亮，像镜面一样。

总之，换向器表面状态反映了电机运行是否正常。因此，在电机运行时，应当经常注意和检查换向器的表面状态，观察薄膜的变化情况，许多牵引电动机的故障在尚未造成破坏前，往往可以根据换向器表面的异常状态来进行早期诊断，找出故障发生的原因和部位，及时进行处理，以保证电机正常运行。

三、改善直流牵引电动机换向的方法

改善换向的目的在于消除电刷下的火花。消除换向火花的实质，是设法减小换向元件中附加换向电流。从换向过程分析可知，减小换向元件中的附加换向电流，可通过减少换向元件合成电动势和增大换向回路电阻两条途径实现。

（一）设置换向极

换向极装在电机几何中性线上，其作用是在元件的换向区域内建立一个换向极磁势 F_W，该磁势与交轴电枢反应磁势相反，它除了抵消电枢反应磁势外，还剩下一个换向磁势 F_K，并在换向区建立换向磁场 B_K，换向元件切割 B_K 后，就会在换向元件产生一个与电抗电势。方向相反的换向电势 e_K，如果 e_K 大小与电抗电动势 e_r 相等，即合成电势 $\sum e=0$，从而改善电机的换向。

为了保证在任何负载下换向电势都能恰好抵消电抗电势，换向极应满足以下要求。

1．极性正确

换向极极性要保证其磁场方向与交轴电枢反应磁场方向相反。因此，对于电动机，换向极极性应与沿旋转方向前面的主极极性相反，如图 3-20 所示。

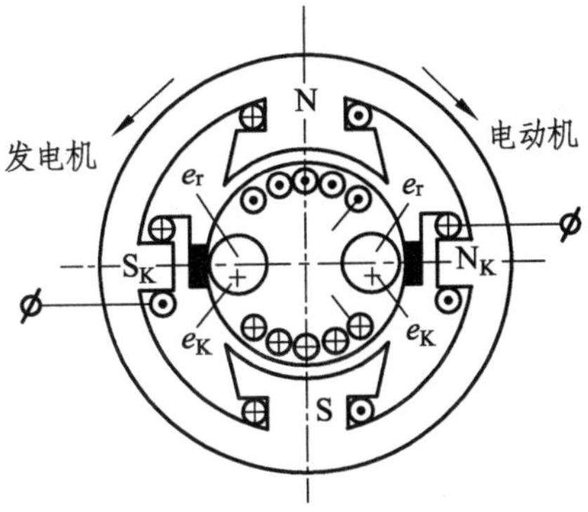

N、S—主极；N_K、S_K—换向极。

图 3-20　换向极的极性

2．换向极绕组必须与电枢绕组串联

电机运行时电抗电势 e_r 的数值不是常数，e_r 随着负载电流变化成正比变化。为了保证 e_K 在整个负载范围内随时抵消 e_r，则要求 e_K 也必须随着负载电流变化而变化。因此，换向极绕组必须与电枢绕组串联。

3．换向极磁路处于低饱和状态

换向电动势 e_K 是换向元件切割换向区磁感应强度 B_K 产生的，只有磁路不饱和时，才能保证 B_K 与电枢电流人成比例变化，满足 e_K 正比于 I_a 的要求。

为了使换向极磁路不饱和，在设计电机时，通常采用较大换向极气隙以使换向极磁密降低。但是，如果单纯增大换向极和电枢表面间的空气隙，将使漏磁通增加，而换向极漏磁通也是造成换向极磁路饱和的重要因素。为此，牵引电动机常将换向极气隙分成两部分，即电枢与换向极极靴之间的第一气隙 δ_1 和换向极与机座内壁之间的第二气隙 δ_2，如图 3-21 所示。第二

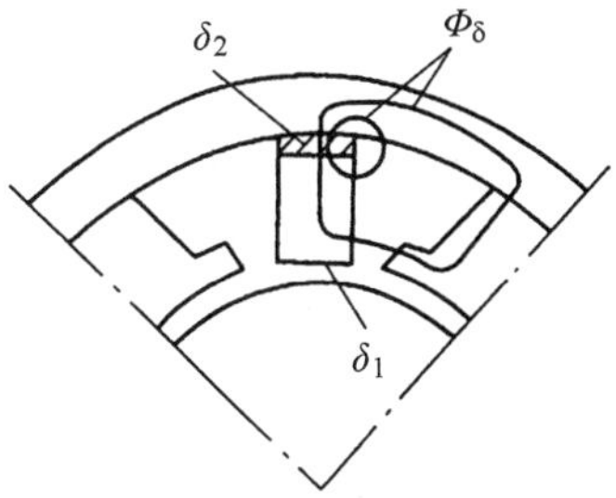

δ_1—第一气隙；δ_2—第二气隙；Φ_δ—漏磁通。

图 3-21　换向极气隙

气隙垫以非磁性垫片，如发现换向电势补偿不当，还可通过调节第二气隙的大小来调整 B_K 的数值，使电机得到良好的换向。

（二）增加换向回路的电阻

换向回路电阻主要是决定于电刷与换向片之间的接触电阻，增加接触电阻可以减小附加换向电流的数值，从而改善电机换向。

接触电阻的大小，主要决定于电刷的材质和结构，不同牌号的电刷有不同的接触电阻。脉流牵引电动机由于换向条件困难，广泛采用高接触电阻的电化石墨电刷，如 SS4 改型电力机车中 ZD105 型脉流牵引电动机采用的 D374B 型电刷。该型号电刷具有较高的电阻率以保证良好的换向，同时又有较好的耐磨性和机械强度。为了增加换向回路的电阻和改善电刷与换向器的接触状况，在脉流牵引电动机中还广泛采用双分裂式电刷，如图 3-22 所示。这种结构是两块电刷放在同一刷盒中，顶部压块用橡胶制成。由于每一块电刷质量小，惯性小，同时橡胶压块可以吸收电刷的振动，使电刷与换向器接触良好。另外，在两块电刷接触面间有横向间隙，增加了换向回路的横向电阻，从而改善了电机的换向条件。实践证明，采用这种电刷结构可以降低电刷下的火花。

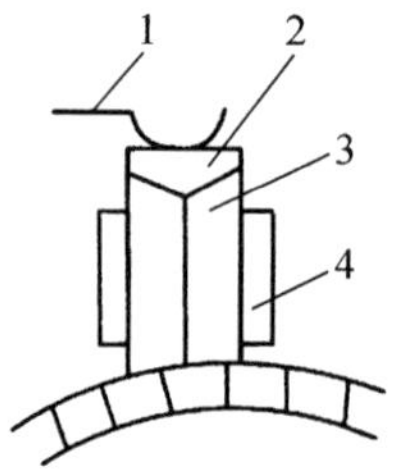

1—压指；2—压块；3—电刷；4—刷盒。

图 3-22 双分裂式电刷示意图

综上所述，电刷性能和结构对电机换向影响很大，选择电刷是十分重要的，必须根据不同电机的具体情况来考虑。同时还应注意以下几点要求：

（1）同一台电机中，必须采用相同牌号的电刷。否则，会由于接触电阻大小不同造成电刷间负载分配不均，致使接触电阻小的电刷因电流较大而使换向恶化。

（2）牵引电机中，电刷电流密度一般在 12 ~ 16 A/cm^2 的范围内。因为，电刷是以接触压降来表示的，接触压降和电流密度有关，当电刷电流密度较小时，随着电流增大，接触压降增大，当电流密度达到一定数值后，接触压降不再增加，此时，换向回路的接触电阻随电流密度增大而减小，这对换向是十分不利的。因此，对电刷的电流密度有一定限制。

（3）拖轴式悬挂的牵引电动机，电刷上单位压力，一般取 2.94 ~ 3.29 N/cm^2 因为压力太大将使电刷磨损加快，压力过小会使电刷跳动产生火花。

最后还应指出，在电刷使用中还要注意以下几点：

（1）电刷应仔细研磨吻合，保持清洁以及电刷和刷握间有适当间隙，防止电刷接触面粘铜。

（2）在正常使用中，温度升高会使电刷接触压降减小，可能引起换向不良。

（3）一台电机上各电刷压力必须均匀，压力不均使电流分配不均，电流较大的可能产生火花，低电密下滑动的电刷，对换向器磨损也有影响。

四、换向器上的环火

流和脉流牵引电动机在某些恶劣（重载运输、坡道运行、深度磁场削弱）条件下运行时，正、负电刷之间可能形成一股强烈的环形电弧，同时伴有闪光和巨响，这种现象称为环火（俗称放炮，是因为产生环火的瞬间，电机发出巨大的响声）。

环火具有很大的破坏力，轻则烧伤换向器和电刷，此外，环火时电弧还可能由换向器表面飞跃到换向器前压圈、转轴、刷架圈、磁极铁心或机座上，造成电机接地，这种现象称为“飞弧”；环火相当于电枢通过电刷直接短路，可能烧断电枢绕组并且甩出，造成电机“扫膛”；环火时电机处于发电机状态，如图 3-23 所示，这时，电流经环火电弧直接流入励磁绕组，使电机反电动势猛增，电枢绕组产生很大的反向短路电流，使电机处于发电机运行状态，产生一个很大的制动转矩，由于列车惯性很大，造成动轮踏面擦伤。

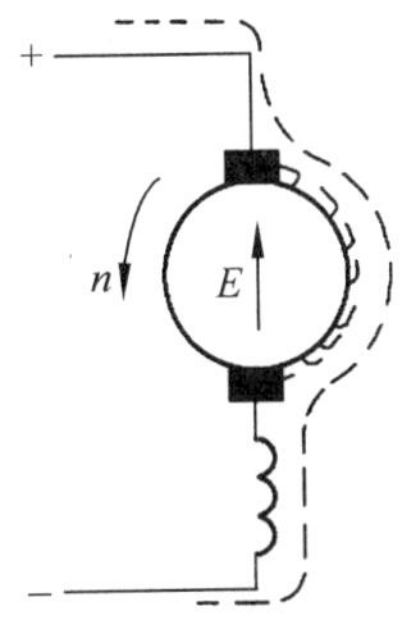

图 3-23　环火示意图

1．产生环火的原因

由于电刷磨损下来的碳粉或电刷碎片以及换向器磨损下来的铜粉聚积在换向片间的沟槽内，加之油泥从电动机外部飞溅到换向器上，这些脏物在两个换向片间形成导电桥。当换向片间电压过高时，此导电桥燃烧而形成火花，这就是电位火花，若片间电压足够大，会在这些导电尘粒燃烧后，出现片间电弧，或称单元闪络，如图 3-24（a）所示。此电弧使周围的空气游离，当换向器转动，该电弧随换向器一起转动，并且由于电弧形成的气体内压力及作用在电弧上的电动力使电弧拉长，如图 3-24（b）所示，当电弧向前扩展时，它遗留下来的电离气体是导电的，因而电弧维持不灭，如图 3-24（c）所示，以致引起环火。

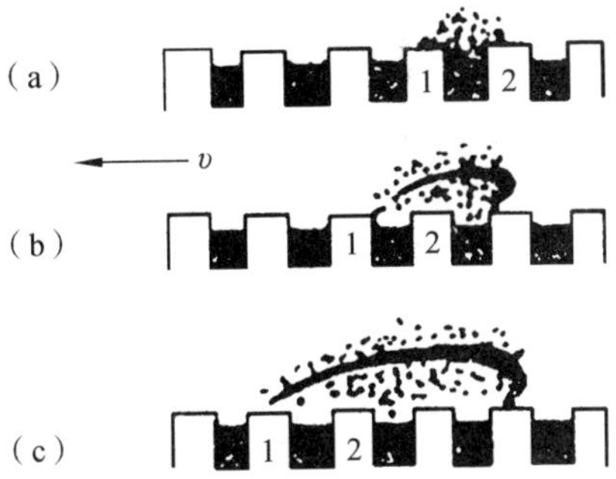

图 3-24　导电桥形成环火示意图

2．换向器片间电压和电位分布

根据以上分析，环火和换向器片间电压的最大值与换向器上的电位特性有关。

如图 3-25 所示，在正负电刷之间的换向器上，其片间电压分布曲线和主极气隙中磁通密度分布曲线形状是相似的。

主极气隙中磁场分布与电动机的负载有关。

交轴电枢反应使主极气隙磁场畸变，如图 3-25（a）所示，图中曲线 1 为空载时的情况，曲线 2 为负载时的情况。

图 3-25（b）的两条曲线 3 和 4 相应地表示电动机空载和负载时，换向器圆周片间电压分布曲线。这两条曲线的形状与主极下空气隙磁感应强度的曲线形状相同，由曲线 4 可见电动机负载时（尤其是过载或承受冲击负载时），由于强烈的电枢交轴反应而造成片间电压分布不均，在接近后刷边的地方出现最大值，称为最大片间电压，它对火花有很大影响。

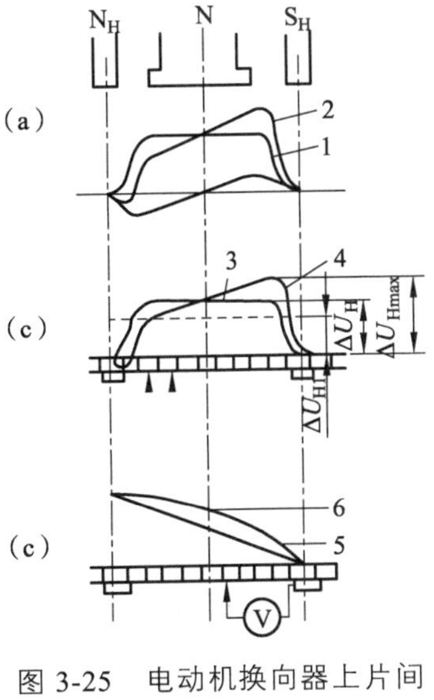

图 3-25　电动机换向器上片间电压分布曲线及电位特性

图 3-25（c）表示沿换向器圆周长度的电位特性。其电压

大小相当于图中电压表所测得的电刷与某一换向片的电压值，曲线 5 为电机空载时的情况，曲线 6 为负载时的情况，电位特性曲线越陡，产生环火的趋势越大。通常用换向器圆周每厘米长度的电位差来表示曲线的斜率，称为电位梯度。

由此可见，机车牵引电动机在最高电压及最深磁场削弱下高速运行时，由于主极磁场的削弱和电枢电流的增大，电枢反应相对加强，致使主极气隙磁场的畸变加剧，电位气隙也越陡，因此产生环火的可能性越大。

根据实践经验，为了防止环火的发生，电位梯度的最大值应小于 85 ~ 95 V/cm，片间最大电压应不超过下列限值：

当片间云母厚度为 0.8 mm 时，$\Delta U_{\text{Hmax}} \leqslant 35$ V；

当片间云母厚度为 1.0 mm 时，$\Delta U_{\text{Hmax}} \leqslant (37 \sim 40)$ V；

当片间云母厚度为 1.2 mm 时，$\Delta U_{\text{Hmax}} \leqslant (40 \sim 43)$ V；

当片间云母厚度为 1.5 mm 时，$\Delta U_{\text{Hmax}} \leqslant (46 \sim 48)$ V。

3．防止环火的措施

① 在设计电机时，限值换向器上电位梯度和最大片间电压值。

② 采用适当形状的主极极靴，以改善电位分布情况。

牵引电动机通常采用偏心气隙的方法，如图 3-26（a）所示，它是用一个大于电枢半径的半径画出来的极靴形状，并且其圆心顺着轴线从电枢移动一段距离。

另外有的牵引电动机采用部分扩张气隙，如图 3-26（b）所示，这种气隙主极极靴由两部分组成：第一部分极弧与电枢为同心圆，在这段范围内，气隙是均匀的并且等于 δ_0；第二部分气隙是从 *a* 点出的气隙开始，向极靴边缘增加到值，极靴这一部分用直线画出，气隙是扩张气隙。

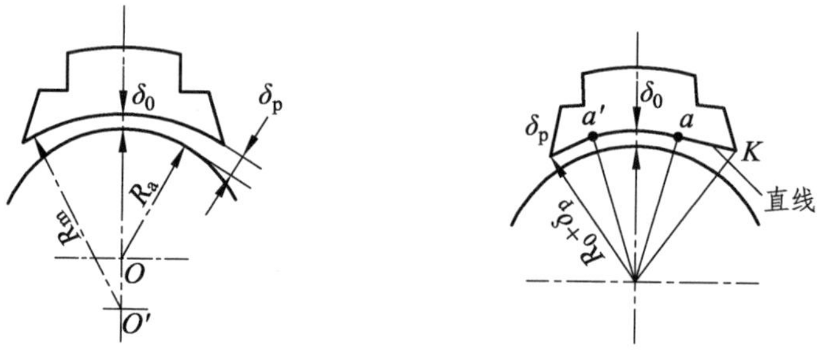

（a）偏心气隙　　（b）部分扩张气隙

O—电枢圆心；O′—极弧圆心。

图 3-26　主极极靴形状

上述两种极靴形状，都使主极的极尖处空隙加大，这样不仅减小电枢反对主极磁通的畸变作用，改善了换向器电位分布，使片间电压最大值远离换向区，从而增加了电机的抗环火能力。通常极尖下的空气隙长度为极中心长度的 1.8 ~ 2.5 倍。

（3）装置补偿绕组。

牵引电动机气隙的畸变是由电机带负载后的电枢反应引起的。因此防止环火的有效措施应该是，尽可能地消除电枢磁场所引起的气隙磁场畸变。对于经常过载和承受冲击电流而换向困难的牵引电动机来说，最有效的措施是装置补偿绕组，即在主极极靴表面增设一个与电枢绕组相串联的绕组，实际上补偿绕组安装在主极极靴上的专门冲制的槽子内（见图 3-27），使它产生的磁势与电枢磁势相互抵消，以消除电枢反应造成的磁场畸变，从而减小最大片间电压的数值和改善电机的电位特性。但是这样却使电机结构复杂，并且增加了制造和检修的工作量。

（4）在实际运用中加强维护清理和采取保护措施。

如除掉换向器的片间脏物及换向片两边的毛刺，保持牵引电动机检查孔盖严密；在主电路中采用快速保护（防环火系统）一旦电机发生环火，能迅速将环火的电机与电源断开；对并联工作的电动机分别进行保护。

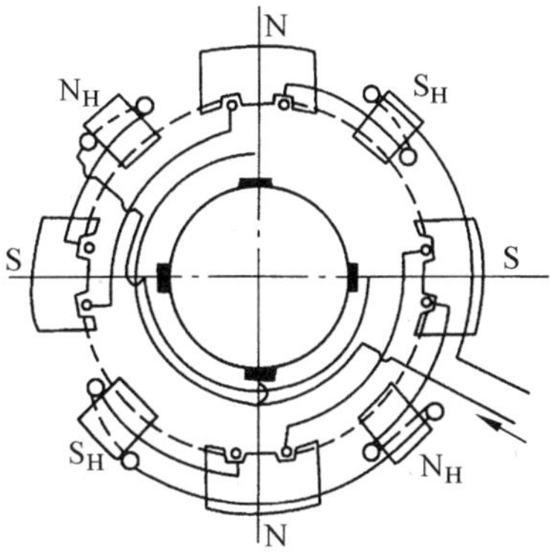

图 3-27　补偿绕组装置及连接法

任务六　直流牵引电机的通风冷却

电机发热对电机运行性能有很大影响，温度过高，将使绝缘材料损坏而丧失绝缘性能，以致影响电机的使用寿命，严重时甚至把电机烧毁。同时，过高的温度会引起电机零部件变形，直接影响电机的安全运行。

牵引电动机功率大，结构尺寸又受空间位置的限制，发热较为严重。其发热问题不仅直接关系到电机的使用寿命和可靠运行，也是决定电机额定容量的主要因素之一。

一、电机的温升

直流牵引电动机在实现能量转换过程中，电机内部将产生机械损耗、铁耗、铜耗和附加损耗 4 类损耗，这些损耗一方面使电机的输出功率减小、效率降低；另一方面，损耗最终都变为热能，使电机各部分温度升高，引起电机发热。

电机运行时，电机中的损耗转变为热能，使电机各部分温度升高。当电机温度高于周围介质温度时，热量向周围散发。若电机产生的热量与散发的热量平衡时，电机的温度不再升高，维持稳定的温度。由于电机周围介质温度可能不同，所以电机各部分温度的高低并不能代表电机的发热和散热情况，温度高并不能表示电机的发热量大或散热不好。为了综合评价电机的发热和散热情况，在设计和使用电机时，通常以温升作为评价电机性能的指标。

电机某一部件的温度 t_2 与周围介质温度 t_1 之差，称为该部件的温升，即

$$\theta = t_2 - t_1 \tag{3-10}$$

在实际使用中，我国有关技术标准规定，冷却空气温度的标准值为 25 °C，但绝缘材料不同，电机各部件温升限值不同，具体情况见表 3-3 所示。

表 3-3 电机绕组和换向器的温升限值 单位：°C

电机部件	测量方法	绕组绝缘材料的不同相应于连续、小时或断续定额的温升限值				
		E	B	F	H	C
定子绕组	电阻法	115	130	155	180	200
电枢绕组	电阻法	105	120	140	160	180
换向器	温度计法	105	105	105	105	105

由于测温方法不同，对同一物体的温度可能测得不同的温度数值。因此在规定温升限值的同时，应规定具体的测温方法。牵引电动机常用的测温方法有温度计法、电阻法和埋植检温计法。

二、电机的温升

通风作用越强，风速越大，散热能力就越强，在同样热量下，电机的温升就越低。

1．牵引电机通风方式的分类

（1）根据冷却空气进入电机内部所依靠的力量，分为：

① 自通风。由装在电机转轴上的离心式风扇鼓风，如图 3-28 所示。这种通风方式的优点是不需要附加设备，缺点是风量和风压随电机转速而变化。

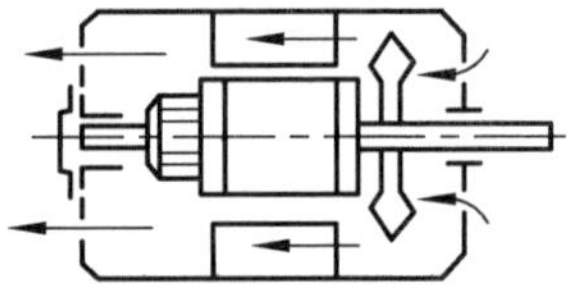

图 3-28 自通风示意图

② 独立通风。由单独设置的通风机给电机鼓风，如图 3-29 所示。这种通风方式的优点是送入电机的风量。风压与电机运行情况无关；缺点是需要增设通风机、拖动机械、管道等辅助设备。

（2）根据通风器（通风机、风扇）安装位置不同，分为强迫通风和诱导通风

① 强迫通风。通风器装在空气的入口端，由通风器将空气压入电机内部，如图 3-29（a）所示。这时，电机内部的空气压力一般大于大气压力。

② 诱导通风。通风器装在空气的出口端，由通风器将电机内部的空气抽出，如图 3-29（b）所示。

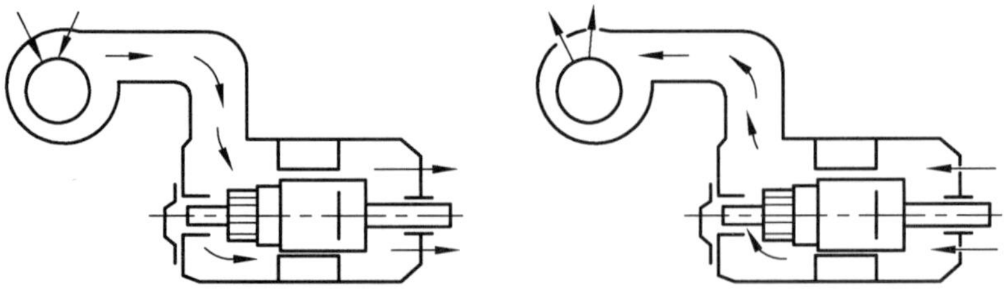

（a）强迫通风 （b）诱导通风

图 3-29 独立通风示意图

（3）根据冷却空气在电机中的主要流通方向，分为轴向通风、径向通风和轴向—径向复合通风。

① 轴向通风。冷却空气由电机的一端进入，另一端排出，在电枢内部沿转子铁心的轴向通风道流通。这种通风方式的优点是铁心结构紧凑；缺点是通风损耗较大，沿电机轴向的温度不够均匀。

② 径向通风。空气进入电机内部，沿着电枢内的径向风道流通。这种径向风道是在压装电枢铁心时，每隔一定距离放置一片风道齿构成的。这种通风方式的优点是通风损耗小，散热面积较大，沿电机轴向的温度较均匀；缺点是径向通风槽使电机的轴向尺寸增大。

③ 轴向—径向复合通风。电机既有轴向风道也有径向风道，结合二者的特点设计，具有良好的通风效果，但结构复杂。

牵引电动机根据其结构特点和运行特点，通常采用强迫式独立通风，风道沿轴向布置，其理由是：

① 牵引电动机功率大，尺寸受限制，因而它的电磁负荷较高，发热严重。因此，必须用强压的冷却空气加强它的散热。

② 牵引电动机负载的性质是断续的。在机车牵引和电气制动时，电机的电流较大，使电机迅速发热；在机车惰性和停站时，电机断电，是电机的散热间隙。独立通风可以充分利用断电间隙使电机冷却，为下一区间电机运行创造很好的条件。

③ 牵引电动机的轴向长度受轨距的限制，采用径向通风会增加电机的轴向长度。

近年来，在干线电力机车上，采用自通风的牵引电动机也引起人们的关注。因为根据机车的运行特点，牵引电动机的实际温度达不到极限温度，满风量并不是长期需要的。另外，随着绝缘材料等级的提高及绝缘结构的不断完善、换向器升高片采用氟弧焊工艺等，使电机承受热过载能力有所提高。所以，干线电力机车的牵引电动机采用自通风方式并非不可行。

2．牵引电动机的通风结构和通风参数

牵引电动机的通风系统如图 3-30 所示。冷却空气由换向器端上部进风口进入换向器室，然后分成两路：一路经换向器表面，电枢和磁极之间空气隙及主极、换向器之间的间隙，到非换向器端；另一路经换向器套筒的内孔道、电枢铁心内部通风孔道和电枢后支架到非换向器端。两路汇合后，由后端盖的排风孔排出。

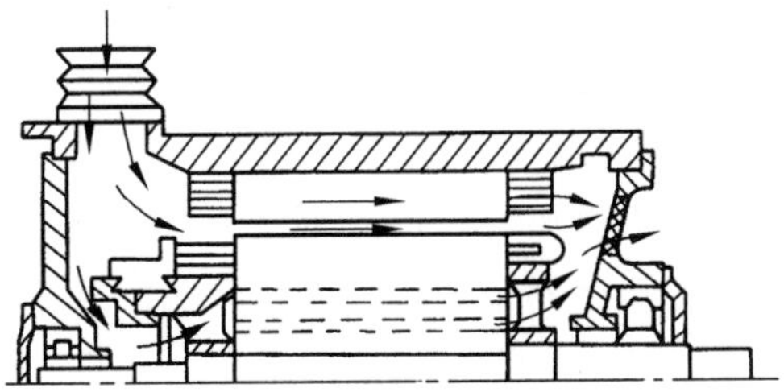

图 3-30　牵引电动机通风系统示意图

这种通风结构，进风口开在换向器端，以利用换向器处的空间，使进入电机内部的平行气流分布均匀。但是，由电刷磨下的碳粉容易堆积在电机各线圈的缝隙里，使线圈的绝缘电阻降低。

采用强迫式独立通风的牵引电动机，内部的空气压力一般是大于大气压力。电机工作时，电枢绕组后端接的“鼻部”起到自通风的风扇作用，在靠近后端盖部轴承室附近的局部空间

内的气压低于大气压，形成负压，此负压与转速的平方成正比。负压的产生可能使齿轮箱的润滑油吸入电机轴承室，并进一步窜入电机内部，损害电机绝缘并使轴承发热。为此，ZD105型牵引电动机除在后端盖外加装外油封外，并在后端盖上设有 8 个通大气孔，将产生负压的空间和大气相通，防止了窜油，提高了电机运行的可靠性。

牵引电动机采用强迫式独立通风时，为了使电机温升不超过允许值，必须引进一定的风量对电机进行冷却。引进风量太多，将大大增加通风辅助设备的容量；引进风量过小，又达不到预期的效果。冷却空气通过电机内各个风道时，均遇到阻力，要使一定的风量以一定的速度吹拂发热体的表面，必须在入风口处建立一定的风压，用来补偿电机内部风道中风阻引起的风压降。因此，风量、风压是牵引电动机的主要通风参数。

牵引电动机的通风风量和进风口风压，常常以制成的实际电机的风量和风压为参考加以确定。一般持续容量为 600 ~ 800 kW 的牵引电动机，所需风量大致在 105 ~ 120 m^3/min，进风口压力约为 1 100 Pa。

任务七 直流牵引电机的维护

牵引电动机在使用过程中应进行定期检查，检查时应特别注意下列事项。

1．日常维护

电动机周围环境应保持干燥，其内外部均不应放置其他物件。电动机的清洁工作每月不得少于一次，清洁时应以压缩空气吹净内部的灰尘，特别是换向器、线圈连接线和引线部分。

2．换向器的维护和保养

换向器是牵引电动机的关键部件。它是通过电刷使旋转中的交流电与静止的外电路中的直流电进行可逆变换。也就是说，当电枢绕组通过电刷短路后，从一支路转换到另一支路时，该短路元件（或称为换向元件）电流由一个方向变换为另一个方向，这种电流方向的变换称为换向。电机换向不好的外表现象就是在电刷下面产生火花。在标准允许下的火花对电机无害，但剧烈的火花将对电机造成损坏。

质量良好的电机，其换向器表面在各种运行工况下都能保持稳定的正圆柱面，圆面必须同心，而且在电刷接触轨面上必须形成一层均匀光亮的换向器薄膜。当电刷与换向器表面摩擦以及电刷与换向器之间的电流共同作用时，换向器表面产生电化学作用，使铜表面形成一层氧化亚铜薄膜，而在这薄膜表面又沉积一层由碳-石墨和水蒸气形成的附着物。在正常情况下，一个新的换向器或重新加工的换向器表面，一旦运行起来，只需几小时或几天时间就能形成这种薄膜。但它又受到运行工况、电机本身状态、大气条件以及电刷性质的影响。如果电火花和机械原因使这层薄膜受到破坏，而且无法再建立起来，那么电刷和换向器的磨损将迅速加快。

酸性或碱性的污物、灰尘和油污与电刷和换向器发生作用就会导致薄膜的不稳定，灰尘或其他悬浮粒子与铜蒸汽发生反应会形成不导电的薄膜，这对换向器十分有害。油附着于换向器表面也会影响氧化膜的形成。因此，必须很好地维护和保养换向器表面，如经常用干净的布擦拭或用高压风吹扫换向器表面，不要用油污的手或不干净的手去触摸换向器表面或更换电刷。

良好的换向器表面薄膜其颜色应该是淡褐色至亮黑色并反射出光泽。如果颜色从铜色变到深棕色或深褐色，但薄膜稳定、均匀、光亮而且电刷运行良好，这种情况属于正常情况。如果出现以下现象，就要引起注意并及时处理。

（1）换向器有规则分布黑片。

换向器出现黑片意味着在电刷下存在有害的火花，而且持续时间比较长。这种黑片主要由于装配不当引起。

（2）换向器出现无规则发黑现象。

无规则发黑现象是在换向器表面上某一区域出现无光泽的黑痕。这是由于机械方面的原因使电刷与换向器接触不良或不稳定，使电刷接触面上产生大火花从而导致黑痕。

（3）换向器表面产生沟痕。

沟痕是沿换向器表面出现的环状沟纹，这是换向器表面受到电刷摩擦和火花电化学作用而形成的，它使换向器表面有益的薄膜受到破坏。在沟痕严重的情况下，用指甲沿换向器表面擦拭，可以感觉到波纹的存在，这不仅使电刷和换向器表面加速磨损，而且引起换向不良和碎刷现象。在这种情况下，往往可以看到换向器表面和电刷接触面磨得如镜子一样明亮，可以照出人影。同时还伴有铜毛刺出现。如不及时处理，铜毛刺将会引起片间短路而产生严重的飞弧和环火，使电机烧毁。

换向器表面出现条纹初期，应及时进行处理。比如，出现铜毛刺时，用适当的工具进行清理并重新倒角，然后用高压风清扫干净；换向器表面产生不均匀的薄膜或黑痕时，设法用细砂纸或车床进行打磨，使它重新形成均匀良好的氧化膜；经常用干净的布擦拭换向器表面,保持换向器表面干净。换向器打磨器如图 3-31 所示。当换向器表面沟槽深度超过 0.15 mm 时，就必须对换向器重新进行光刀。

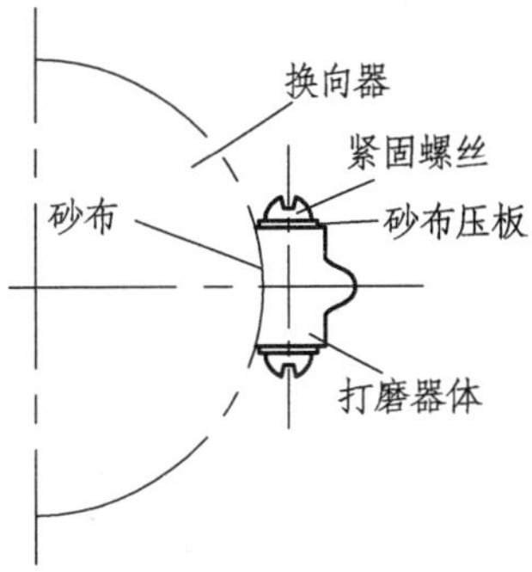

图 3-31　换向器打磨器

3．电刷的维护和保养

电刷是电机的重要部件之一，其质量好坏直接影响到电机的换向性能，因此，必须对它有足够的重视并经常进行维护保养。

① 检查刷握及连线紧固螺栓是否松动，特别是刷架连线接头是否接触良好。

② 经常将电刷在刷盒孔内上下移动几次，除去碳粉及其他杂物，以保持电刷活动自如。

③ 使用的电刷牌号和制造厂家应该一致。同一电机使用的电刷高度相差不应大于 5 mm，同一电刷的两分裂电刷其高度相差不应大于 0.5 mm，否则应进行更换。

④ 更换电刷前，应事先打磨电刷接触面，使其与换向器圆弧面贴合，以保证良好的换向。电刷的打磨方法如图 3-32 所示。

⑤ 检查并调整刷盒，以保证刷盒三个电刷在电枢转动范围内都在换向器工作面上。

⑥ 经常用干燥的高压风清扫刷握，用干净的布擦拭绝缘刷杆外表面的油垢、污物。

⑦ 锉掉连线接头和刷盒上因飞弧而造成的铜瘤或铜毛刺。

⑧ 换电刷前，应先打磨电刷接触面，使其与换向器圆弧面贴合，以保证良好的换向。

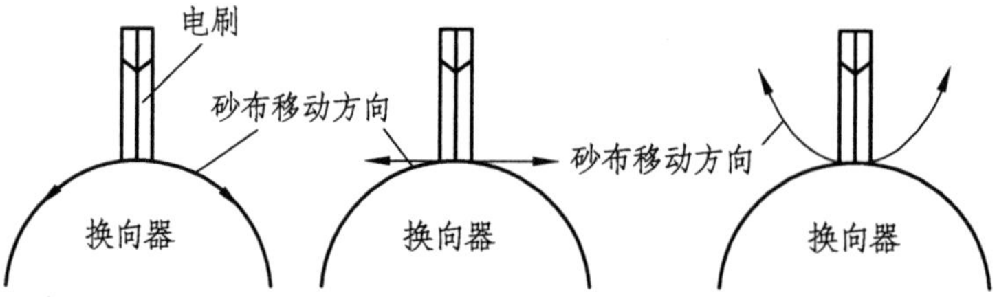

（a）打磨方法正确 （b）打磨方法不正确 （c）打磨方法不正确

图 3-32 电刷的打磨方法

4．电机轴承的维护和保养

① 装配前应用汽油将轴承彻底清洗干净并用塞尺测量其游隙。

② 轴承加油时应适量，应从一侧加入直到从另一侧冒出油脂为止，这样能使轴承游隙填满油脂，最好用加压方式将油加入。

③ 轴承或多或少会存在噪声，只要噪声是平稳的则无害。如果噪声出现很大波动则应进行检查，有可能是轴承出现损坏或有外物侵入，应拆轴承清洗检查。

④ 轴承滚道如果出现伤痕以及滚道呈现深蓝色或棕褐色，说明轴承温度过高，此时滚道可能因退火而变软损伤，应禁止使用。

⑤ 轴承工作面损坏，表现为疲劳损坏、锈蚀、电流腐蚀、裂纹等，应禁止使用。其中因润滑不良引起保持架磨损时，往往能从油脂中发现铜粉。

5．其他部件的维护与保养

① 检查各绕组可见部分的绝缘膜有无变色或损伤现象。

② 检查主磁极和换向极的气隙是否均匀，检查磁板的紧固状态。

③ 检查各绕组间连接线的固定情况。

④ 经常清扫机座上的灰尘和油垢，以保证电机有良好的散热性能。

6．绝缘检查

① 应当经常检查电动机的绝缘电阻，如果绝缘电阻小于 1 MΩ，则应仔细清除绝缘表面的污物或灰尘，并用汽油、甲苯或四氯化碳清除，待其干燥后再涂绝缘漆。

② 必要时可采用热空气干燥法，用通风机将热空气送入电动机进行干燥。

复习思考题 >>>

1. 个别传动的悬挂方式通常有哪几种？
2. 直流牵引电机定额有哪些？

3. 牵引电动机工作条件主要特点有哪些?
4. 对绝缘材料的基本要求有哪些?
5. 牵引电机的绝缘结构有哪些?各绝缘结构有何作用?
6. 直流牵引电机的主磁极和换向极采用了哪些绝缘结构?
7. 直流牵引电机电枢绕组采用了哪些绝缘结构?补偿绕组采用了哪些绝缘结构?
8. 直流牵引电机换向器采用了哪些绝缘结构?
9. 简述串励电动机作为牵引电动机的特点。
10. 简述直流牵引电机的调速方法。
11. 在实施电阻制动时,需把串励电动机改接成他励发电机,电路需要进行哪些转换?
12. 什么是再生制动?
13. 直流牵引电机常采用哪种反转的方法?
14. 简述直流牵引电动机在运行时对火花限制的要求。
15. 产生火花的原因主要有哪些?
16. 简述改善牵引电动机换向的方法。
17. 什么是环火?环火有哪些危害?防止环火的措施有哪些?
18. 简述 ZD105 型牵引电机的通风结构。
19. 简述电刷的维护和保养。
20. 简述电机轴承的维护和保养。
21. 简述电机其他部件的维护与保养。

项目四　脉流牵引电机

微课：脉流牵引电机

SS 系列电力机车，采用单相交流电网供电，流经变压器变压和硅整流器供给脉流牵引电动机，其结构与普通直流电机基本相同，但为了适应牵引电动机运行性能、通风冷却方式、传动方式、安装方式及使用环境等条件，脉流牵引电动机某些零部件的结构与普通直流电机有一定差别。

本章在介绍牵引电动机定额的基础上，结合牵引电动机的实际结构，讨论脉流牵引电动机主要零部件的功用和结构形式，最后扼要说明典型脉流牵引电动机的结构特点。

任务一　脉流牵引电机的结构

脉流牵引电动机的结构与普通直流电机基本相同，主要由静止的定子和旋转的转子两大部分组成。转子的作用是产生感应电势和电磁转矩，从而实现能量转换，由转轴、电枢铁心、电枢绕组和换向器等部件组成。转子通过电枢轴承与定子保持相对位置，使两者之间有一个间隙，称为空气隙。此外，脉流牵引电动机还有一套电刷装置，电刷和换向器接触，以实现电枢电路与外电路的连接。

脉流牵引电动机由于发热严重，换向困难，所以它的某些部件具有特殊的结构形式。

一、脉流牵引电机定子

定子的作用是产生磁场、提供磁路和作为牵引电动机的机械支撑，由机座、主磁极、换向极、端盖和轴承等部件组成。

1. 机座

脉流牵引电动机的机座既作为安装电动机所有零件的机械外壳，又是联系各磁极的导磁铁轭。为了使有限的安装空间得到最佳利用，并使机座重量最轻（机座重量占牵引电动机总重量的 30%～35%），合理地选择机座形状十分重要。现代牵引电动机采用的整体式机座，通常有方形和圆形两种，如图 4-1 所示。对于抱轴式悬挂的 4 极牵引电动机通常采用方形机座，且主磁极布置大部分采用水平—垂直布置，如图 4-1（a）所示。这种结构可以合理地布置磁极，较好地利用转向架下部空间，但是机座较重，加工工艺比较复杂。对于 6 极或极数更多的牵引电动机大都采用圆形机座，如图 4-1（b）、（c）所示，虽然圆形机座的空间利用率不如方形机座好，但它可以减轻电机重量和简化加工工艺。因此，架承式悬挂和容量较小的牵引电动机通常都采用圆形机座。

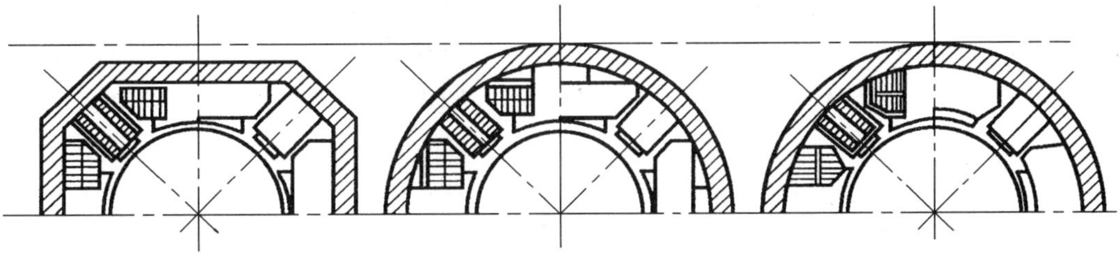

（a）方形机座　（b）圆形机座　（c）主极线圈压型后，空间利用较好的圆形机座

图 4-1　牵引电机的机座

牵引电动机的机座一般都采用导磁性能和机械性能良好的铸钢制成，为了保证电机运行性能良好，要求铸钢机座表面光滑，不允许有砂眼、气孔、裂缝及大量渣滓存在。在圆形机座中，有时为加工方便、结构轻盈，也采用钢板焊接的机座。脉流牵引电动机的机座大都采用铸钢结构，为了改善脉动电压供电下的电机换向，在铸钢机座内壁敷设有磁桥，也可采用全叠片无机壳的机座，机座由钢板叠片组构成。

抱轴式悬挂牵引电动机的机座一侧有吊杆座，通过吊杆将牵引电动机悬挂在机车转向架上；另一侧有抱轴承座，以便把牵引电动机抱在机车动轮轴上。在机座上设有换向器检查孔，便于检查换向器和更换电刷，检查孔口平时用弹性活动盖板密封。还开有进风口，用于对牵引电动机的通风冷却。机座两端装有端盖，靠换向器端为前端盖，另一端为后端盖。前、后端盖都装有滚动轴承，牵引电动机的转轴就安装在这两个轴承内。端盖上还设有通风孔，以便使冷却空气吸入或排出。对于独立通风的牵引电动机，一般将前端盖的进风口密封，后端盖的排风端口焊有钢丝网，以防止异物侵入牵引电动机的内部。

2．主磁极

脉流牵引电动机的主磁极（简称主极）用来产生主磁场，它由主极铁心和主极线圈两部分组成，如图 4-2 所示。

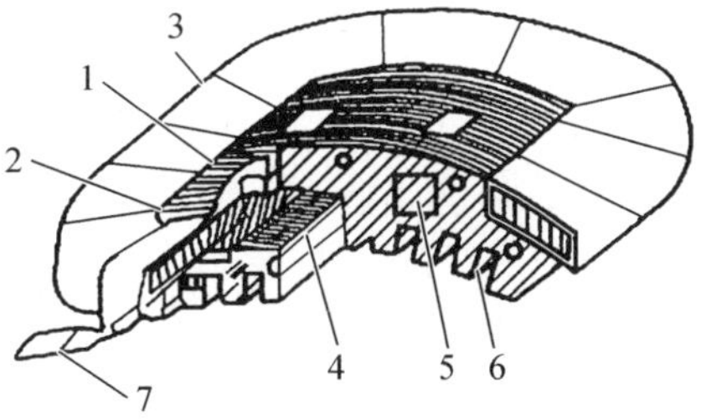

1—主极铁心；2—铁心端板；3—主极线圈；4—铆钉；5—铁心心柱；
6—补偿绕组槽；7—主极线圈接头。

图 4-2　主极结构

为了降低电枢旋转时电枢铁心的齿和槽相对磁场移动所引起的磁场脉动在主极极靴表

面产生的涡流损耗，主极铁心通常采用厚 1 ~ 1.5 mm 的钢板叠成，铁心两端用较厚的端板压紧，并用铆钉铆紧。主极铁心较窄的部分称为极身，以便有足够的空间安装主极线圈，扩大的部分称为极靴，其形状决定了气隙磁感应强度和感应电势在空间的分布波形。为了抵消电枢反应的影响，防止牵引电动机产生环火，有些牵引电动机安装了补偿绕组，这时主极极靴部分带有齿槽结构，补偿绕组嵌放在主极极靴表面的槽内，并用特制的槽楔将其固定，如图 4-6 所示。

主极线圈的作用是通以直流电流而建立主磁场。在牵引电动机中，主极线圈大都采用扁铜线绕制而成。主极线圈的绕制方法有平绕和扁绕两种，平绕又称为宽边绕法，如图 4-3 所示，其特点是绕制方法简单，可一次成型，适用于多层、多匝线圈。由于这种结构能分层绕制，有利于线圈在机座内布置，使得空间利用较好，但散热条件差。扁绕又称为窄边绕法，如图 4-4 所示，其特点是线圈结构紧密，在机械方面比较稳定，而且散热条件好，但其制造工艺比较复杂，需经过几次退火、整形处理。扁绕主要用于牵引电动机的换向极线圈。在功率较大的牵引电动机中，为了改善线圈的散热条件，主极线圈也有采用扁绕结构的。

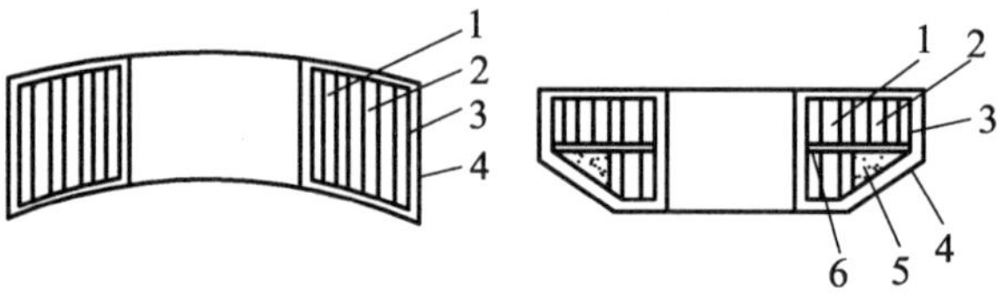

1—线圈；2—匝间绝缘；3—对地绝缘；4—外包绝缘；5—填充材料；6—层间绝缘。

图 4-3 用平绕法绕制的线圈

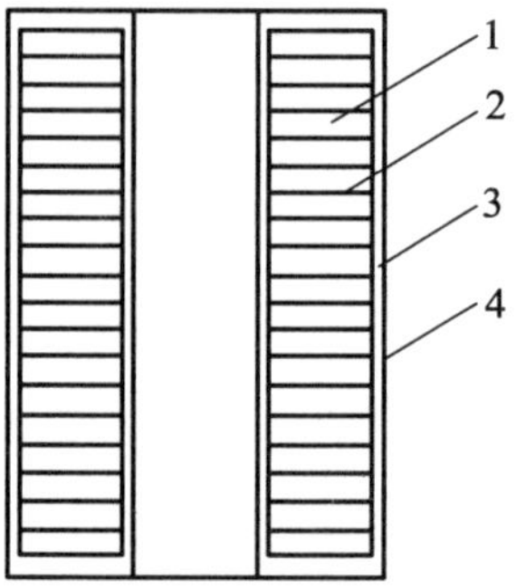

1—线圈；2—匝间绝缘；3—对地绝缘；4—外包绝缘。

图 4-4 用扁绕法绕制的线圈

主极线圈的绝缘结构如图 4-3 所示。当为双层线圈时，还应加层间绝缘 6。对于圆形机座的主极线圈，为便于布置，都压制成弧形。

为便于主极线圈间的连接，主极线圈采用开口式和交叉式两种形式，如图 4-5 所示。它们在机座上交叉布置，以产生需要的极性。主极线圈套到主极铁心上。在两者的空隙处，填充聚砜纤维毡，再浇注环氧胶，使主极线圈与主极铁心牢固地黏合在一起，称之为一体化结构。这种结构从根本上消除了因线圈和铁心相对活动而产生的绝缘磨损现象，提高了电机运行的可靠性。

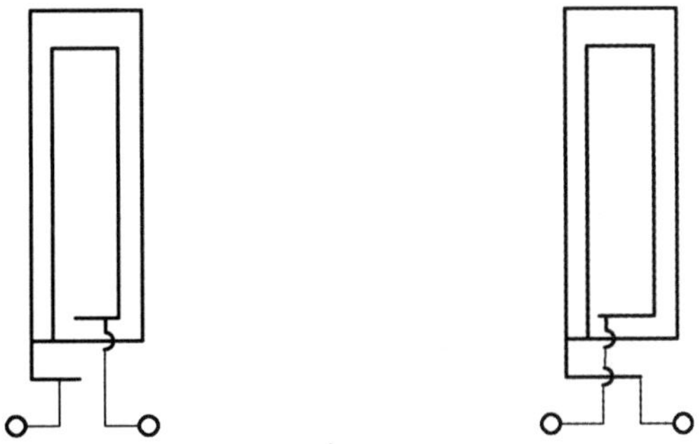

（a）开口式　　（b）交叉式

图 4-5　主极线圈出线头示意图

3．换向极

脉流牵引电动机的换向极用来产生换向磁场以改善电机换向性能，由换向极铁心和换向极线圈两部分组成。

在脉流牵引电动机中，为了减少换向极磁通的涡流和由此引起的对电机换向的影响，通常采用由电工钢片叠成的换向极铁心。换向极极靴的形状和尺寸是由电机换向要求确定的，其形状决定了换向极磁场波形，对电机换向性能影响很大。

为了减少换向极的漏磁和降低换向极磁路饱和程度，在换向极铁心和机座之间增加了 1 个气隙，称为第二气隙。第二气隙由非磁性材料（铜板或层压布板）做的垫片构成，调整垫片的片数，即可调节第二气隙的大小，以达到调整电机换向性能的目的。换向极极靴表面与电枢圆周表面的空气隙称为换向极气隙，也称为第一气隙。

换向极线圈一般都采用扁铜线扁绕制成，换向极线圈的匝间、对地和外包绝缘与主极线圈的绝缘结构相同。线圈与铁心间也进行一体化浇注。

4．补偿绕组

为了改善脉流牵引电动机的换向，提高电机运行的可靠性，大容量的脉流牵引电动机设置了补偿绕组。补偿绕组跨嵌在相邻两个主极极靴槽内，其安装情况如图 4-6 所示。

补偿绕组一般用扁铜线按同心式扁绕或平绕数匝而成。嵌放补偿绕组的主极铁心上的槽形为开口槽，为了不使主极导磁面积过分削弱，使用了磁性槽楔，中间嵌有绝缘条，如图 4-7 所示，以减少涡流的影响。开口槽有向心槽和平行槽两种形式，如图 4-8 所示。向心槽的缺点是嵌线和检修都比较困难，补偿绕组的绝缘强度也较差。与换向极轴线平行的平行槽则解决了上述问题。

5．绕组接线

为了便于调节牵引电动机的磁场和改变牵引电动机的旋转方向，总是将主极线圈单独接成一个电路，用电缆直接引出；换向极线圈、电枢绕组及补偿绕组串联成为另一个电路，另外用电缆引出，引出电缆的端头装有管形的铜接头。

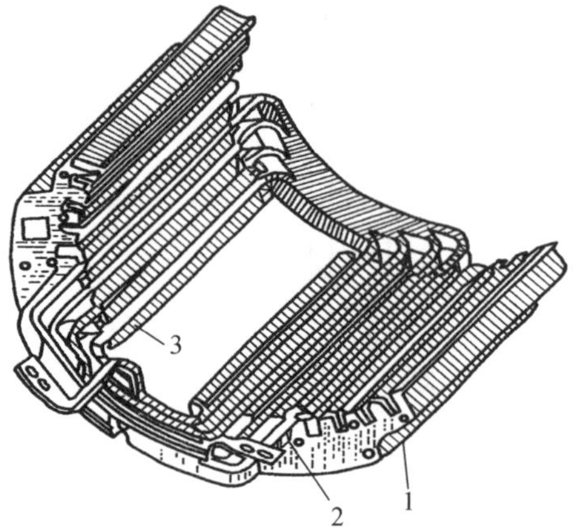

1—主极铁心；2—补偿绕组；3—槽楔。

图 4-6 补偿绕组

图 4-7 补偿绕组在主极铁心槽内放置

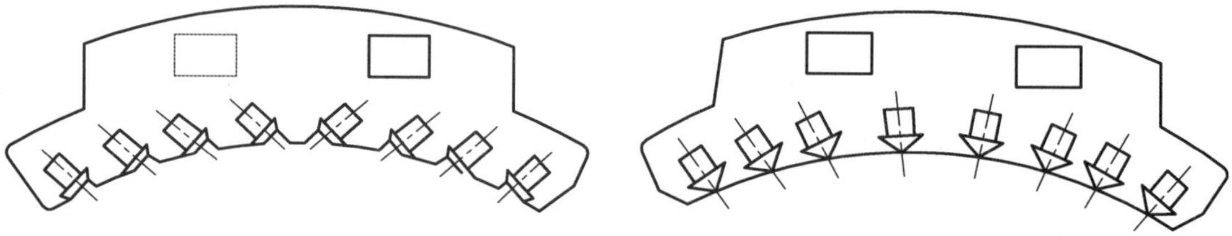

（a）平行槽 （b）向心槽

图 4-8 补偿绕组槽形

二、脉流牵引电机转子

1. 转轴

牵引电机运行时，转轴所受的作用力主要有转子组件自身的重力、转子偏心引起的单向拉力、不平衡重量的离心力、轴伸端由传动机械作用在轴上的负载扭力矩等。轴首先应有足够的强度，以保证电机在工作状态不产生残余变形或损坏；同时，转轴要有足够的刚度，即转轴工作时，轴的绕度必须在允许范围以内。此外，轴还应有足够的疲劳强度和韧性。

电力机车牵引电动机的转轴采用优质合金钢，如铬锰钢和铬钼钢等。由于转轴上沿轴向不同位置的负载大小不同，转轴需要做成阶梯轴。为了尽可能地消除转轴在弯曲和扭转下工作时的局部应力集中，在考虑轴的结构时，应将不同截面的转换部分减少，而且由一个截面到另一个截面的过渡应采用圆弧过渡，曲线半径应尽可能做得大一些。

电枢直径在 400 mm 以下时，电枢铁心、前后压圈及换向器套筒等部件是直接压装在转轴上的。电枢直径在 400 mm 以上时，电枢铁心、前后压圈及换向器套筒等部件是先装在电枢套筒上，电枢套筒再装在转轴上。这样做的优点是材料利用较好，而且在需要更换转轴时，不需将电枢绕组与换向片焊开，缺点是电枢套筒的加工工艺要求有很高的精确度。

转轴和各部分的配合除轴承内圈采用基孔制外，其他均采用基轴制。轴的加工应按 2 级精度的要求进行，表面粗糙度值要求在 0.8 μm 以下，截面转换半径处的表面粗糙度值要求在

3.2 μm 以下，轴颈处和锥度面的表面粗糙度值要求在 0.4 μm 以下。此外，轴端还加工有压油孔道，以供连接专用油泵拆卸小齿轮用。整个转轴加工完成后不允许表面有任何破坏性痕迹，在搬运和组装过程中，应采用软钢丝绳吊装而且要加装轴端橡胶保护套。

2．电枢铁心

电枢铁心是牵引电动机磁路的一部分，也是承受电磁力作用的部件。在电枢铁心圆周表面均匀开有电枢槽，槽内嵌装电枢绕组。

由电枢铁心和电枢绕组构成了脉流牵引电动机的电枢，电枢绕组中流过电流，在磁场中受到电磁力的作用，使电枢旋转，把电能转换成机械能。可见它们是牵引电动机中实现能量转换的枢纽，因此称之为“电枢”。当电枢在磁场中旋转时，定子上的 N、S 极磁通交替穿过电枢铁心，使电枢铁心中产生涡流和磁滞损耗。为了减少这些损耗的影响，电枢铁心通常用 0.5 mm 厚带绝缘层的冷轧电工钢片叠压而成，图 4-9 所示为牵引电动机电枢冲片的一种结构形式。电枢冲片上冲有电枢槽、轴孔、通风孔、键槽和标记孔。

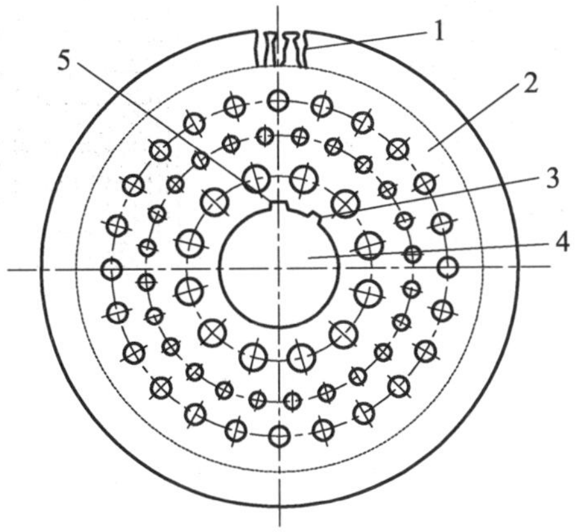

1—电枢槽；2—通风孔；3—标记孔；4—轴孔；5—键槽。

图 4-9 电枢冲片

在牵引电动机中，电枢槽一般做成开口的矩形槽，这样可以方便地把预成型的电枢线圈嵌放到电枢槽中。通风孔构成了电枢铁心内部的轴向通风道，使铁心内部能通过足够的风量，达到良好的散热效果。电枢槽和通风孔的数目应为磁极数的整数倍，并且在圆周均匀分布，使电枢在任何位置时，电动机的磁路都完全对称，避免了磁通的纵向振荡。半圆形的标记孔是铁心叠装时用的定位标志，电枢冲片按同一面叠放，使叠片整齐，又可以提高铁心的叠压系数。

电枢铁心采用静配合安装在转轴或电枢套筒上。为了防止铁心端部的冲片边缘松散，铁心两端各有一块较厚的电枢端板，用数张 1 mm 厚的钢板点焊而成。

电枢铁心两端装有采用优质钢铸成的压圈，一方面作为电枢绕组的支架，另一方面把电枢冲片压紧，使电枢冲片保持固定的压力。换向器一端称为前压圈，前压圈与换向器套筒做成一体，非换向器一端称为电枢后压圈，采用过盈配合装在转轴或电枢套筒上。

3．电枢绕组

电枢绕组是脉流牵引电动机实现能量转换的部件，把电枢线圈嵌放在电枢铁心圆周的电枢槽中，按一定规律与换向器连接起来就构成了电枢绕组。

电枢绕组由许多绕组元件组成，绕组元件通常采用单丝或双丝薄膜导线制成。在牵引电动机中，通常采用单叠单匝绕组元件。为简化嵌线工艺，提高绝缘质量，将几个绕组元件包扎在一起，构成电枢线圈，电枢线圈在嵌线前就做成成型线圈。

绕组元件在电枢槽内的放置分为竖放和平放两种，如图 4-10 所示。竖放工艺简单，所以一般都采用竖放。平放对改善电机换向有利，同时可以使绕组附加损耗减少，缺点是绕组元件和换向片连接时，需要将元件压扁或扭转，工艺比较复杂。

电枢绕组在电枢铁心槽内的绝缘结构如图 4-10 所示。

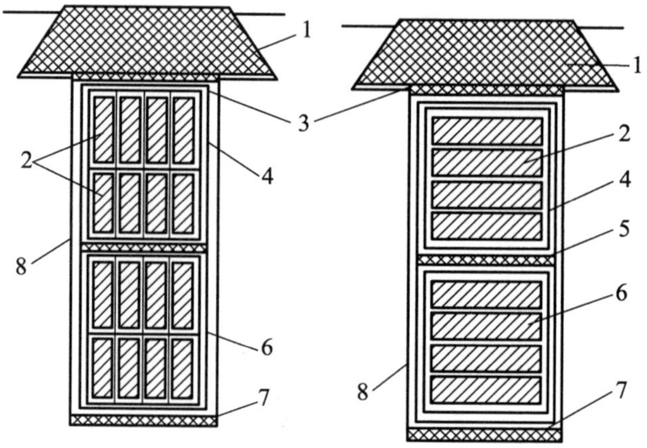

（a）竖放　　（b）平放

1—槽楔；2—绕组元件；3，5，7—衬垫；4—对地绝缘；
6—匝间绝缘；8—外包绝缘。

图 4-10　绕组元件在槽内的布置

当电枢旋转时，电枢圆周的最大线速度可达 60 m/s 或更高，因此绕组元件将受到很大的离心力作用，为了防止绕组元件甩出，电枢线圈在槽内部分需用槽楔固定，目前采用较多的是环氧酚醛玻璃布板制成的槽楔。同样，电枢线圈的端接部分也受到离心力作用，必须用扎线来固定，在牵引电动机中，电枢线圈的端接部分通常采用无纬玻璃丝带绑扎。

4．换向器

换向器是直流和脉流牵引电动机特有的重要部件，其作用是在发电机状态下将电枢绕组中产生的交变电势整流成电刷间的直流电势；在电动机状态下将输入的直流电流逆变成电枢绕组中的交变电流，以产生单方向的电磁转矩。电机运行时，换向器既要通过很大的电流，又承受各种机械应力。换向器工作情况的好坏，直接影响着电机的运行性能。

换向器是由很多相互绝缘的换向片组合而成的，有多种形式，现代牵引电动机大多采用图 4-11 所示的拱式换向器。

拱式换向器的主要零部件包括换向片、云母片、V 形云母环、绝缘套筒、换向器套筒、压圈和组装螺栓等，所有零部件全部固定在换向套筒上，然后将换向器套筒装配在转轴上。

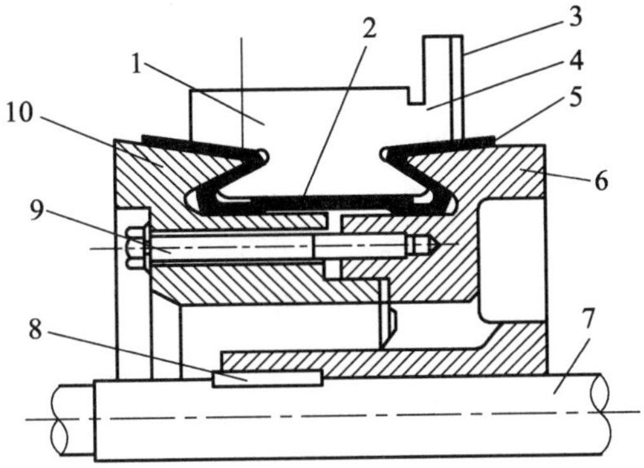

1—换向片；2—绝缘套筒；3—云母片；4—升高片；5—V 形云母环；
6—换向器套筒；7—转轴；8—键；9—换向器螺栓；10—压圈。

图 4-11 换向器结构

换向片是换向器的导电部分，其工作表面与电刷滑动接触，既要传导电流，又要承受离心力、热应力、摩擦力、电火花和电弧作用，因此，换向片应具有良好的导电性能、导热性能、耐磨性能、耐弧性能和机械性能。在牵引电动机中，换向片采用含少量银的梯形铜排制成。换向片与电刷接触的部分称为工作部分，换向片上与电枢绕组元件连接的部分称为升高片，绕组元件引出线嵌入升高片槽中，采用 TIG 焊接。

三、电刷装置

脉流牵引电动机的换向器端装有电刷装置，其作用是使转动的电枢绕组与外电路连接起来。电刷装置由电刷、刷握、刷握架、刷杆和刷架圈等组成，如图 4-12 所示。电刷装置的结构和电刷的性能对牵引电动机换向性能影响很大，为了保证良好的换向效果，电刷装置应满足以下要求：

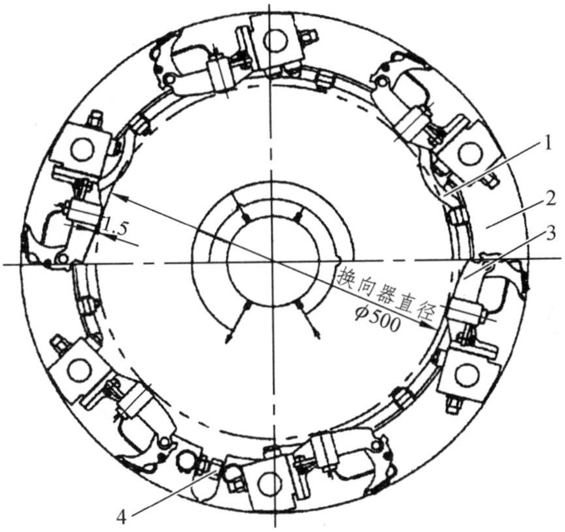

1—连接线；2—刷架圈；3—刷握；4—锁紧装置。

图 4-12　电刷装置

① 电刷应有良好的集流性能和换向能力。

② 刷握在换向器轴向、径向和切线方向位置都能调节。轴向调节是为了保证电刷处在换向器中央部位；径向调节是为了保证刷盒底面与换向器表面的距离；圆周方向调节是为了保证电刷准确地处在主极中性线上。

③ 电刷和换向器工作表面应保持紧密和可靠的接触，电刷压力稳定并保持均匀不变。

④ 电刷装置应具有较高的机械强度，并能承受振动和冲击。

⑤ 刷杆等绝缘零件应有较高的介电强度，不因受潮、受污而造成闪络或飞弧故障。

目前广泛采用电化石墨电刷，ZD105 型脉流牵引电动机采用国产 D374B 型电刷，该电刷电阻率高、多孔、换向性能好、电流密度大，但机械强度较差，磨损较大。为了增加换向回路电阻和改善电刷与换向器的接触，提高电刷的耐磨性，牵引电动机采用双分裂式电刷，如图 4-13 所示。

其结构是将两块电刷放在同一刷盒中，压指压力通过三角形压块加在电刷上，由于三角形压块有 120°，对下面的两块电刷产生向外推力，一方面使两块电刷之间保持一定的间隙，加大了换向元件回路的横向电阻；另一方面使两块电刷受力均匀，防止平头电刷产生的偏磨现象。同时，由于每块电刷质量小、惯性小，使电刷和换向器接触良好。电刷顶部的三角形压块采用橡胶制成，还可吸收电刷的振动，改善电机换向性能。电刷的刷辫由柔韧的电刷线制成，电刷通过刷辫直接与刷握架连接，防止电流通过弹簧压力装置而引起弹簧退火。

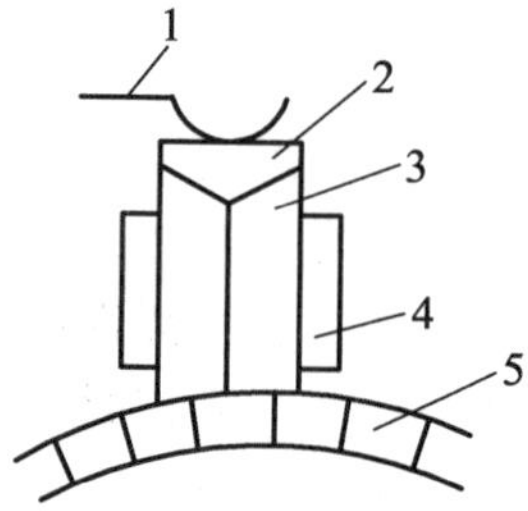

1—压指；2—压块；3—电刷；4—刷盒；5—换向器。

图 4-13 双分裂式电刷示意图

刷握由刷盒（刷握体）和弹簧压力装置组成，如图 4-14 所示。刷盒用机械强度较高的硅黄铜制成。电刷在刷盒中应能自由地上下移动，但不应有过大间隙，间隙过大会造成电刷在刷盒中摆动，特别是牵引电动机需要正、反两个方向旋转，电刷在刷盒中产生不同方向的倾斜，如图 4-15 所示，会造成电刷与刷盒壁边接触处的局部磨损。同时，使电刷与换向器局部接触表面的电流密度增大，造成电刷边缘过热和换向恶化。所以，牵引电动机的电刷和刷盒的尺寸应十分精确。

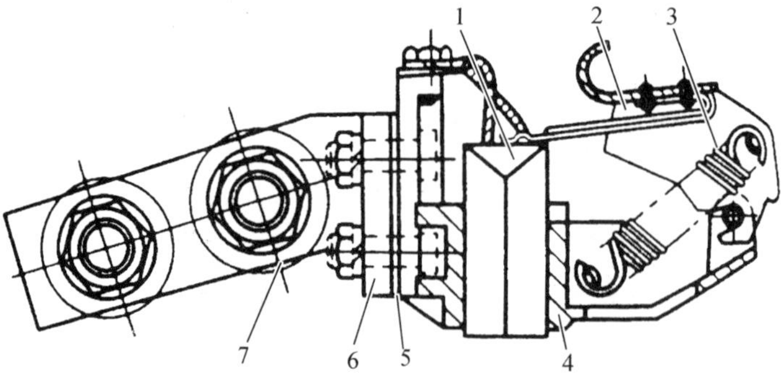

1—电刷；2—压指；3—弹簧；4—刷盒；5—垫片；6—刷握座；7—刷杆。

图 4-14 刷握结构

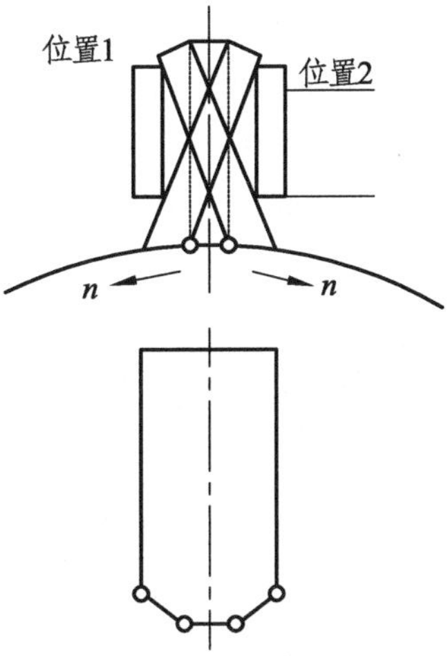

图 4-15　电刷在刷盒中的摆动

电刷压力由刷握的弹簧压力装置产生，电刷接触压力对电刷工作性能有很大影响。牵引电动机运行中受到很大的振动和冲击，所以电刷压力应较一般固定在地面运行的电动机大一些。对于抱轴式悬挂的牵引电动机，电刷压力不应小于 44 kPa；对于架承式悬挂的牵引电动机，电刷压力不应小于 34 kPa。刷握的弹簧压力装置，按所采用的弹簧形式可分为立卷弹簧压力装置和涡卷弹簧压力装置两种结构。图 4-14 所示的刷握中采用立卷弹簧压力装置，该装置包括压指和螺旋形拉伸弹簧两部分，压指在弹簧力作用下，通过杠杆作用，对电刷施加压力。这种结构机械电刷在刷盒中的摆动电力机车电机稳定，更换电刷方便，但拉伸弹簧的弹簧力随拉伸长度变化较大，故随电刷磨耗而引起的电刷压力变化较大。因此，许多国家对刷握结构进行了改进，目前已广泛采用恒压刷握结构。

恒压刷握大多采用涡卷弹簧压力装置，如图 4-16 所示。涡卷弹簧用经过热处理的高碳钢制成，整个卷曲长度上产生均匀的压力，当电刷磨损时，涡卷弹簧仅扭过很小的角度，保证了电刷压力基本不变。同时，电刷压力还可以利用棘轮装置加以调节，当弹簧调节到所需要的压力时，用开口销固定。

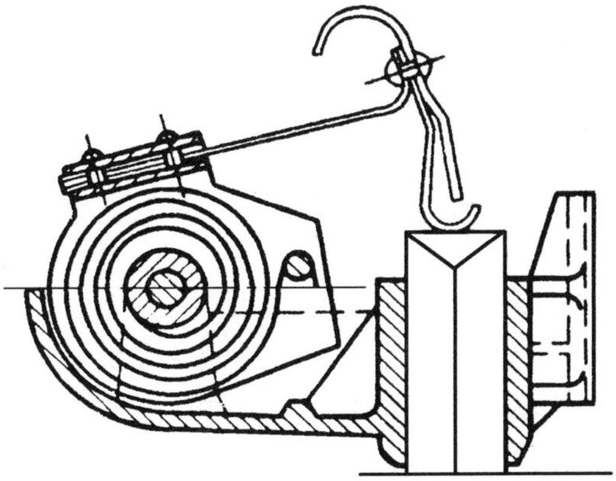

图 4-16　涡卷弹簧压力装置的刷握

刷握的安装位置取决于主磁极的布置方式和电枢绕组元件的形式。当电枢绕组具有对称元件时，刷握应沿着主磁极中心线放置。

刷握与刷握架之间借助螺栓固定。配合表面间垫有垫片以调节刷握在圆周方向的位置；配合面上有两个椭圆形的螺栓孔，用来调节刷握与换向器表面的相对位置。

刷握架有两种固定方式：一种是固定在绝缘的刷杆上，刷杆直接固定在机座上；另一种是刷杆先固定在刷架圈上，然后将刷架圈固定在前端盖和机座之间。现代牵引电动机大都采用刷架圈固定结构，如图 4-17 所示。

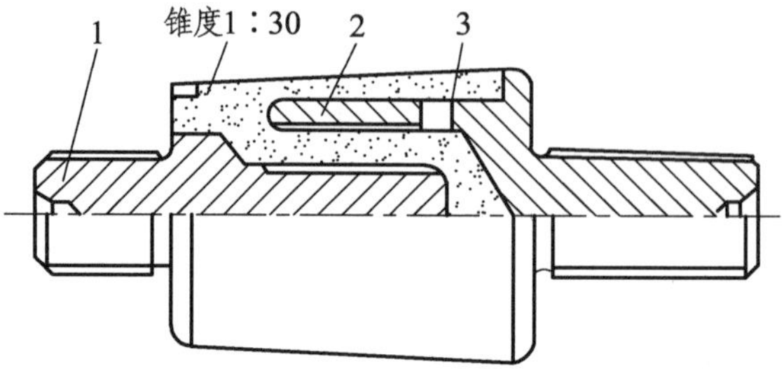

1—螺杆；2—螺纹套；3—酚醛玻璃纤维。

图 4-17 刷杆结构示意图

刷架圈是一个开口的钢制圆环，其端面上有若干对螺孔，每对螺孔通过绝缘的刷杆固定一组刷握。刷架圈的开口处装有锁紧装置，它是一个具有左、右螺纹的双头螺栓，可以放松或收紧刷架圈。当双头螺栓使开口缩小时，刷架圈可以转动，便于更换电刷或维护电刷装置，当双头螺栓使开口张开时，可以使刷架圈固定。

刷杆既是刷握的支承部件，又是刷握和刷架圈之间的绝缘部件。其绝缘体有瓷质绝缘子、酚醛玻璃纤维和合成树脂等几种，图 4-17 所示为用酚醛玻璃纤维压制而成的刷杆结构示意图。由于刷杆直接暴露在空气中，工作条件极差，所以要经常保持绝缘表面的清洁和光滑，如果绝缘表面被碳粉、油脂等污染，很容易产生爬电和飞弧将绝缘表面烧坏。为了提高刷杆的耐弧性，在刷杆外再热套一个厚度为 3 mm 左右的聚四氟乙烯套。聚四氟乙烯在承受电弧时，表面微小分子在瞬间蒸发所产生的气体有消弧性，能去掉表面的污垢，使表面能经常保持纯白色。同时，由于表面光滑，不易沾染油脂和灰尘。

四、电枢轴承和抱轴轴承

1. 电枢轴承

脉流牵引电动机的转子通过两个电枢轴承和端盖支撑在机座上。现代牵引电动机大都采用承载能力大的滚柱轴承。

电枢轴承除了承受径向负载外，还承受在道岔及曲线上运行时由于电枢振动所产生的轴向负载，所以在单边传动的电动机中，一般在传动侧（非换向器端）采用向心轴承，而换向器侧采用推力轴承，由它承受轴向负载。双边传动时，一般采用斜齿轮传动，理论上所有的轴向力都在齿轮上被抵消了，所以两边都可以用向心轴承。但实际上，为了在试验台上进行试验，还是装了两个单向止推轴承，对称（向两个不同的方向）地装在电枢轴上。

选择牵引电动机滚柱轴承的形式时，要力求拆装方便，轴承结构应该在电机拆装时，不需要将轴承外圈（连同滚柱）由端盖拆下，也不需将轴承内圈由轴上取下，所以一般采用双缘外圈的轴承。轴承内圈一般采用静配合装在转轴上，加热温度不超过 180 °C；轴承外圈采用过渡配合装在端盖的轴承孔内。

滚柱轴承用黏度高的中性润滑脂，为了防止轴承室中的润滑脂泄漏或脏物侵入轴承室，并进一步窜入电机内部，玷污电机，损害电机绝缘并使轴承发热，往往采用各种类型的油封将轴承室密封。牵引电动机中主要采用曲折油封。曲折油封又称为迷宫式油封，分为水平曲折和垂直曲折两种，垂直曲折油封如图 4-18 所示。它是在不动的轴承盖的凹部与旋转的封环（或轴套）之间组成了许多垂直油障。这种曲折间隙的形状非常复杂，所以对空气和液体都有很大的阻力。曲折油封的优点是没有任何受磨损的部分，但需要保持所有孔隙的精确性，故所有零件应制造得非常精确。

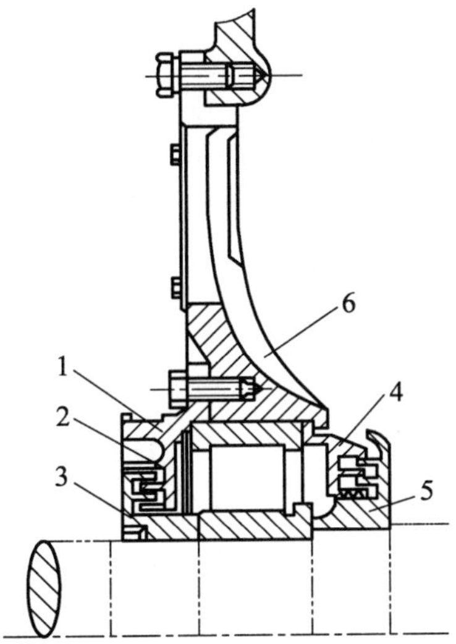

1—外轴承盖；2—挡油板；3—封环；4—内轴承盖；
5—轴套；6—端盖。

图 4-18　轴承曲折油封

为了在牵引电动机不解体的情况下补充润滑脂，轴承室设有补充润滑脂的加油管。

2．抱轴轴承

抱轴式悬挂牵引电动机的抱轴轴承是指将电动机支承在动轮轴上的凸出结构，可采用滑动轴承或滚动轴承。在目前技术条件下，动轮轴上安装滚动轴承还有困难，所以一般采用滑动轴承。

抱轴式滑动轴承由轴瓦、轴承盖和油箱等组成。为拆装方便，轴瓦做成如图 4-19 所示的分裂式，上轴瓦直接紧贴在机座的抱轴轴承座内壁上，下轴瓦具有供给润滑油的方孔，安装在可拆装的抱轴轴承盖内。轴瓦体有锡青铜和钢背两种，为了增加轴瓦的耐磨程度，在轴瓦体内表面浇铸一层厚约 3 mm 的轴承合金。轴瓦和动轮轴的配合面应有足够的间隙，使润滑油能流入间隙形成润滑油膜，为此，抱轴轴承的径向间隙为 0.3 ~ 0.8 mm。

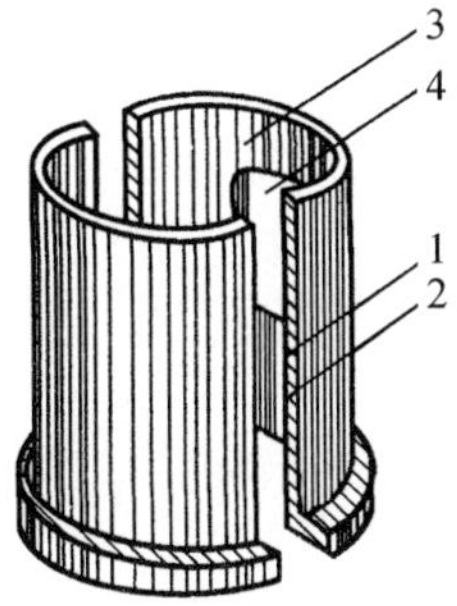

1—轴瓦体；2—轴承合金；
3—油槽；4—润滑孔。

图 4-19　抱轴轴承轴瓦

抱轴轴承的轴承盖由铸钢制成，为了减轻重量，油箱可用钢板焊成后再焊到轴承盖上，抱轴轴承的组装如图 4-20 所示。轴承盖和机座的配合面采用过渡配合，并与轮轴垂直中心面倾斜角，使电动机可靠地支承在动轮轴上。轴承盖与机座用螺栓固定，螺栓用经过热处理的 45 钢制成，以保证螺栓有足够的机械强度。

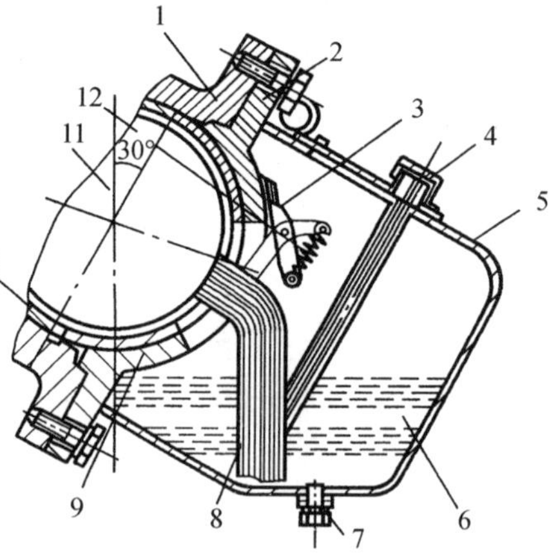

1—机座；2—轴承盖；3—集油器；4—油标尺；5—油箱体；6—润滑油；
7—油堵；8—毛线；9—下轴瓦；10—上轴瓦；
11—动轮轴；12—拉力弹簧。

图 4-20 抱轴轴承

由于抱轴轴承部分的检修十分困难，所以抱轴轴承的润滑装置应非常可靠。目前，牵引电动机应用较广的润滑装置有垫毡润滑和强迫油循环两种方式。图 4-20 所示为最简单的垫毡润滑系统，油箱内的润滑油通过集油器上的垫毡（由细毛毡或羊毛线组成）的毛细管作用被吸收到动轮轴轴颈上，拉力弹簧能保持吸满润滑油的垫毡始终紧贴在动轮轴轴颈上，以保证可靠的润滑作用。油标尺可以检查出油箱内润滑油的高度，平时应注意油面高度是否符合要求，防止因缺油引起轴承过热或燃轴事故。

任务二 脉流牵引电机的电磁特点

脉流牵引电动机典型供电线路如图 4-21 所示，其电压和电流波形如图 4-22 所示。

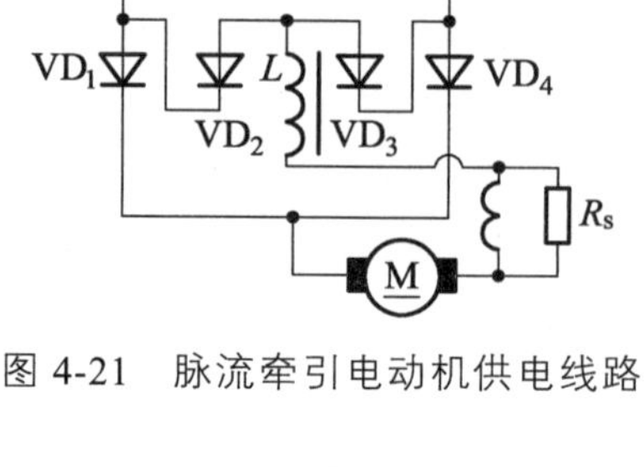

图 4-21 脉流牵引电动机供电线路

（a）脉冲电压波形

（b）脉动电压交流分量

（c）脉动电流波形

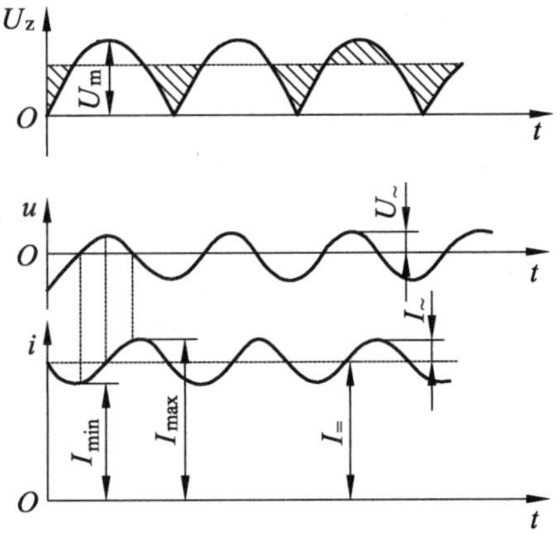

图 4-22　脉流牵引电动机电压和电流波形

由图 4-22 可见，经二极管或（晶闸管）整流后电压、电流都是脉动的，包括直流分量和交流分量。因为直流分量是主要成分，所以脉流牵引电动机本质上仍然是直流牵引电动机，其结构和工作特性与直流牵引电动机相仿。但是，由于交流分量的存在，给电动机工作带来新的特点，在电磁、换向、发热方面构成了脉流牵引电动机本身的特殊问题。

一、脉动电压

图 4-22（a）所示为整流机组全工作时的整流电压波形，该电压是一个脉动电压，加在牵引电动机和平波电抗器两端，如图 4-21 所示。

电压的脉动程度用电压脉动系数 K_U 表示，它是交流分量幅值和直流分量的比值，对于不可控单相全波整流线路，即

$$K_U=\frac{U_\sim}{U_-}=\frac{2}{3}\approx 0.66 \tag{4-1}$$

二、脉动电流

在脉动电压作用下，通过脉流牵引电动机的电流可看成是直流电流分量和交流电流分量分别作用的结果。

电流的脉动程度可以用电流脉动系数 K_i 表示，即

$$K_i=\frac{I_{max}-I_{min}}{I_{max}+I_{min}}\times 100\%=\frac{I_{交}}{I_{直}} \tag{4-2}$$

式中，I_{max} 和 I_{min} 分别为电流波形中的最大值和最小值，其波形如图 4-22（c）所示。

电流脉动系数值越大，电流脉动越严重。国内外脉流牵引电动机制造和运行经验表明，为改善脉流牵引电动机换向条件，在额定工况下，电流脉动系数 K_i 一般限制在 20% ~ 30%。如 SS_{4G} 电力机车的电流脉动系数为 28% ~ 33%。

三、脉动磁通

脉动电流通过脉流牵引电动机各绕组时，将产生脉动磁势和相应的脉动磁通，如图 4-23 所示。图中，脉动电流的直流分量与其所产生的磁通关系曲线称为基本磁化曲线，电流交变分量所产生的磁通沿局部磁滞回线变化。因为磁滞回线很窄，所以可以近似认为沿基本磁化曲线切线方向变化，称为局部磁化曲线。由图 4-23 可知，脉动磁通也由直流分量和交流分量组成，其脉动程度可用磁通脉动系数 K_{Φ} 来表示，即

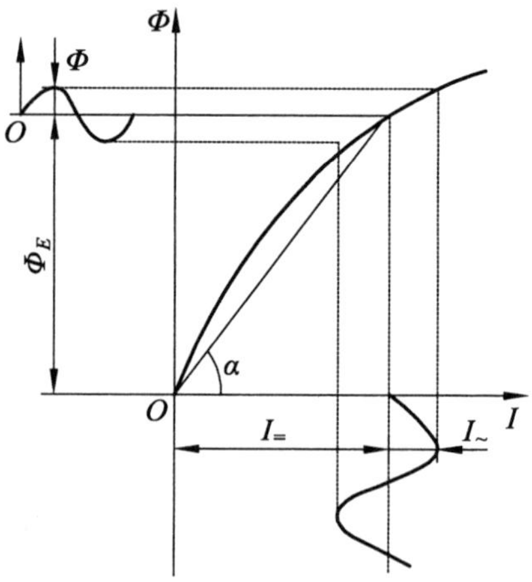

图 4-23 流和脉动磁通

$$K_{\Phi}=K_{B}K_{i}\frac{I}{\Phi}\frac{d\Phi}{dI} \tag{4-3}$$

式中 Φ、I——对应于基本磁化曲线的磁通、电流；

$d\Phi/dI$——对应于局部磁化曲线磁通、电流的变化量；

K_B——涡流作用系数。

如果不采取相应的措施，在限定的电流脉动系数情况下，磁通的脉动系数可能会大于 10%。实际运用当中，脉流牵引电动机通常在励磁绕组上并联一个固定分路电阻。由于励磁绕组对交流分量电流呈现较大的电抗，因此交流分量电流的绝大部分由分路电阻流过而不经过励磁绕组，减小了主磁通的脉动。加装固定分路电阻后，对直流磁场进行了固定削弱。

有固定分路的脉流牵引电机中，如果固定磁场削弱系数在 85% ~ 96% 时，若电流脉动系数等于 25% ~ 30%，则额定状态下磁通脉动系数一般为 2% ~ 3%。

任务三 改善脉流牵引电动机的换向

由于电流是脉动的，脉流牵引电动机的换向比直流牵引电动机困难，为了保证脉流牵引电动机可靠运行，必须针对它在换向方面存在的问题采取一定的措施。这些措施一方面是在设计、制造脉流牵引电动机时，首先必须保证电机在直流电源下运行时换向可靠。为此，必须采取使直流牵引电动机换向良好的一系列措施。此外，电机结构方面也要采取一定的措施。

一、换向极铁心采用电工钢片叠制

这种换向极在国内外许多脉流牵引电动机中得到广泛应用，如国产 ZD105、ZD115 型脉流牵引电动机均采用叠片换向极极心。

二、机座内壁敷设磁桥

磁桥由数片 0.5 mm 厚冷轧电工钢片叠成，总厚度一般为 2 ~ 3mm，在换向极中心处留 3 ~ 4 mm 的缺口，如图 4-24 所示。

缺口是一个空气间隙，其作用是使磁通的直流分量（特别是主磁通的直流分量）不易通过磁桥，否则将造成磁桥饱和而使磁导率下降。

国产 ZQ650-1 和 ZQ800-1 型脉流牵引电动机采用了这种结构，运行经验表明，采用磁桥结构，在相同运行条件下，火花降低约 0.5 级。

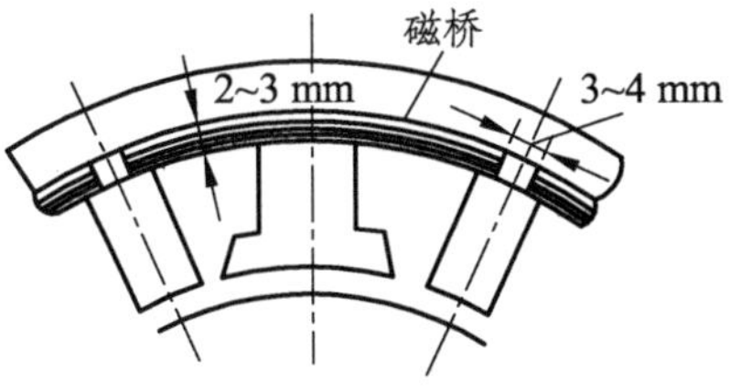

图 4-24　磁桥结构示意图

三、减小换向极漏磁通

减小漏磁通的措施有：

① 采用非磁性（黄铜或不锈钢板）换向极线圈托架，对漏磁通起屏蔽作用。

② 适当控制主极的极弧系数和换向极极靴宽度，增加主极尖与换向极之间的距离。

③ 采用换向极第二气隙。

四、采用全叠片或半叠片机座

国产 ZD111 型和 ZD115 型脉流牵引电动机采用了全叠片无机壳机座。但是，全叠片机座制造工艺复杂。为简化制造工艺，国内外一些脉流牵引电动机采用半叠片机座，图 4-25 所示为钢板结构的焊接半叠片机座，图中 2 为具有一定宽度的半叠片层，用 0.5 mm 厚的电工钢带扁绕叠压在机座体内，然后用法兰压紧并与机座焊成一个整体。国产 ZD107 型和进口 MB-530-AVR 型脉流牵引电动机采用了这种结构。

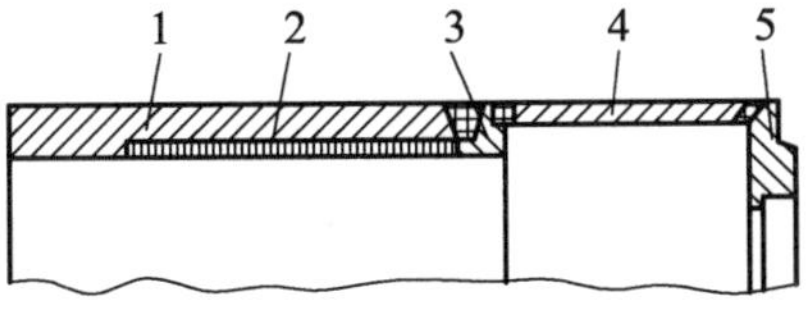

1—机座体；2—电工钢片叠片层；3—法兰；4—非磁路部分；5—前端法兰。

图 4-25　半叠机座

任务四　ZD105 型和 ZD115 型脉流牵引电动机

一、ZD105 型脉流牵引电动机的结构

ZD105 型脉流牵引电动机是 SS_4 型和 SS_4G 型大功率干线电力机车的主电动机，它是带

补偿绕组的 6 极、串励、脉流牵引电动机。它在机车上的作用：一是当机车处于牵引工况时，作为电动机运行，把来自电网的电能转换为机械能，通过双边斜齿轮传动装置将转矩传递到轮对上，以产生牵引力驱动机车运行；二是当机车处于电气制动工况时，作为发电机运行，利用机车动能将机械能转换为电能（回馈给电网或消耗在电阻上），并将所产生的制动转矩传递给机车轮对，以形成机车制动力。

1. 主要技术数据

额定计算工况……持续制
额定功率……800 kW
额定电压……1 020 V
额定电流……840 A
额定转速……960 r/min
最高电压……1 180 V
最大电流……1 200 A
最大转速……1 850 r/min
绝缘等级（定子 / 电枢）……H/F
极对数……3
励磁方式……串励，固定磁场分路 96%，有三级磁场削弱：70%、54%、45%
冷却方式……强迫通风
通风量……135 m^3/min
传动方式……双侧斜齿轮传动
齿轮传动比……4.19
齿轮中心距……604 mm
电枢外径……660 mm
电枢长度……360 mm
电枢槽数……93
每槽元件数……4
槽形尺寸……9.4 mm × 42.8 mm
电枢导体布置……交叉竖放
电枢绕组型式……叠绕组
换向器直径……540 mm
换向器工作面长度……128 mm
换向片数……372
刷握数……6
每刷握电刷数……3
电刷尺寸……22 mm × 36 mm × 50 mm
主极气隙……5 mm
主极线圈绕制型式……扁绕压弧

主极线圈匝数 ………………………………………………… 11
换向气隙（第一气隙／第二气隙） …………………… 10 mm/7.5 mm
换向极线圈匝数 ……………………………………………… 6
补偿线圈匝数 ………………………………………………… 8
电机效率 …………………………………………………… 94.05%
电机质量 …………………………………………………… 3 970 kg

2．主要结构特点

图 4-26 所示为 SS_4 型和 SS_{4G} 电力机车采用的 ZD105 型脉流牵引电动机的纵、横剖面图。

ZD105 型脉流牵引电动机主要由定子、转子和电刷装置等部分组成，如图 4-26 所示。主要部件的结构特点为：

（1）机座采用 ZG25II铸钢铸成圆筒形。主磁极和换向极以 30° 相互间隔布置于机座内侧，主磁极和换向极的线圈与铁心间隙用 F 级环氧浇注胶浇注形成一体，杜绝由于线圈松动而引起的引线断裂、接地等故障，以提高电机运行的可靠性。

（2）主极线圈、换向极线圈都采用扁绕，以改善线圈的散热条件。

（3）换向极铁心采用无心柱叠片结构，借助心块和端板用螺栓固定在机座上。换向极铁心在轴向还有两根铆钉，用以铆接换向极铁心，这样增大了换向极铁心磁路的有效横截面积，防止了换向极铁心磁路的局部过饱和。

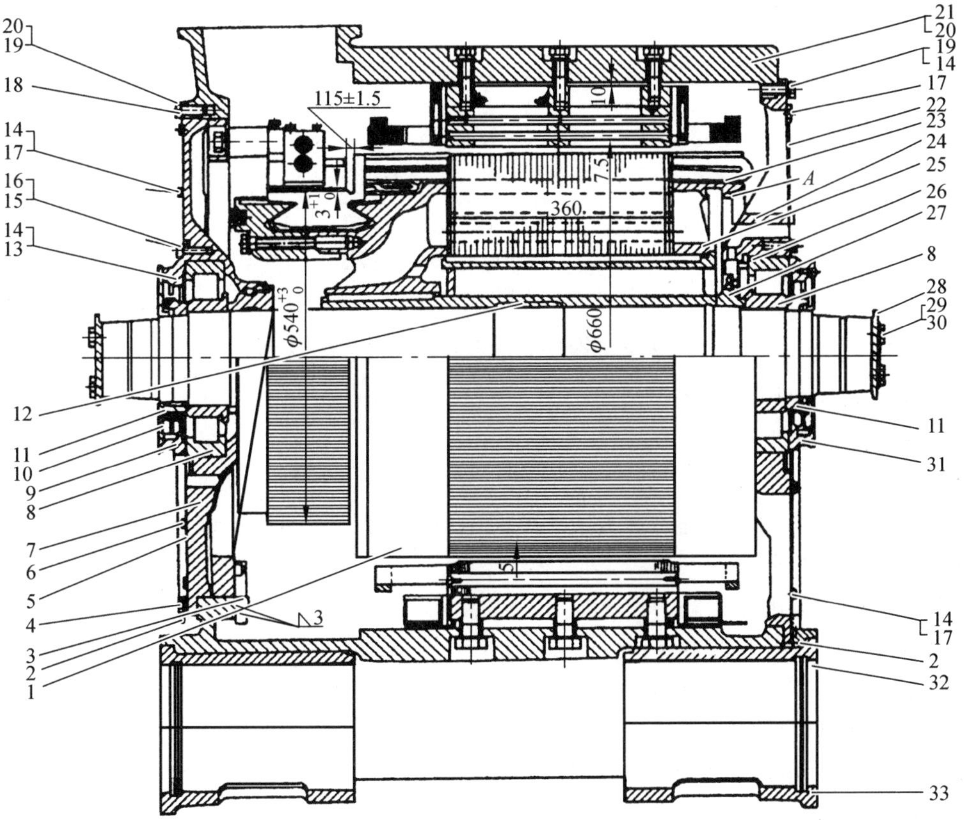

（a）纵剖面

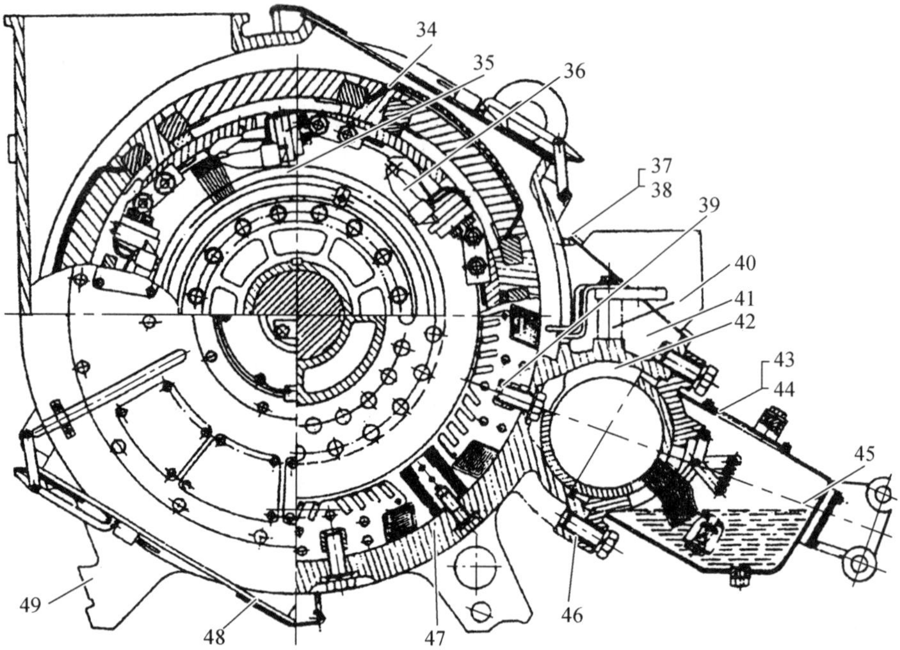

（b）横剖面

1—电枢；2—油杯；3—刷架圈定位装置；4—油管夹；5—前端盖盖板；6—排油管；7—前端盖；8—轴承；9—前端轴承盖；10—前端外盖；11—封环；12—电枢支架；13—螺栓；14—弹簧垫圈；15—螺栓；16—弹性垫圈；17—螺栓；18—刷架装置；19—螺栓；20—弹簧垫圈；21—定子装配；22—后端盖网孔盖板；23—预成型后支架绝缘；24—后端盖；25—电枢支架；26—后端内轴承盖；27—封环；28—挡板；29—螺栓；30—止动垫圈；31—后端轴承盖；32—上抱轴瓦；33—下抱轴瓦；34—上观察孔盖；35—刷握装置；36—补偿绕组；37—轴；38—开口销；39—主极一体化装配；40—出线盒；41—接线板；42—绝缘板；43—螺栓；44—弹簧垫圈；45—油箱；46—键；47—换向极一体化装配；48—下观察孔盖；49—吊杆座；A—F级填充泥或硅橡胶密封胶。

图 4-26 ZD105 型脉流牵引电动机结构

（4）采用国际通用的电机引出线符号，如图 4-27 所示。4 个引出线端符号为：A_1—电枢首端；B_2—换向极绕组末端；D_1—主极绕组首端；D_2—主极绕组末端。

（5）抱轴轴承为滑动式，油箱为整体式，采用恒油位结构，以改善润滑条件。不仅在轴瓦方孔上开有 4 条回油沟，还在抱轴瓦的领圈上开有两道回油沟，以防止抱轴轴承润滑油与齿轮箱润滑油互相窜通。

（6）采用双边斜齿轮传动，传动比 4.19，大齿轮齿数 Z 为 88，小齿轮齿数 z 为 21，齿轮模数 m 为 11。

（7）电枢铁心不直接压装在转轴上，而是先压装在电枢套筒上，然后电枢套筒压装在电机转轴上，这样的结构有利于电枢的检修。

（8）换向器采用拱式结构，由 372 片银铜换向片和 372 片双马云母片相互间隔叠压，经 3 次冷压、3 次热烘、3 次热压而成，绝缘等级为 F 级。

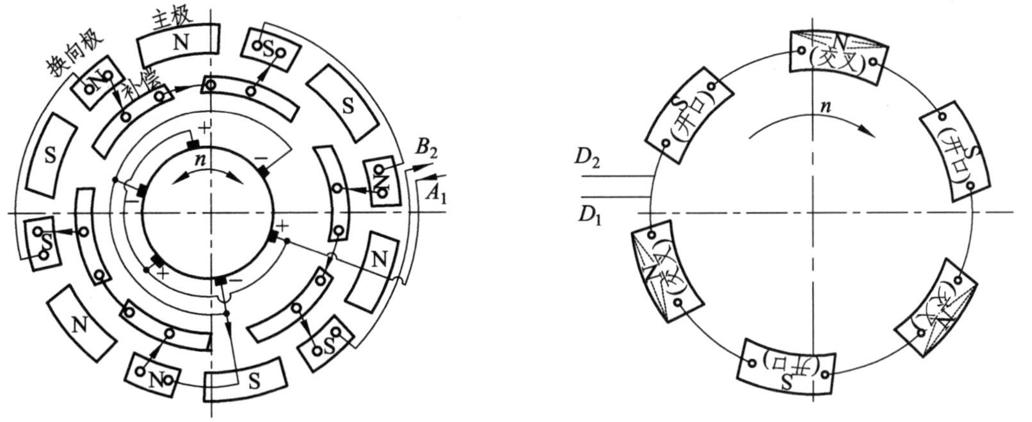

（a）换向端　　（b）非换向端

图 4-27　ZD105 型牵引电动机绕组接线图

（9）该电机有 6 个刷握，每个刷握的刷盒中装有 3 副双分裂式电刷，电刷的牌号为 D374B。由于 1 个刷盒中装置 3 块电刷，若采用双靴式接头接线很不方便，故电刷接头采用单靴式接头。刷握弹簧采用圆形弹簧，电刷采用单压指结构。

二、ZD115 型脉流牵引电动机的结构

ZD115 型牵引电动机是 SS_8 型电力机车的主电动机，采用架承式悬挂，一端悬挂在转向架的构架上，另一端则固定在轮对的空心轴套上，是带补偿绕组的 6 极、串励、脉流牵引电动机。

1. 主要技术数据

额定电压……………………………………………………………………1 030 V

额定功率：

小时制……………………………………………………………………950 kW

持续制……………………………………………………………………900 kW

额定电流：

小时制……………………………………………………………………1 010 A

持续制……………………………………………………………………945 A

额定转速（电流 945 A 时）………………………………………………1 095 r/min

最高恒功电压………………………………………………………………1 100 V

最小恒功电流………………………………………………………………880 A

启动电流……………………………………………………………………1 450 A

最高转速……………………………………………………………………1 946 r/min

励磁方式…………………………串励，固定磁场分路 87%，最深磁场削弱 49%

冷却方式……………………………………………………………………强迫通风

冷却风量……130 m^3/min
绝缘等级（定子 / 电枢）……H/H
悬挂方式……架承式
传动方式……轮对空心轴弹性传动
齿轮传动比……77/31 = 2.484
极对数……3
电枢直径……680 mm
电枢铁心长……275 mm
换向器直径……500 mm
电枢槽数……93
电枢槽形尺寸……10 mm × 37 mm
每槽元件数……4
电枢导体排列方式……交叉立放
电枢绕组形式……单叠绕组
主极绕圈匝数……11
主极气隙……5.5 mm
换向极线圈匝数……7
换向极第一气隙……10 mm
换向极第二气隙……6 mm
补偿绕组匝数……6
刷握数……6
每刷握电刷数……3
电刷尺寸……（2 × 10）mm × 42 mm
电机质量……3 550 kg

2．其主要结构特点

① 采用架承式悬挂，牵引电动机的一端悬挂在机车转向架构架上，另一端固定在轮对的空心轴套上。

② 采用轮对空心轴弹性传动方式，传动比 $\mu = 77/31 = 2.484$，齿轮模数 $m = 12$。

③ 采用全叠片无机壳机座。机座体的主要导磁部分为钢片叠片组，由前后压圈通过拉杆和筋板焊接将叠片紧固成一体。前后压圈为铸钢件，叠片组由 1 mm 厚的钢板冲制而成，如图 4-28 所示，冲片呈 12 边形，带有主极铁心及补偿槽。这种全叠片无机壳机座结构，能改善电机交流换向及过渡过程的换向性能；主极铁心与机轭连成一体，保证了主极的等分精度，提高了定子的装配质量；磁路均匀，减小了电机特性的差异；机座与主极线圈的配合均为平面，主极线圈不需压弧，简化了线圈的制造和安装工艺，且有利于改善线圈的散热条件。

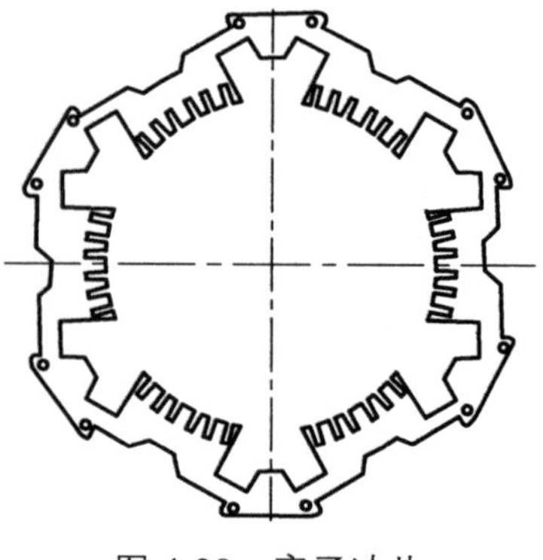
图 4-28 定子冲片

④ 定子线圈采用白胚嵌线，主极、换向极线圈的引出线及各绕组之间的连接线均采用钎焊连接。定子安装完成之后进行整体真空压力浸漆。

⑤ 采用拱式换向器结构。

⑥ 刷架装置采用单压指、可旋转式刷架圈结构。电刷采用双分裂式。刷架圈靠近刷盒的位置上装有放电板，放电间隙为（12.5 ± 1）mm，放电板可减小电机环火造成的破坏。

复习思考题 >>>

1. 绘出脉流牵引电动机供电线路图，并说明主要部分的名称作用。
2. 脉动电压、脉动电流和脉动磁通一般限制在什么范围？
3. 简述改善脉流牵引电机换向的方法。
4. 简述脉流牵引电动机的结构。
5. 简述 ZD105 型脉流牵引电机的结构特点及作用。

项目五　变压器

任务一　变压器基础知识

微课：变压器

变压器是一种静止的电气设备，能利用电磁感应原理，把一种电压的交流电能转换为频率相同的另一种电压的交流电能。它对电能的经济传输、灵活分配和安全使用具有重要意义。

按用途不同，变压器分为电力变压器（升压变压器、降压变压器、配电变压器等）、特种变压器（电炉变压器、整流变压器等）、仪用变压器（电压互感器和电流互感器）、试验用的高压变压器和调压器等。

按绕组数目的多少，变压器分为二绕组、三绕组和多绕组变压器以及自耦变压器。

根据变压器的铁心结构，变压器分为心式变压器和壳式变压器。

按相数的多少，变压器分为单相变压器和三相变压器等。

按变压器的冷却方式和冷却介质的不同，变压器分为用空气冷却的干式变压器和用油冷却的油浸式变压器等。

电力机车上使用的变压器有主变压器和互感器，其中主变压器为单相多绕组油浸式变压器，用来将接触网上取得的单相工频交流 25 kV 高压电变换为具有多种电压等级的低电压，以满足机车各种电机、电器工作的需要，保证机车正常运行。互感器为单相两绕组干式仪用变压器，分为电压互感器和电流互感器，能将高电压变成低电压、大电流变成小电流，用于量测或保护系统，同时用来隔开高电压系统，以保证人身和设备的安全。

国产和谐电 3 系列机车上使用中车大连机车车辆有限公司 JQFP 系列主变压器，国产和谐电 1 系列机车上使用中车株洲电机有限公司的 TBQ 系列主变压器，HX_D3 型电力机车使用 JQFP2-9000/25 型主变压器，HX_D3D 型电力机车使用 JQFP1-10160/25 型主变压器，HX_D1 型电力机车使用 TBQ32-5280/25A 型主变压器。例如，HX_D3 型电力机车主变压器型号是 JQFP2-9000/25，型号中“－”后为“容量（kV·A）/电压等级（kV）”，即表示其容量为 9 000 kV·A，电压为 25 kV。

HX_D3 型电力机车使用 JDZXW2-25A 型电压互感器和 LMZBK-25 型电流互感器，HX_D3D 型电力机车使用 JDZX18-25D 型电压互感器和 LMZB-25C 型电流互感器。

一、结构与原理

变压器是通过线圈间的电磁感应关系，把一种等级的交流电压与电流转变为相同频率的另外一种等级的交流电压与电流，从而实现电能变换的静止电器。

变压器一般有两个线圈，套在一个闭合的铁心上，接到交流电源上的线圈称为原边绕组，接到负荷上的线圈称为副边绕组，如图 5-1 所示。

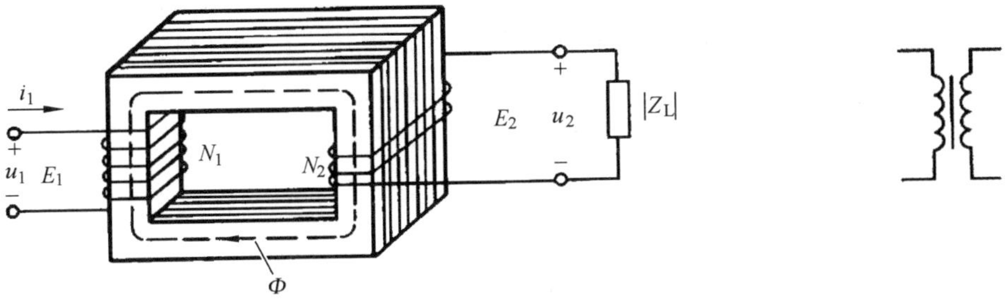

（a）结构示意图　　（b）符号

图 5-1　变压器基本结构

当原边绕组接到交流电源上时，由于原边绕组上通过的电流是交变的，因此在铁心中就会产生一个交变的磁通，这个交变的磁通在副边绕组内感应出交流电势，此感应电势的大小正比于磁通的变化率与线圈的匝数，从而实现了传输能量、改变电压的要求。由此可见，通过变压器来进行电能转变时，与线圈相连的两个电路中可以有不同等级的电压和电流。

变压器原边绕组感应电势 E_1 与副边绕组感应电势 E_2 之比称为变压器的变比，用符号 K 表示。变压器的变比 K 等于原、副边绕组的匝数比，也叫作匝比，即

$$K=\frac{E_1}{E_2}=\frac{N_1}{N_2} \tag{5-1}$$

变压器原、副边绕组的端电压与它们的匝数成正比，即

$$\frac{U_1}{U_2}=\frac{N_1}{N_2}=K \tag{5-2}$$

变压器原、副边绕组的电流和它们的匝数成反比，即

$$\frac{I_1}{I_2}=\frac{N_2}{N_1}=\frac{1}{K} \tag{5-3}$$

变压器的输出功率 $P_{出}$ 与输入功率 $P_{入}$ 的百分比称为变压器的效率，用符号 η 表示，即

$$\eta=\frac{P_{出}}{P_{入}}\times\%=\frac{P_{入}-P_{损}}{P_{入}}\times\% \tag{5-4}$$

式中，$P_{损}$ 变压器的内部损耗，它包括随负载电流大小而变的铜损 P_{Cu} 和仅与电源电压有关的铁心损耗 P_{Fe}。

变压器的效率很高，满载时大容量的变压器的效率可达 98%～99%，小容量变压器的效率一般为 80%～95%。

二、主变压器特点

主变压器（又称为牵引变压器）是电力机车中的重要电气设备，用来将接触网上取得的单相工频交流 25 kV 高压电变换为具有多种电压等级的低电压，以满足机车各种电机、电器工作的需要，保证机车正常运行。主变压器的工作原理与普通的单相变压器的原理基本相同，但是由于工作条件特殊，特别是满足机车调压、整流电路的需要，在设计时有其自身的特点。

主变压器和其他变压器相比，主要有以下特点：

1．绕组多

为了满足机车调压及辅助设备的用电需要，主变压器除网侧高压绕组外，副边低压绕组有：牵引绕组、辅助绕组和列供绕组等，有的绕组还有多个抽头。

2．电压波动范围大

我国干线电气化铁道接触网的额定电压为 25 kV，即允许电网电压在 19 ~ 29 kV 范围内波动，这样，必须要求主变压器的铁心和绕组绝缘结构设计应留有足够的余量，磁路的饱和程度不能过高，低压高压下都能正常工作。

3．负载变化大

随着机车运行条件的变化，主变压器的负载变化范围很大，因此要求主变压器能够承受较大的负载变化，并有一定的过载能力，以保证机车运行可靠。

4．耐振动

机车运行中不可避免地产生冲击和振动，要求主变压器各个部件应具有足够的机械强度，所有连接紧固件应有防松装置。

5．对阻抗电压要求高

由于主变压器二次侧绕组有较高的短路故障概率，故绕组抽头间的阻抗电压不能太小，以满足机车对调压整流电路和短路保护的要求。

6．质量轻、体积小、用铜多

为了满足机车总体布置及减轻自重的需要，主变压器与同容量的电力变压器相比，应具有较轻的质量和较小的体积。这就要求主变压器采用高导磁率的冷轧电工钢片和优质的铜导线，强迫油循环冷却。一般变压器的铜重与铁重之比为 1∶4 左右，而主变压器一般为 1∶2，有的甚至达到 1∶1。但用铜量多使主变压器造价升高，冷却困难，冷却器庞大，反而不利于变压器的轻量化。

本节在变压器工作原理和基本结构的基础上，介绍 TBQ32-5280/25A、JQFP2-9000/25 和 JQFP1-10160/25 三个型号主变压器的主要技术数据和结构特点。

任务二　JQFP2-9006/25 型牵引变压器

HX_D3 型交流传动货运电力机车采用 JQFP2-9006/25 型牵引变压器，将 25 kV 的接触网电压变换为电力机车所需的各种电压，以满足电力机车各种电机电器工作的需要。JQFP2-9006/25 型牵引变压器是采用轴向分裂、心式卧放、下悬安装一体化多绕组变压器，具有阻抗高、质量轻等特点，同时还采用真空注油、强迫油循环风冷技术、氮气密封等特殊的工艺措施，外形图如图 5-2 所示。

图 5-2　JQFP2-9006/25 型牵引变压器

一、牵引变压器特点

① 采用下悬式安装，强迫导向油循环风冷方式，内装一台牵引变压器，总质量 13 t。牵引变压器与冷却装置分开布置。

② 变压器采用心式卧放结构，A 级绝缘，普通矿物油。

③ 高阻抗绕组结构，使变压器内部空间磁场很强，大量采用无磁结构件。

④ 油箱采用钢板加磁屏蔽的方式，避免漏磁干扰外部信号。

⑤ 线圈导线采用 Nomex 纸绝缘，具有耐热等级高、机械强度大的特点。

⑥ 全铝板翅式冷却器，两路油循环系统。

⑦ 高压套管采用 NEXANS 公司的高压端子，在低压套管出线装置中采用了新型结构的出线装置，具有安装拆卸方便、可靠及使用寿命长的特点。

⑧ 考虑到机车的使用环境，具有抗振的特点。

⑨ 将温度继电器等需要经常检测及保养的部件装配在机车的两侧，以便于进行维护保养、检查。

⑩ 将大电流的低压出线装置与牵引变流器按序安装，使其连线最短。

二、牵引变压器参数

型号……JQFP2-9006/25（DL）
机车网压范围……17.2 ~ 31.3 kV
频率……50 Hz
联结组……II0-I0
频率……50 Hz
外形尺寸……3 060 mm × 2 760 mm × 1 475 mm
安装方式……车体下悬挂式
冷却方式……强迫油循环风冷
通风量……234 000 m^3/h
油流量……48 m^3/h
出线端子号……1U；1V；2U1；2V1；2U2；2V2；2U3；2V3；2U4；2V4；2U5；2V5；2U6；2V6；3U1；3V1；3U2；3V2
空载电流……0.16%
空载损耗……2 600 W
负载损耗……224 kW
总质量……13 000 kg

牵引变压器的额定值如表 5-1 所示。

表 5-1 牵引变压器的额定值

线圈	容量/kVA	电压/V	电流/A
高压线圈	9 006	25 000	360
牵引线圈	8 400	6×1 450	966
辅助线圈	606	2×399	759

各线圈试验电压如表 5-2 所示。

表 5-2 线圈试验电压

线圈	工频试验电压	感应耐电压	冲击试验电压
高压线圈架线侧	—	60 kV，1 min	150 kV，1 min
高压线圈接地侧	2.5 kV，1 min	—	—
牵引线圈	5.3 kV，1 min	—	—
辅助线圈	2.9 kV，1 min	—	—

三、牵引变压器结构

（一）牵引变压器接线原理图

牵引变压器高压线圈（1U-1V）从受电弓处接受 25 kV 高压电，利用电磁感应原理，6 个 1 450 V 的牵引线圈（2U1-2V1、2U2-2V2、2U3-2V3、2U4-2V4、2U5-2V5、2U6-2V6）用于两套主变流器（UM1、UM2）的供电，2 个 399 V 的辅助线圈（3U1-3V1、3U2-3V2）用于辅助变流器（APU1、APU2）的供电。牵引变压器接线原理如图 5-3 所示。

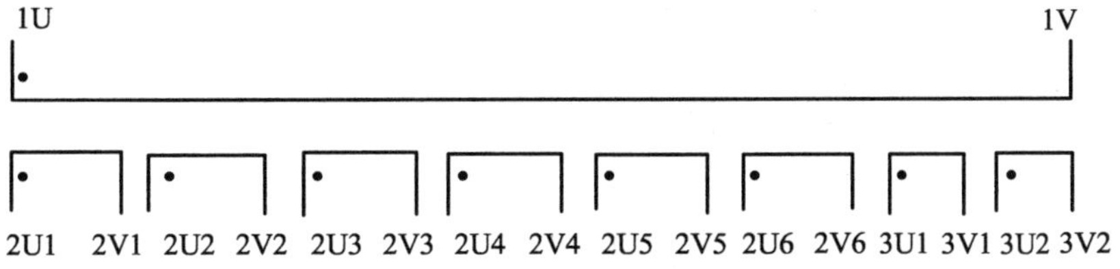

图 5-3　牵引变压器接线原理图

（二）外部结构

JQFP2-9006/25 型牵引变压器由油箱、器身、油保护装置、冷却系统、其他附属装置等组成，其总图如图 5-4 所示。

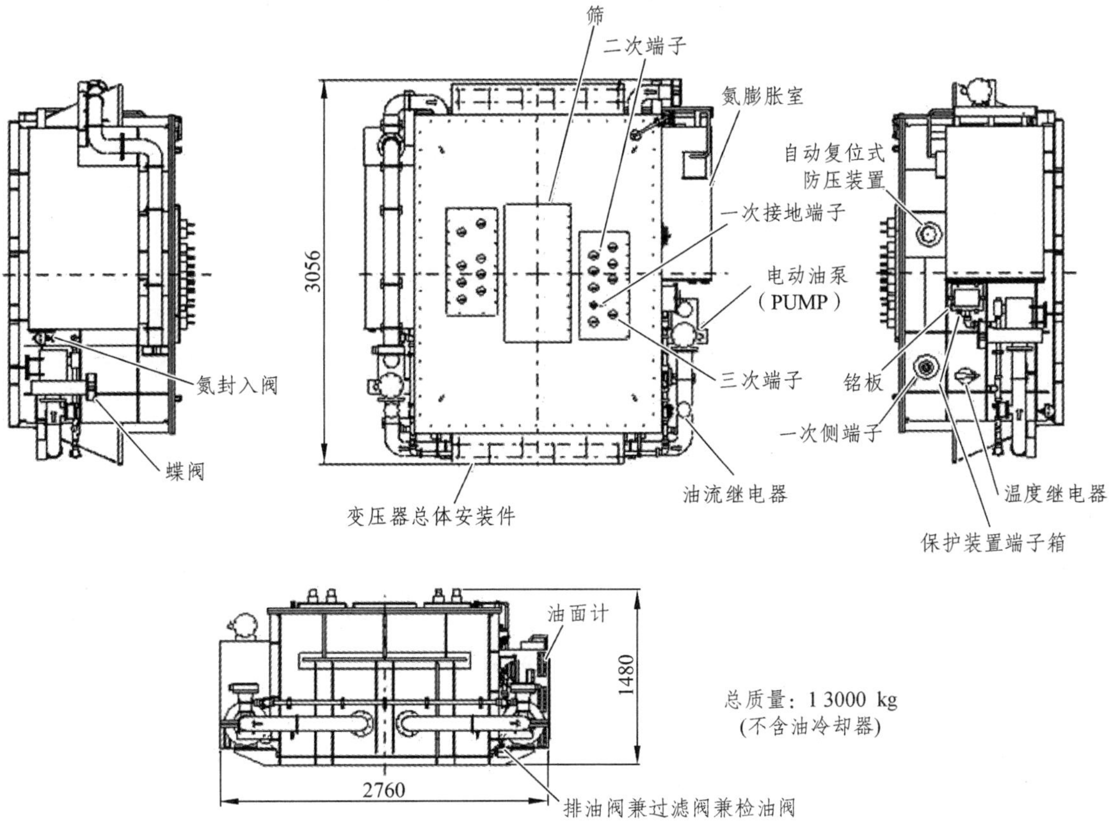

图 5-4　牵引变压器总图

器身由铁心、线圈、绝缘件组成。

通风机、冷却器、安装在车体台架的上方。高压绕组的高压端子 1U 安装在油箱壁上，其余端子都安装在油箱箱盖上。

（三）内部结构

牵引变压器内部结构如图 5-5 所示。

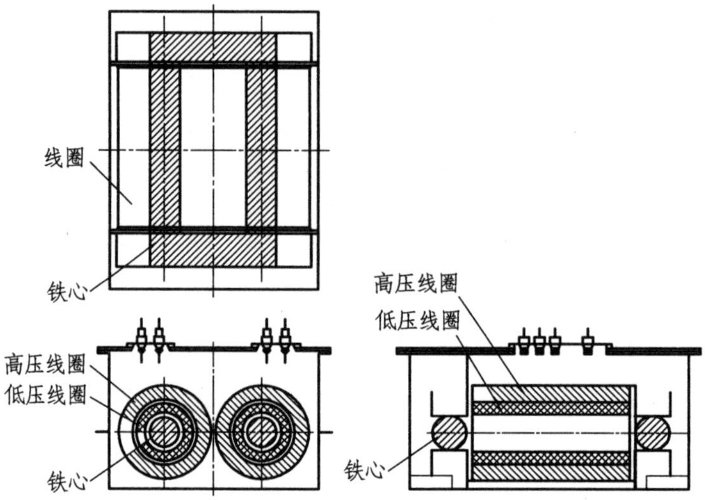

图 5-5　牵引变压器内部结构

主要部件的具体结构如下：

1. 铁心

牵引变压器铁心为拉螺杆芯式结构，主要组成部分是拉螺杆、上夹件、下夹件、硅钢片等。上、下夹件由不锈钢板焊接而成，为提高刚度，腹板和肢板之间焊有加强筋。2 个上夹件之间和 2 个下夹件之间除了用穿心螺杆连接之外，在两端各有构件连接，这就提高了夹件的刚度，不易变形。铁心采用斜缝铁心结构，由 0.30 mm 厚的 30P105 有取向冷轧硅钢片叠成，芯柱采用多级近似圆形的截面，直径为 285 mm，铁轭为 250 mm×244 mm 多级近似圆形截面，涂漆，如图 5-6 所示，铁心叠片系数为 0.97。

铁心主要技术数据见表 5-3。

表 5-3　牵引变压器铁心数据

数据	有效面积	叠片系数	磁密	窗高	心柱中心距	匝电势
	A/cm^2	f	T	HO/mm	MO/mm	V/匝
铁心	521.5（ϕ285）mm	0.97	1.565 6	1441	810	18.125
铁轭	521.5（250 mm×244 mm）		1.565 6			

2. 线圈

牵引变压器有 3 种线圈：高压线圈、牵引线圈、辅助线圈。为满足高阻抗的要求，变压器线圈采用四分裂形式，心式结构，层式线圈，交错式布置，导线 Nomex 纸绕包。高压线圈分别布置在两个柱上，8 个线圈互相并联。牵引线圈采用多根导线并联，牵引线圈之间互不相连，相互退耦。各线圈主要数据见表 5-4 所示。

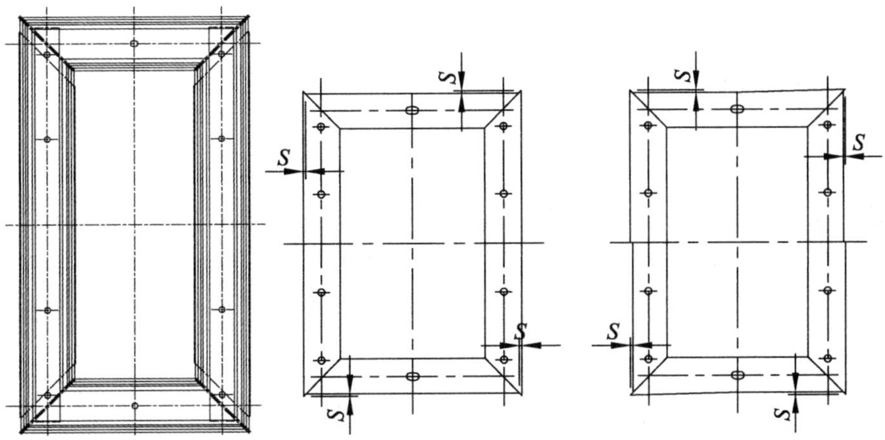

图 5-6 牵引变压器铁心

表 5-4 牵引变压器各个线圈数据

数据	高压线圈	牵引线圈	辅助线圈
额定电压/V	25 000	1 450×6	399
额定电流/A	360	966×6	759
匝数/柱	1 380×3	71×3	22
线圈数	4	3	1
并绕导线数	2	15	1
线圈型式	层式	层式	层式
导线规格/mm	$\frac{2.1\times2.7}{2.57\times3.17}$	$\frac{2.2\times5.6}{2.67\times6.07}$	$\frac{2.2\times5.6}{2.67\times6.07}$
Nomex	0.47	0.47	0.47
裸线截面积/mm^2	10.72	180.15	3.47
电流密度/（A/mm^2）	5.22/3.49	5.36	4.22
平均半径/mm	208.9	137.6	131.3
导线质量/kg	1 828.5	1 073.4	97.4
直流电阻/Ω	5.836/8	0.013 44	0.003 66

3．引线

引线设计结构紧凑，采用电缆顶部出线，占用空间少，电缆交叉处用绝缘纸板包扎，电流大的引线采用多根并联，可以随意弯曲，引线固定采用绝缘螺杆和绝缘螺母，拧紧后涂绝缘胶，防止松动。

4．油箱

油箱为钢板焊接，并采用电屏蔽的方法使外泄漏磁限制在一定的范围内。通过 2 个吊挂座把变压器与车体底架连接起来。在油箱壁下部装有Φ50 活门，作为注油、滤油和放油用。油箱壁的侧面安装有压力释放阀。

（四）冷却系统

1．冷却系统的油路

变压器设有两个油路，被隔板分隔成两个区：一端为进油区，另一端为出油区。进油区有管路连接，保持两端油压平衡。出油部热油被潜油泵抽出，经蝶阀，油流继电器，被冷却器冷却后经油管和蝶阀由油箱进油侧进入油箱、线圈，通过挡油圈、撑条、垫块在线圈内部流动，由线圈排油侧流出，如图 5-7 所示。

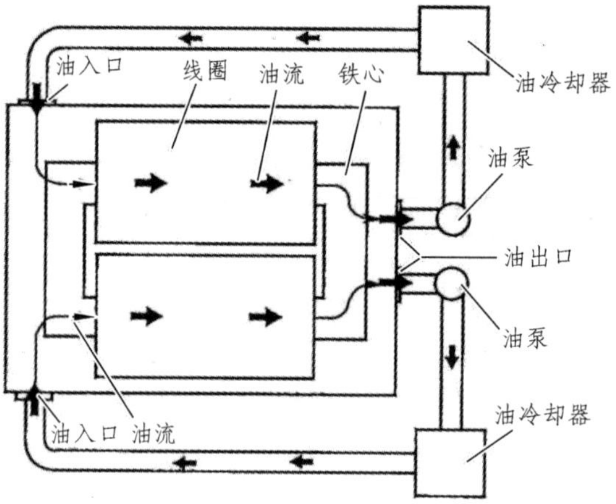

图 5-7 冷却系统的油路

2．冷却系统的风路

冷却器上部装有通风机，冷却风从车顶吸入后，先进入通风机，再进入复合冷却器，如图 5-8 所示。先冷却复合冷却器上层牵引变流器的冷却水，然后冷却下层的变压器油，最后从车下排出。

（五）组件

1．油冷却器

由于车体空间的限制，变压器油冷却分为两路，如图 5-8 所示，两路变压器油冷却与两路变流器水冷却，组成两个冷却塔，首先冷却变流器，再冷却变压器。冷却器为全铝合金板翘式结构，变压器部分冷却器的热交换容量为 2 × 120 kW。

油冷却器的性能参数：

热交换功率……240 kW

循环油量……48 m³/h

入口油温……………………………………………………………………85 °C
出口油温……………………………………………………………………79 °C
入口风温……………………………………………………………………57 °C

图 5-8　复合冷却器

2．潜油泵

牵引变压器有两个潜油泵，强迫变压器油循环进行冷却。该潜油泵冷却方式采用油内循环方式，具有运行可靠、结构简单、使用方便等特点。潜油泵为一体式的电动机与油泵组合。其结构如图 5-9 所示。

① 油泵部分：叶轮直接装在电机轴端，靠叶轮旋转离心力作用产生扬程，泵壳将叶轮排出的高速汇流动能转换成压力迫使变压器油进行循环。

1—油泵壳体；2—接线盒；3—出油口；4—进油口。

图 5-9　潜油泵

② 电动机部分：电动机为特殊设计，电机热量一部分将热量传给机壳，机壳再将热量传给周围的空气，但主要部分经泵的压力区由前轴承座上的几个进油孔将油压入机体内，油流经轴的中心孔和前轴承流回泵壳进行循环冷却。

潜油泵的性能分解参数：

功率……………………………………………………………………3.7 kW
电压……………………………………………………………………380 V

油流量……………………………………………………………………48 m^3/h
扬程……………………………………………………………………157 kPa
质量……………………………………………………………………94 kg

3．油流继电器

油流继电器是为了检查变压器油循环的油流是否正常的仪表，如图 5-10 所示。由于油流继电器的叶轮转动力超过弹簧的复归力，从而使油流侧的磁铁旋转，该磁铁的磁力旋动隔壁外侧的磁铁，使弹簧接点微动开关断开，同时，指针也偏转，显示油循环正常，如果油流一旦停止时，叶轮也随之停止转动，由弹簧的复归力的作用使弹簧接点接触，报告油流出现异常。

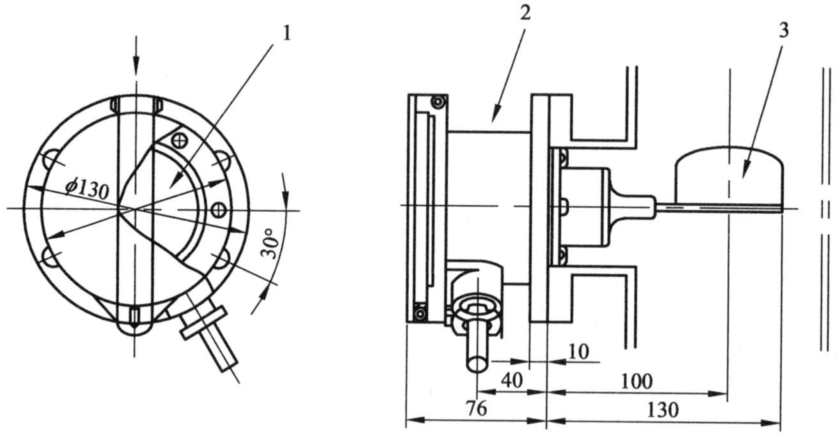

1—指针；2—外壳；3—叶轮。

图 5-10 油流继电器

油流继电器在安装之前应作下列检查：

（1）机械检查：检查油流继电器的叶轮转动是否灵活，叶轮被冲动的方向是否和油流指示方向一致。

（2）电器检查：检查接点与接线座的出线位置是否与度盘相同，导线绝缘是否良好。

油流继电器性能参数：

公称口径……………………………………………………4B（JIS G3452）
额定油流量……………………………………………………48 m^3/h
动作油流量……………………………………………………OFF 13.8 m^3/h
……………………………………………………………………ON 12 m^3/h

4．压力释放阀

压力释放阀的作用是当变压器油箱内部因某种故障而使压力急剧增大，其压力达到标定值时，压力释放阀能迅速开启释放，从而防止变压器油箱破裂或爆炸，从压力释放阀排除的气体和油流排到容器外，当恢复正常时，阀口关闭。如图 5-11 所示。

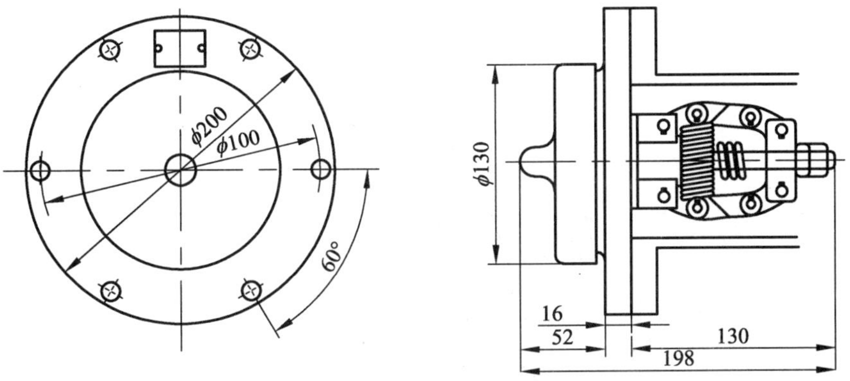

图 5-11　压力释放阀

压力释放阀性能参数：

开启压力…………………………………………………………………………95 kPa

5．蝶阀

在潜油泵、散热器、波纹管和油联管的入油口和出油口处均装有 4B 蝶阀，该型蝶阀能承受工作压力 0.1 MPa。

在安装前，应将蝶阀清洗干净，以免污物进入变压器油内。

牵引变压器正常工作时为“开”状态，在需要更换散热器、波纹管或油联管时，应先将阀关闭，使阀处于“闭”状态，这样无须全部排除变压器油就能更换某些配件。如图 5-12 所示。

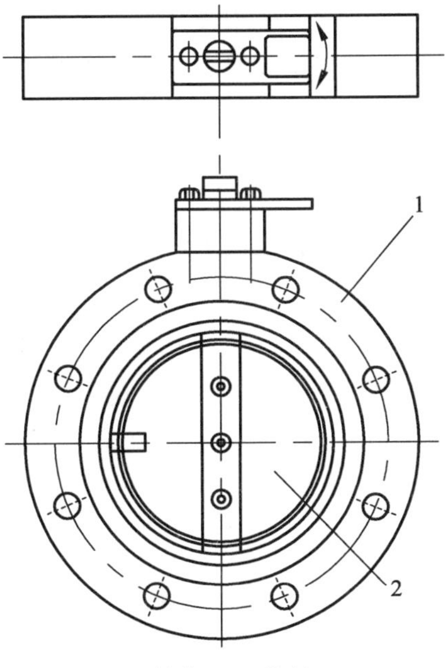

1—阀体；2—蝶板。

图 5-12　蝶阀

蝶阀可在更换配件时短时间将油封住，但没有长时间封油的功能，如需要长时间封，应在阀门上装上遮盖板。

6．ϕ15 阀门

ϕ15 阀门如图 5-13 所示。

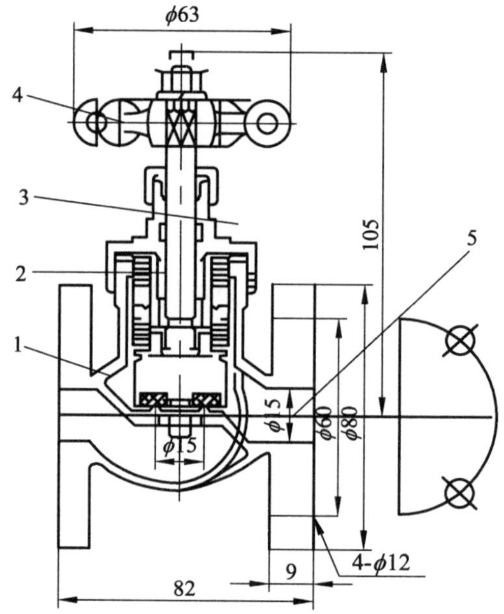

1—阀体；2—手轮；3—阀杆；4—盖；5—阀座。

图 5-13 ϕ15 阀门

ϕ15 阀门作为注油、放油和滤油用，牵引变压器的大量注油必须从此处注入。

ϕ15 阀门在投入工作时应将其密封板和遮盖卸下，工作完后，则应装上，以确保阀体内及变压器油不受污染。

7．高压套管（1U 端子）

高压套管安装板以下浸在油中，安装板以上位于空气中，如图 5-14 所示。

高压套售性能参数：

型号……750S1

额定电压……18/30 kV

最高工作电压……36 kV

额定电流……630 A

短路电流……50 kA

工频耐压……75 kV

冲击耐压……（1.2 × 50 μs）170 kV

工作温度……－40 ~ 100 °C

质量……1.8 kg

750S1 型套管是将牵引变压器原边的高压线圈的高压引线引出油箱的装置。其额定电压为 30 kV，额定电流为 630 A，套管的端子号为 1U。

8. 低压绕组套管

低压绕组出线采用标准套管，如图 5-15 所示。

图 5-14 高压套管

图 5-15 低压套管

9. 部件的更换周期

各部件正确保养标准、更换周期、更换期限如表 5-5 所示，不满足保养标准值则应进行更换。

表 5-5 部件的更换周期

部件名称	更换周期	更换期限
温度指示控制器	5 年	
油流继电器	5 年	
潜油泵	仅轴承为 10 年	如有异常音响则应进行更换
波纹管	5 年	如有漏油则应进行更换
压力释放阀	5 年	如有漏油则应进行更换
各种阀类	根据检查结果更换	如发现漏油现象则应更换
套管类	根据检查结果更换	如发现破损，漏油现象则应进行更换
箱沿密封圈（耐油橡胶）	5 年	根据检查结果确定是否更换
各端子密封件（耐油橡胶）	5 年	根据检查结果确定是否更换
油路密封件（耐油橡胶）	5 年	根据检查结果确定是否更换
其他橡胶件（耐油橡胶）	10 年	根据检查结果确定是否更换

四、变压器试验

牵引变压器试验的目的是对变压器参数性能的验证、对其质量的考核。进行型式鉴定试验，由国家变压器质量监督检验中心操作并出鉴定报告，执行标准为国际电工委员会标准 IEC 60310—2004 和中华人民共和国铁道行业标准 TB/T 1680—1997。该变压器的试验按照试验大纲的要求包括以下项目：

1．外观检查

要求按图纸检查铭牌的标示，查看各继电器、电源线的走线是否按图纸要求等。2．线圈的电阻测量

测量高压线圈及牵引、辅助线圈的电阻并折算到 85 °C。

3．变压比测量

测量高压绕组和其他绕组间的变压比，并判断是否在规定的范围内。

4．空载电流和空载损耗的测量

出厂试验时要求测量一次线圈在额定电压 1U 下的空载电流和空载损耗，型式试验时则要分别考核 0.7U、0.8U、0.9U、1.0U、1.1U、1.24U 下的空载电流和空载损耗。

5．阻抗电压的测量

出厂试验中要求测量高压绕组分别对 6 个牵引绕组和 2 个辅助绕组间的短路阻抗、6 个牵引绕组串联和 2 个辅助绕组串联间的短路阻抗；而型式试验包括了上述内容，还要测量高压绕组、6 个牵引绕组、2 个辅助绕组中任意两个绕组间的短路阻抗。

6．负载损耗的测量和总损耗的折算

负载损耗在测量短路阻抗时同时被记录下来。

7．温升试验

该项试验仅在型式试验中作，模拟变压器在满负荷时的工况，测量各绕组和不同位置的油温。

8．耐电压试验包括感应耐压试验、工频耐压试验和雷电冲击试验

工频耐压试验来考核低压线圈的主绝缘，感应耐压试验则考核各线圈的纵绝缘是否有缺陷；雷电冲击试验用（5 ± 30%）/（50 ± 20%）μs 的脉冲波形，模拟大气雷电对变压器进行冲击，该项试验仅出现在牵引变压器的型式试验中。

除以上项目外变压器试验还包括密封性试验、变压器油的试验等。另外变压器的主要附件如油泵等也需要试验。

任务三 JQFP1-10160/25 型主变压器

HX_D3D 型客运电力机车采用 JQFP1-10160/25 型主变压器，如图 5-16 所示。主变压器是采用下悬式安装方式的一体化多绕组变压器，冷却方式采用强迫导向油循环风冷。变压器进行轻量、小型化设计，降低了部件质量，优化了冷却油道、提升了变压器功率，结构紧凑、合理。

JQFP1-10160/25 型主变压器设有的 6 组牵引绕组和 2 组辅助绕组，分别与 2 组变流柜相连，实现对机车牵引系统、辅助系统的供电。另外，主变压器还设有 2 组列车供电绕组，分别与 2 组列车供电柜相连，实现对列车供电系统的供电。

主变压器设有温度传感器、压力释放阀、油流继电器以及储油柜布置布赫继电器，实现对主变压器的温度、压力的监测保护。

图 5-16　JQFP1-10160/25 型主变压器

一、主变压器特点

（1）采用下悬式安装，强迫导向油循环风冷方式，内装一台主变压器，总质量 13 t。主变压器与冷却装置分开布置。

（2）变压器采用心式卧放结构，A 级绝缘，矿物油；变压器及油循环系统均采用真空注油。

（3）高阻抗绕组结构，使变压器内部空间磁场很强，大量采用无磁结构件。

（4）油箱采用磁屏蔽的方式，避免漏磁干扰外部信号。

（5）线圈导线采用 Nomex 纸绝缘，具有耐热等级高、机械强度大的特点。

（6）全铝板翅式冷却器，两路油循环系统。

二、主变压器参数

型号……JQFP1-10160/25
原边绕组额定容量……10 166 kVA
额定电压……25 kV
额定电流……407 A
牵引绕组额定容量……8 400 kVA
额定电压……1 450 V
额定电流……6 × 965 A
短路电压……46%

短路损耗（总损耗）……………………………………………………295 kW
辅助绕组额定容量……………………………………………………606 kVA
额定电压……………………………………………………………401 V
额定电流……………………………………………………………2 × 756 A
短路阻抗……………………………………………………………17%
供电绕组额定容量……………………………………………………1 160 kVA
额定电压……………………………………………………………860 V
额定电流……………………………………………………………2 × 675 A
短路阻抗……………………………………………………………5.9%
额定频率……………………………………………………………50 Hz
通风量………………………………………………………………27 000 m^3/h
油流量………………………………………………………………48 m^3/h
总质量………………………………………………………………13 t

三、主变压器结构

（一）主变压器接线原理

牵引变压器高压绕组（AX）从受电弓处接受 25 kV 高压电，利用电磁感应原理，6 个 1 450 V 的牵引绕组（a1x1 ~ a6x6）用于两套主变流器（UM1、UM2）的供电，2 个 399 V 的辅助绕组（a7x7、a8x8）用于辅助变流器（UA11、UA12）的供电，2 个 860 V 的供电绕组（a9x9、a10x10）用于列供柜（LG1、LG2）的供电。其接线原理如图 5-17 所示。

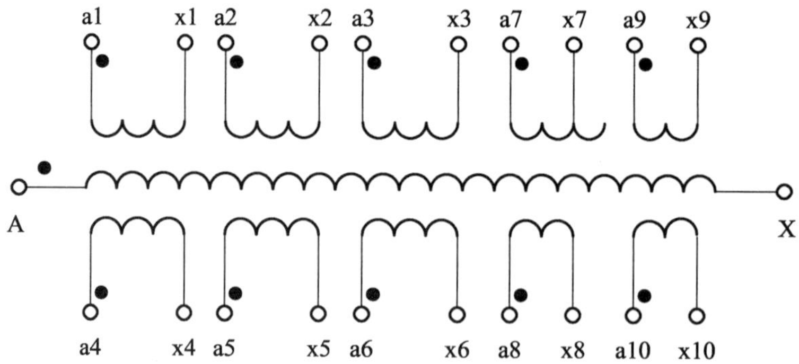

图 5-17 JQFP1-10160/25 型主变压器接线原理

（二）主变压器结构布置

JQFP1-10160/25 型主变压器结构外形具体如图 5-18、图 5-19 所示。

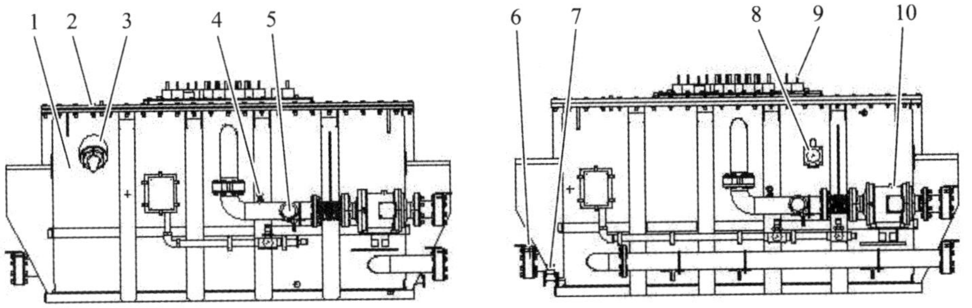

1—油箱；2—箱盖；3—高压端子；4—温度传感器；
5—油流继电器；6—Dn100 真空偏心蝶阀；
7—Dn15 波纹管阀；8—压力释放阀；
9—低压端子；10—油泵。

图 5-18　主变压器外部结构布置

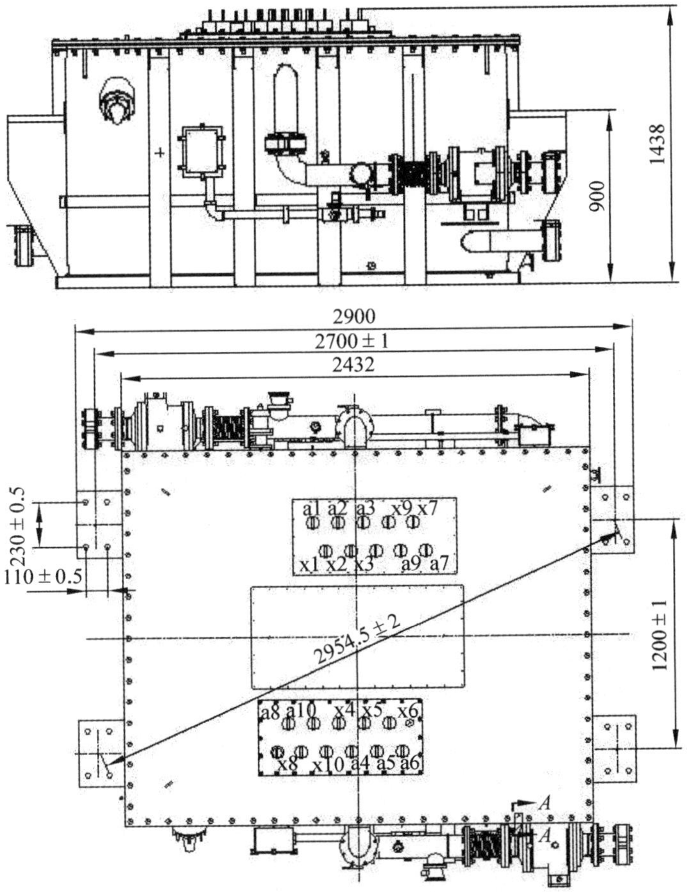

图 5-19　主变压器外形尺寸及接线端子布置

（三）主变压器循环冷却系统

主变压器有两个油循环回路。主变压器油箱内部被隔板分隔成两个区：一端为进油区，另一端为出油区。出油区的热油被油泵抽出，经蝶阀、油流继电器送入油冷却器，通过散热翅片与冷却空气进行热交换后，油管和蝶阀由油箱进油侧进入线圈，通过挡油圈、撑条、垫块、围屏导向在线圈内部流动、冷却，由线圈排油侧流出到油箱的出油区，如此往复循环，如图 5-20 所示。

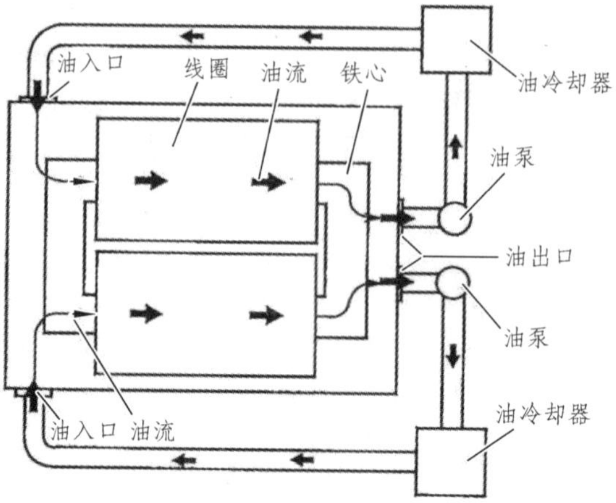

图 5-20 循环原理图

（四）主变压器部件

1. 储油柜

变压器在机车车体内设有 1 个储油柜，布置 2#复合冷却装置旁边，如图 5-21 所示。储油柜材质采用不锈钢，容积为 430 L。上面装有吸湿器、布赫继电器、平板油位计等附件。油位计指示范围为 40 ~ 100 °C。

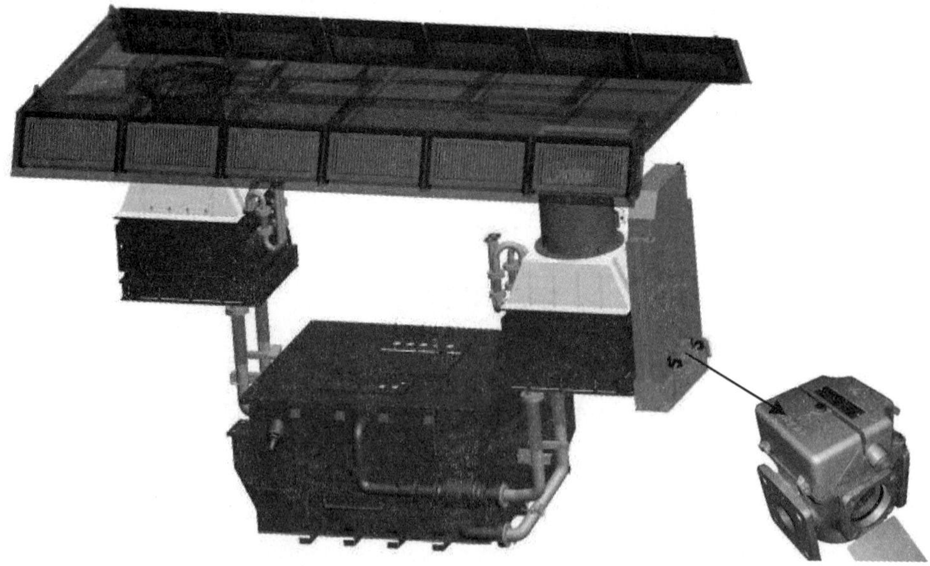

图 5-21 主变压器储油柜及布赫继电器

布赫继电器通过检查变压器故障时产生的气体和油流冲动，对变压器匝间层间短路、铁心故障、套管内部故障、绕组内部断线、绝缘劣化和油面下降等故障进行监测，并通过控制单元实施跳主断保护。

HX_D3D 型电力机车的布赫继电器安装在主变压器与储油柜间，用来检测主变压器有循环系统中是否存在由于密封不严、放电等情况产生的气体。报警分为两级：① 当气体体积达到 200 ~ 300 mL 时，一级保护动作，在微机显示屏上显示故障信息；② 当气体流速达到 1 m/s 时，二级保护动作，机车分断主断路器。当以上故障发生时，需要将布赫继电器的排气阀打开，通过观察将布赫继电器内的气体排除（观察到有排气阀处有少量油渗出时为止），再将排气阀关闭，按下装置上的复位按钮后，升弓、合主断，维持机车运行，机车回段后进行处理。

2．接线端子

（1）高压端子［如图 5-22、5-23（a）所示］。

型号：M400AR-3；

额定电压：26 kV；

最高工作电压：36 kV；

额定电流：630 A；

（2）低压端子［如图 5-22、5-23（b）所示］。

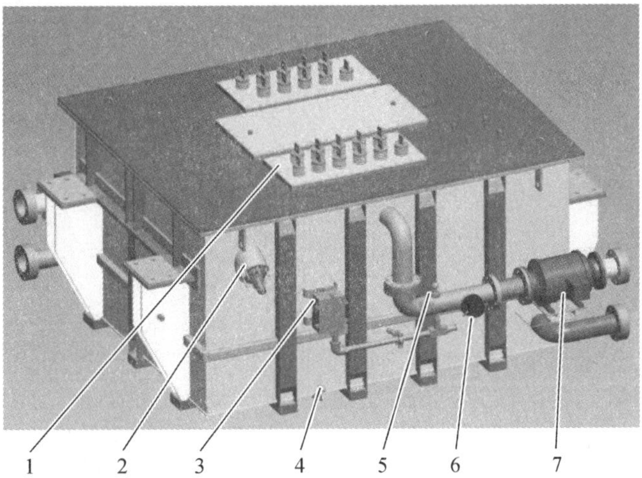

1—低压端子；2—高压端子；3—接线箱；4—油样活门；5—温度传感器；6—油流继电器；7—油泵。

图 5-22　主变压器部件

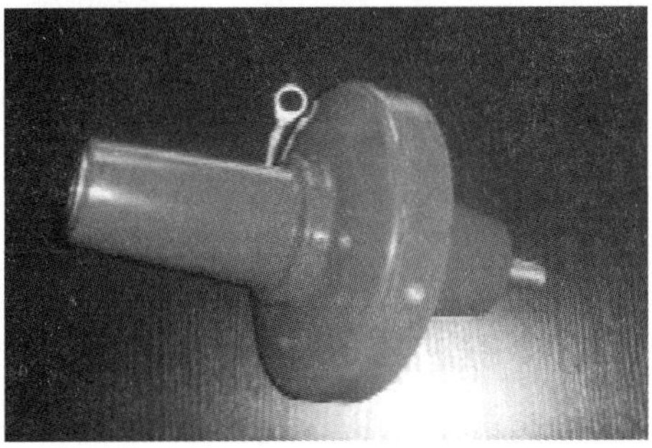

（a）高压端子

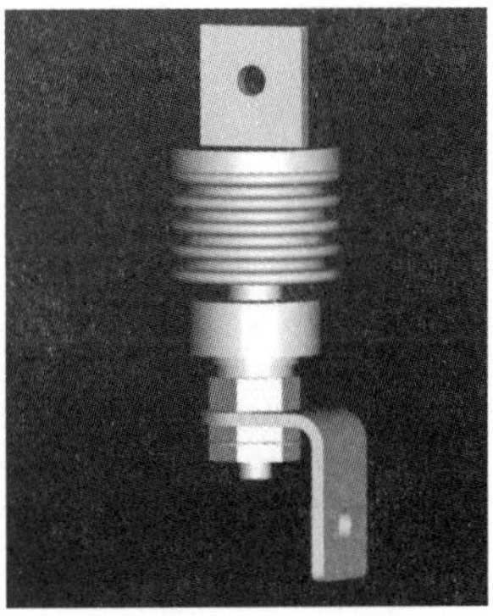

（b）低压端子

图 5-23　接线端子

3．温度传感器

主变压器上安装有 3 个 PT100 温度传感器（如图 5-22、5-24 所示），用于监测变压器顶部和两个油流出口处的温度，并将信号送入机车控制系统。主变压器的温度高于 90 °C 时，牵引变流器开始线性降低功率，微机显示屏报出油温高限制功率输出故障，油温为 100 °C 时降为额定功率的 70%；当油温超过 100 °C 时机车实施牵引封锁，微机显示屏报出油温高禁止牵引故障，辅助功率仍然有效；当油温超过 105 °C 时机车跳主断，微机显示屏报出油温高分断主断路器。油温高于 90 °C 降功运行后，直至油温低于 88 °C 时，牵引变流器重新恢复额定功率运行。

图 5-24 PT100 温度传感器

图 5-25 油流继电器

4．油流继电器

主变压器具有两路油循环冷却支路，各设有 1 个油流继电器（如图 5-22、5-25 所示）对油流情况进行监测。如果 1 个油流继电器检测到无油循环，则该冷却支路对应的 3 组牵引变流器和 1 组辅助变流器禁止功率输出，机车的牵引功率下降 50%。如果两个油流继电器都检测到无油循环，则断开主断路器。

图 5-26 压力释放阀

5．压力释放阀

主变压器安装有压力释放阀（如图 5-26 所示）。当变压器内部压力达到（70 ± 15）kPa 时，压力释放阀动作，释放压力，同时在微机显示屏上显示。

任务四 TBQ32-5280/25A 型主变压器

TBQ32-5280/25A 型主变压器用于中车株洲电力机车有限公司生产的神华八轴、十二轴、

铁路总公司 HX_D1 大功率交流传动电力机车，用来把接触网上取得的 25 kV 高压电变换为各种类型低压电，以满足机车上牵引电机和其他辅助电气的工作需要。TBQ 系列主变压器，其型号意义为："T" 为 "铁" 路机车用；"B" 为 "变" 压器；"Q" 为 "牵" 引；数字为设计序号；"-" 后为 "容量（kVA）／电压等级（kV）"。

TBQ32-5280/25A 主变压器采用卧式结构，为芯式变压器，车体下悬安装方式。变压器与两台 100 Hz 谐振电抗器装在同一个钢焊接结构的油箱内，共用 1 个冷却系统，冷却介质为 45#变压器油，采用 1 个油泵进行油循环冷却，工作环境为 – 40 ~ 40 °C，设计寿命约为 30 年，达到使用寿命的前提条件是不超过额定功率和最大允许温度，以及遵循规定的维护和使用。TBQ32-5280/25A 型主变压器如图 5-27 所示。

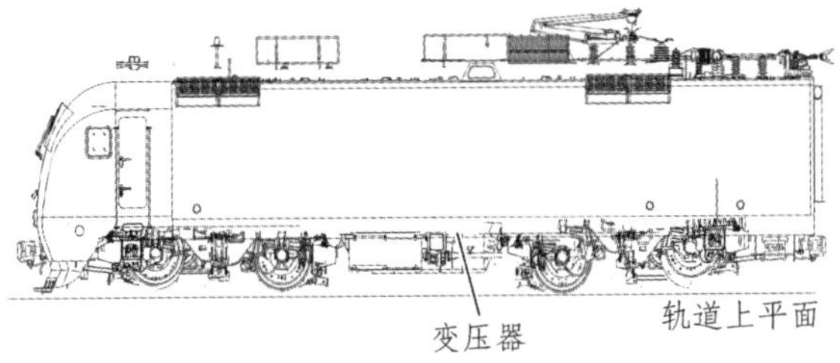

（a）安装位置图

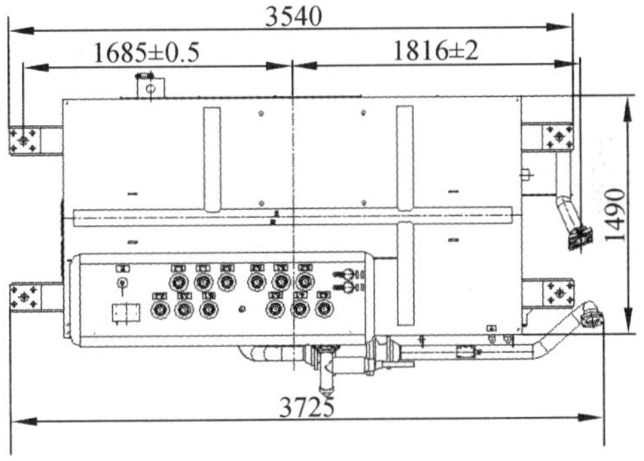

（b）俯视图

（c）实物图

（d）吊装图

图 5-27　TBQ32-5280/25A 型主变压器

一、主变压器参数

变压器油箱内设置了 1 个主变压器和两个谐振电抗器，实现了一体化安装，有体积小、质量轻的特点。

变压器的基本参数和谐振电抗基本参数如表 5-6、表 5-7 所示。

表 5-6　变压器基本参数

额定容量	高压绕组	5 280 kVA
	牵引绕组	4×1 320 kVA
额定电压	高压绕组	25 000 V
	牵引绕组	4×970 V
额定频率		50 Hz
变压器总质量		8 230 kg
冷却方式		ODAF（强迫导向油循环风冷）
冷却介质		矿物油（45# 变压器油）
网压范围		17.5～31 kV
恒功范围		22.5～29 kV

表 5-7　谐振电抗器基本参数

谐振电抗器电感值	0.27 mH
最高工作电压	2 700 V
额定电压	183 V
额定容量	198 kVA
额定电流	1 080 A
频率	100 Hz
绝缘等级	A
冷却方式	强迫油循环风冷（OFAF）

二、主变压器结构

（一）线圈

变压器绕组设计成为两柱、上下两组结构。牵引绕组（LV1，LV2，LV3，LV4）靠近铁心柱，上下两组布置，牵引绕组的设计采用多层技术。高压绕组位于绕组的外侧，是饼式绕组结构。所有的绕组均为防短路结构。变压器绕组如图 5-28 所示。

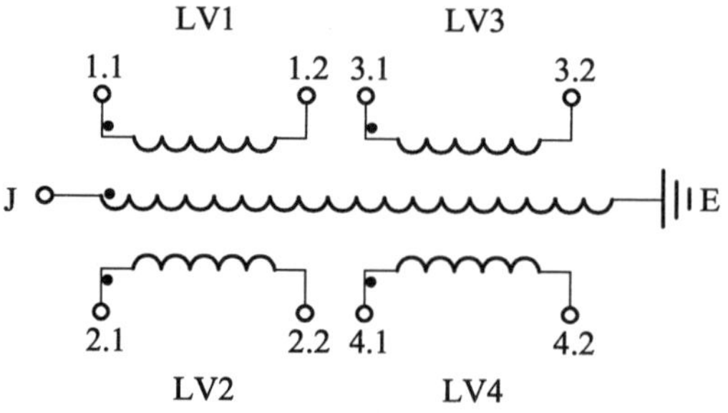

图 5-28　TBQ32-5280/25A 型主变压器绕组

绕组的预烘干防止了绝缘层的收缩，即使是延长了存放时间后，也能防止绕组的变形。绕组被牢固地夹紧，使得绕组即使在短路情况下也能承受轴向的收缩力。绕组绕制后经过压紧，然后经过特殊真空工艺烘干，以防止吸潮，增加机械强度。

所有的低压绕组线圈均由换位导线制成，高压线圈是由扁平矩形铜导线制成。绝缘材料为稳定的 104 绝缘纸。换位导线指一定根数的漆包铜扁线组合成宽面相互接触的两列，并按要求在两列漆包线的上面和下面沿窄面作同一转向的换位，并用电工绝缘纸带作多层连续紧密包绕组成，如图 5-29 所示。

（a）实物图

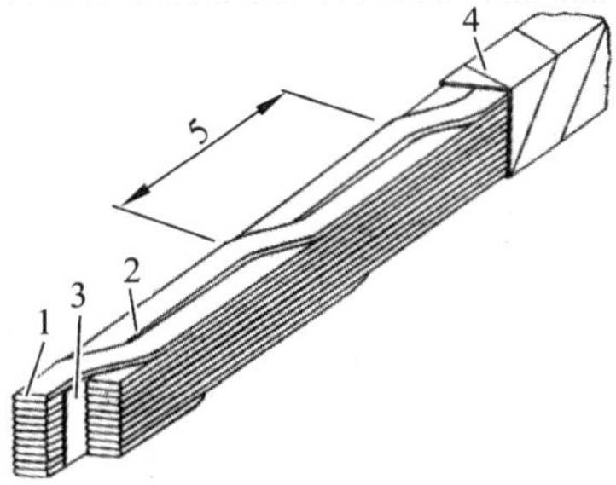

（b）示意图

图 5-29　换位导线

大型变压器的绕组采用换位导线，可以大幅降低负载损耗，降低绕组热点温升，提升绕组机械强度，使结构更加紧凑，并且线圈加工更加简便，故换位导线一经问世，就在大型变压器绕组设计和制造中得到了广泛应用。

（二）铁心

牵引变压器铁心的布置和设计是根据机车设备和牵引变流器的特殊要求进行的适应设计。铁心为单相型铁心，包括两个安装绕组的芯柱和两个磁轭。铁心的设计使得磁耗最小，保持低噪声等级。铁心是由具有抗高温度绝缘表面的冷扎晶粒取向变压器钢板制成。为降低铁耗、保持低噪声，叠成铁心的钢板应准确冲切，并精确叠装。

两个铁心柱通过铁轭连接，铁轭板是由通过绝缘非导磁螺栓夹紧支架紧固形成。夹紧结构和夹紧支架包括钢和绝缘材料的其他零件。

变压器中水平布置的器身具有良好的支撑，能承受横向和纵向的加速度冲击。为固定油箱的变压器器身部分，设置了定位销。

（三）油箱及箱盖

油箱设计承受变压器器身、两个电抗器和变压器油的重量。油箱安装在机车地板下。油箱箱盖通过螺栓与油箱体相连，两者之间用密封垫密封。油箱和油箱盖的材料均为钢板。要注意的是油箱不是真空密闭容器，最大允许过压为 0.4 bar（$1\ \text{bar} = 10^5\ \text{Pa}$）。

（四）接地

铁心、夹件、箱盖、油箱、谐振电抗器都可靠接地，避免局部高电位，减少局部放电和损耗的产生。

（五）防腐保护

（1）外部部分：油箱外部部分，如油箱壁、箱盖、油箱底、管道等都进行了表面打砂处理，然后涂油漆。

底漆：厚度不小于 40 μm；

油漆类型：云铁环氧；

底漆面漆：干膜厚度≥100 μm。

RAL7016 亚光煤灰色丙烯酸聚氨酯弹性漆，其光泽度为 50 ± 10（测试角度为 60°）。

（2）内部部分：油箱内部表面，夹件表面、冷却系统管内壁采用抗矿物油绝缘漆。该层油漆不能被破坏，否则油漆碎片可能会进入变压器油中。

（六）组成部件

变压器装备部件有：高压套管 1 个、高压绕组接地低压套管 1 个、低压绕组套管 8 个、谐振电抗器 2 个、谐振电抗器套管 4 个、45#变压器油、电阻温度计 1 个、油流继电器 1 个、软管连接到冷却塔的快速接头 1 个、注油阀 2 个、压力释放阀 1 个和油泵 1 个。其组成部件如图 5-30 所示。

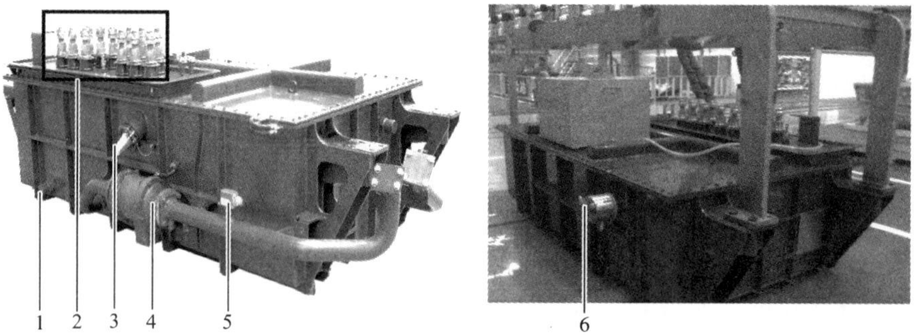

1—放油阀；2—低压绕组套管；3—高压套管；4—油泵；
5—油流继电器；6—压力释放阀。

图 5-30 TBQ32-5280/25A 型主变压器部件

1. 原边绕组出线端子（高压绕组，HV）

变压器高压连接采用电缆插接式连接，由插头和套管组成：套管（电路图和标牌上的端子 U）采用树脂浇注，高压绕组接地端子（电路图上端子 E）采用瓷套管。

2. 次边绕组出线端子（低压绕组）

低压牵引绕组端子采用瓷套管。

3. 谐振电抗器出线端子

两个谐振电抗器的端子采用瓷管。

4. 压力释放阀

压力释放阀的型号是 50T 型，其外形如图 5-31 所示。压力释放阀的作用是当变压器油箱内部因某种故障而使压力急剧增大、其压力达到标定值时，压力释放阀能迅速开启释放，从而防止变压器油箱破裂或爆炸。从压力释放阀排除的气体和油流排到车下，当恢复正常时，阀口关闭。压力释放阀动作时信号杆将弹起且不复位。

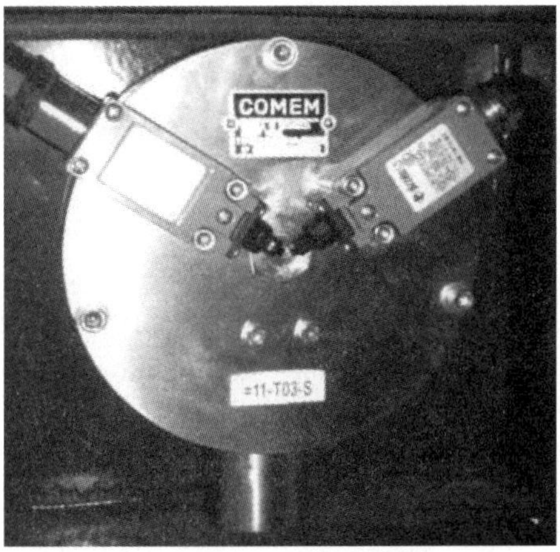

图 5-31 压力释放阀

压力释放阀性能参数：

开启压力……………………………………………………………70 kPa

关闭压力……………………………………………………………20 kPa

对压力释放阀以每秒 10 kPa 增压时，其打开速度小于 2 m/s。

5．电阻温度计

电阻温度计是用来测量变压器油箱内油温的。电阻温度计具有电接点，与机车计算机检测系统连接。计算机根据电阻温度计检测到的变压器油温来判断变压器的工作是否正常。

6．油流继电器

油流继电器的型号为 YJ-80AD，其外形如图 5-32 所示。其作用是检测油循环是否正常。

图 5-32 油流继电器

因油流作用于油流继电器的叶片上，从而使油流继电器的微动开关动作，显示油循环正常。在变压器投入运行时，如果油流停止，或油流反向，油流继电器的微动开关不会动作，此时，机车上的计算机检测系统则判断变压器油泵异常。当潜油泵正常运行时，油流继电器的常开接点闭合，可显示油流正常信号。如果油流继电器检测到无油循环，则机车断开主断路器，当变压器油温低于限值时，不检测油流。

7. 温度传感器

牵引变压器中设有 2 个 PT100 温度传感器，分别检测油箱顶部的油温。在油温超过 85 °C 后，牵引逆变器开始线性降低功率；当油温达到 90 °C 时，功率降低到额定功率的 70%。在油温超过 90 °C 后，牵引逆变器被锁止。当油温超过 95 °C 时，系统自动分断主断路器。牵引逆变器从油温 85 °C 开始低功率运行，直到油温低于 80 °C。然后牵引逆变器恢复到正常运行。

复习思考题 >>>

1. 机车主变压器有哪些特点？
2. 绘出 JQFP2-9006/25 型牵引变压器电气原理图，并标出各绕组名称、电压额定值。
3. 简述 JQFP2-9006/25 型牵引变压器基本结构。
4. 绘出 JQFP1-10160/25 型主变压器电气原理图，并标出各绕组名称、电压额定值。
5. 简述 JQFP1-10160/25 型主变压器基本结构。
6. 绘出 TBQ32-5280/25A 型主变压器电气原理图，并标出各绕组名称、电压额定值。
7. 简述 TBQ32-5280/25A 型主变压器基本结构。
8. 简述变压器绕组采用换位导线意义。

项目六　互感器

任务一　互感器基础知识

微课：互感器

在电流电压都比较高的线路中，直接测量高电压和大电流是比较困难和非常危险的，常用特殊的变压器按比例把高电压转换成标准低电压、大电流转换成标准小电流再进行测量。这种特殊的变压器称为互感器，起到变流变压和电气隔离的作用。使用互感器可以使测量仪表与高电压系统隔离从而保证人身和仪表安全；同时，可以扩大仪表的量限，便于仪表的标准化。

一、工作原理

互感器和变压器原理完全一样，如图 6-1 所示。电流互感器匝数少的原绕组与待测电路串联，匝数多的副绕组与电流表相连。当铁心未饱和时，互感器的电流比和电压比可以用下式来计算：

$$K_I = \frac{I_1}{I_2} \approx \frac{W_2}{W_1}\text{（一般电流互感器的 }I_2 = 5\text{ A）} \tag{6-1}$$

$$K_U = \frac{U_1}{U_2} \approx \frac{W_2}{W_1}\text{（一般电压互感器的 }U_2 = 100\text{ V）} \tag{6-2}$$

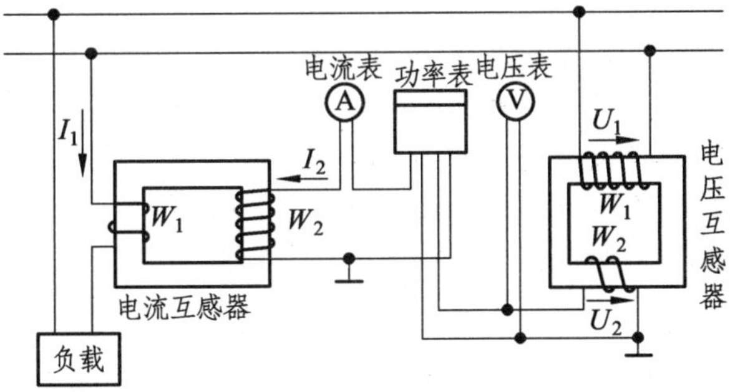

图 6-1　互感器作用原理示意图

由此可见，我们只需要 1 个考虑放大 K_I 或 K_U 倍值刻度的电流表或电压表同 1 个专用的电流互感器或电压互感器配套使用，即可直接读出大电流或高电压值，即

$$I_1 = K_I I_2 \tag{6-3}$$

$$U_1 = K_U U_2 \tag{6-4}$$

通常情况都会让运行中的电流互感器和电压互感器二次侧绕组接地，来防止互感器绝缘被击穿后高压通过互感器串入低压从而伤及仪表及人员。将互感器的二次侧一点接地，既不影响设备的正常运行，还保障人员和设备的安全。

二、机车应用

在电力机车上，为了起到测量和保护作用，使用了大量的互感器，表 6-1 所示是 HX_D3 和 HX_D3D 型电力机车互感器的应用情况。

表 6-1 HX_D3 和 HX_D3D 型电力机车互感器应用情况

序号	车型	名称	代号	型号	规格	位置
1	HX_D3	高压电压互感器	TV1	JDZXW2-25A	25 000 V/100 V	车顶
2	HX_D3	高压电流互感器	TA1	LMZBK-25	400 A/5 A	机械间
3	HX_D3D	高压电压互感器	TV1	JDZX18-25D	25 000 V/100 V	机械间
4	HX_D3D	高压电流互感器	TA1	LMZB-25C	400 A/5 A	机械间

任务二 JDZXW2-25A 型高压电压互感器

HX_D3 型电力机车采用 1 台 JDZXW2-25A 型高压电压互感器，如图 6-2 所示，连接在高压回路的高压隔离开关及主断路器之间，进行网压检测，其输出信号直接传给 TCMS，并为电度表提供电压信号。为户外全封闭式电压互感器，采用环氧树脂与硅橡胶复合绝缘支柱式结构，适用于户外交流 50 Hz 或 60 Hz，额定电压为 25 kV 的电力机车电网中作电压测量和继电保护使用。

JDZXW2-25A 型电压互感器外部护套和伞裙采用高温硅橡胶材料，具有良好的憎水性，极大地提高了污闪电压，能有效地防止污闪故障的发生；具有抗老化和耐漏电起痕性能，可以连续承受污闪电压；具有耐机械冲击能力强、质量轻、便于安装、不易损坏、维护周期长的特点。二次端采用聚碳酸酯防护盖板，便于观察二次接线情况及进行检修工作，二次端安装有便于更换的 6 A 保险丝来保护电压互感器。一次接地端采用接地片直接接在底板上。

一、技术参数

规格 ······ 25 000 V/100 V
准确级次 ······ 1 级
额定二次输出 ······ 30 VA
极限输出 ······ 400 VA

绝缘等级……………………………………………………………… E 级
额定绝缘水平……………………………………………… 30 kV/70 kV/170 kV
表面爬电距离…………………………………………………………… 1 100 mm
额定电压因数……………………………………………………… 1.5（30 s）
功率因数……………………………………………………… $\cos\varphi = 0.8$（滞后）
温升限值…………………………………………………………………… 75 K
质量………………………………………………………………………… 59 kg

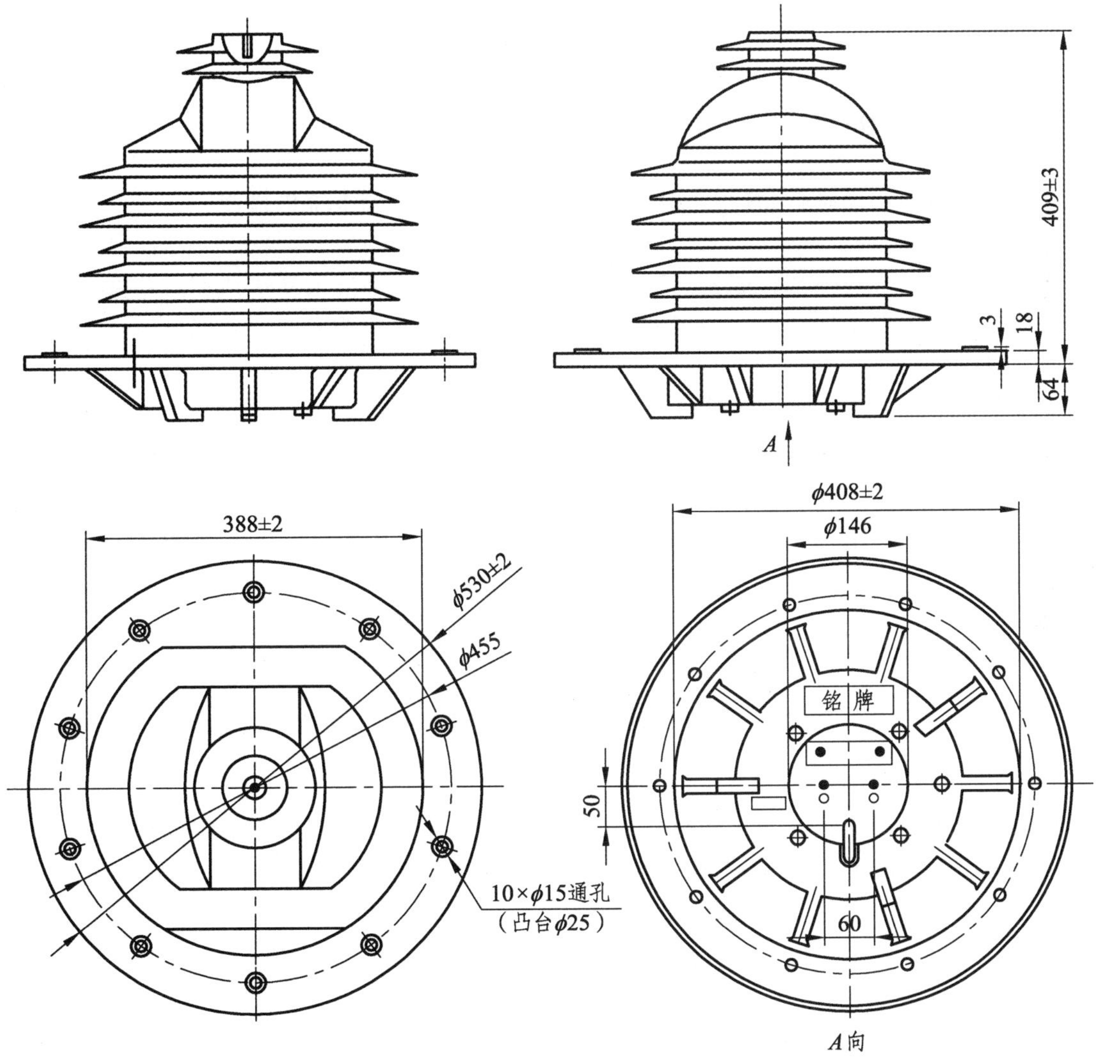

图 6-2　JDZXW2-25A 型高压电压互感器

二、接线原理

接线原理如图 6-3 所示。

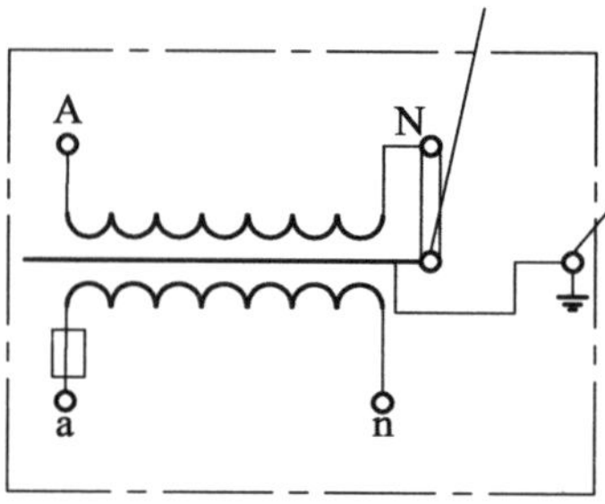

图 6-3 接线原理图

三、维护及检修

在正常运行时不需维护和检修。在机车检修期间，需做如下维护检修:

（1）外观检查。

检查外表面是否有损伤，如表面完好，可用洁净水或普通洗洁精清洁表面并擦拭干净，达到表面清洁、无积尘或污垢。切记不可用尖锐物体刮刺硅橡胶表面，也不得用强酸强碱等腐蚀剂擦拭。

（2）检查一次、二次引线连接件是否有松动及表面氧化接触不良现象，必要时紧固引线连接件，清除氧化层，涂抹导电膏，达到接线端子无氧化层，连接可靠；

（3）检查板是否有松动现象，必要时用专用工具重新紧固，达到安装牢固，运行时无松动。

（4）绝缘检测试验。绝缘电阻检测：一次绕组对二次绕组及地≥1 000 MΩ，二次绕组间及对地≥100 MΩ。

任务三 LMZBK-25 型高压电流互感器

LMZBK-25 型高压电流互感器为电力机车电网专用电流互感器，采用复合绝缘穿心对接式结构，适用于交流 50 Hz 或 60 Hz，额定电压为 25 kV 的电力机车内作计量或继电保护使用，如图 6-4 所示。

一、技术参数

额定电压……25 kV

额定一次电流……400 A

额定二次电流……A

额定二次输出……25 VA

准确级次……3 级

额定绝缘水平……0.5/3 kV

额定频率……………………………………………………………………50 Hz
准确等级…………………………………3 级（在 25%～100% 额定电流范围内）
负荷功率因数……………………………………………… $\cos\varphi = 0.8$（滞后）
铁心温升限值…………………………………………………………………50 K
质量……………………………………………………………………………35 kg
整体结构…………………………………………………………………穿心对接式

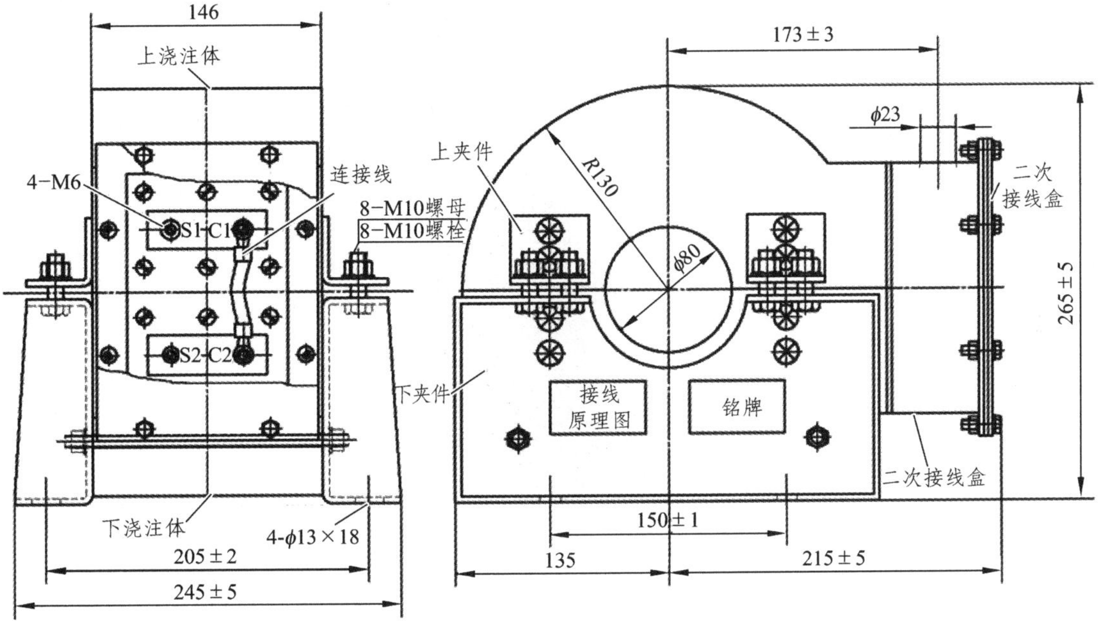

图 6-4　LMZBK-25 型高压电流互感器

二、接线原理

接线原理图如图 6-5 所示。

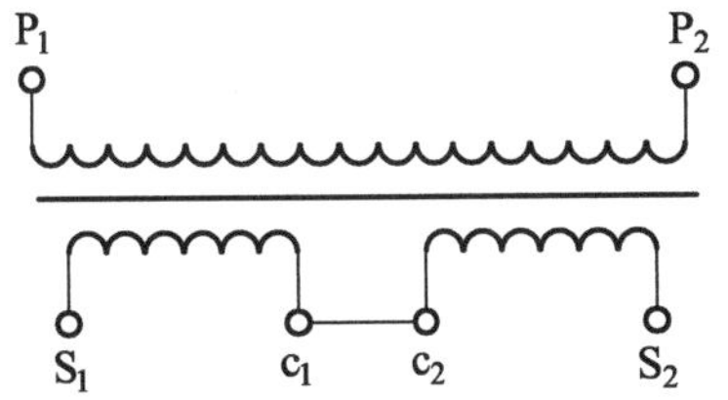

图 6-5　接线原理

三、维护及检修

正常运行时不需维护和检修。在机车检修期间，需做如下维护和检修：

（1）外观检查。

检查外表面是否有损伤，若表面完好，可用洁净水或普通洗洁精清洁表面并擦拭干净，达到表面清洁、无积尘或污垢。切记不可用尖锐物体刮刺硅橡胶表面，也不得用强酸强碱等腐蚀剂擦拭。

（2）检查二次引线连接件是否有松动及表面氧化接触不良现象，必要时对二次引线连接件进行紧固，清除氧化层，涂抹导电膏，达到接线端子无氧化层，保证连接可靠。

（3）检查紧固夹件及安装接线盒的螺钉是否有松动现象，并加以紧固。

任务四 JDZX18-25D 型高压电压互感器

JDZX18-25D 型高压电压互感器是户内全封闭式电压互感器为 160 km/h 客运电力机车配套使用，如图 6-6 所示。互感器采用户外环氧树脂（CW5837）浇注绝缘支柱式结构，适用于户内交流 50 ~ 60 Hz 额定电压为 25 kV 的电力机车电网中作电压测量或继电保护使用。具有耐机械冲击能力强、质量轻、便于安装、不易损坏、维护周期长的特点。JDZX18-25D 型高压电压互感器的尺寸如图 6-7 所示。

图 6-6 JDZX18-25D 型高压电压互感器

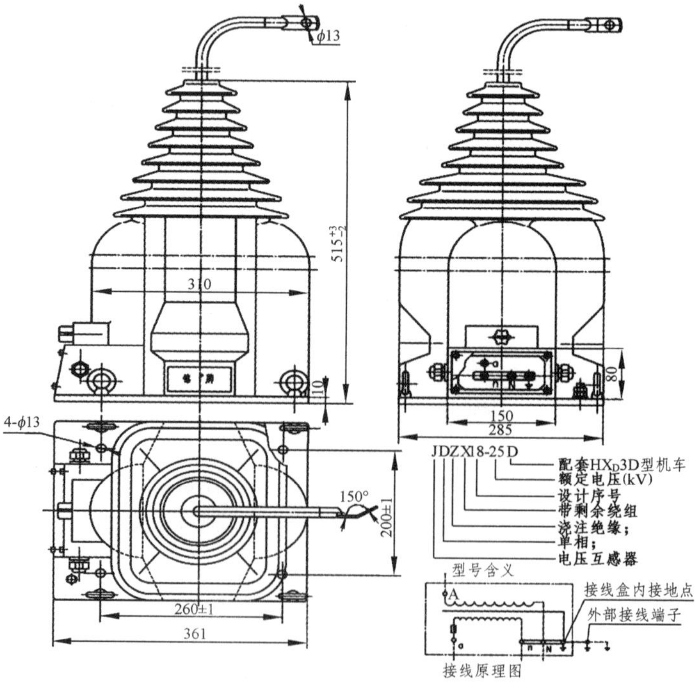

图 6-7 JDZX18-25D 型高压电压互感器尺寸

一、技术参数

变压比……25 000 V/100 V
最高工作电压……31 kV
额定工频耐受电压……85 kV
额定冲击耐受电压……200 kV
额定容量……30 VA
极限输出……400 VA
额定电压因数……1.9（8 h）
二次侧熔断器规格……$\phi 5\times 25$ mm/5 A
爬电距离……≥925 mm
电气间隙……≥408 mm
功率因数……$\cos\varphi = 0.8$（滞后）
绝缘等级……F 级
温升限值……100 K
精确等级……1 级
质量……61 kg

二、接线原理

JDZX18-25D 型高压电压互感器接线原理如图 6-8 所示。

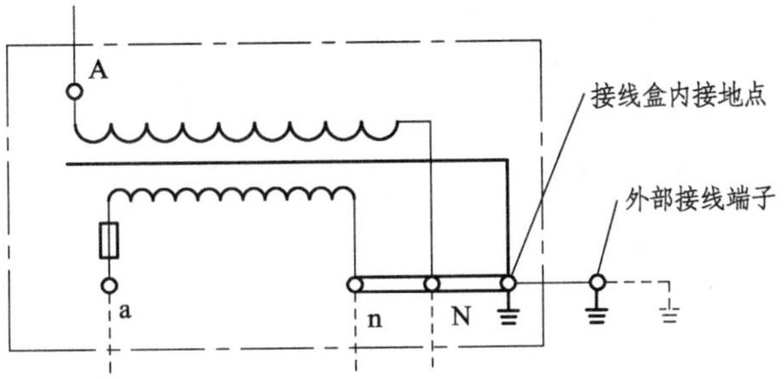

图 6-8　JDZX18-25D 型高压电压互感器接线原理

三、维护及检修

在正常运行时不需维护和检修，在机车检修期间，需做如下维护检修：

（1）外观检查表面是否有损伤，如表面完好，可用洁净水或普通洗洁净清洁表面并擦拭干净，达到表面清洁、无积尘或污垢。切记不可用尖锐物体刮刺表面，也不得用强酸强碱等腐蚀剂擦拭。

（2）检查紧固一次、二次引线连接件是否有松动及表面氧化接触不良现象，必要时清除氧化层，涂抹导电膏，达到接线端子无氧化层，连接可靠；检查二次熔断器相关紧固件是否已按要求紧固。

（3）检查安装板是否有松动现象，必要时用专用工具重新紧固，达到安装牢固，运行时无松动。

（4）绝缘电阻检测：一次绕组对二次绕组及地≥1 000 MΩ，二次绕组间及对地≥100 MΩ。

（5）工频耐压试验：一次绕组对二次绕组及地 3 000 V，1 min；二次绕组间及对地 3 000 V，1 min。

（6）感应耐压试验：采用 150 Hz 频率，从二次施加电压 340 V，一次绕组应感应到 85 kV 电压，耐压时间不少于 40 s。

任务五　LMZB-25C 型高压电流互感器

LMZB-25C 型高压电流互感器为电力机车高压侧专用电流互感器，其采用支柱穿心母线环氧树脂浇注绝缘式结构，适用于交流 50 Hz，额定电压为 25 kV 的 160 km/h 客运电力机车内高压侧作继电保护使用，如图 6-9 所示。其尺寸如图 6-10 所示。

图 6-9　LMZB-25C 型高压电流互感器

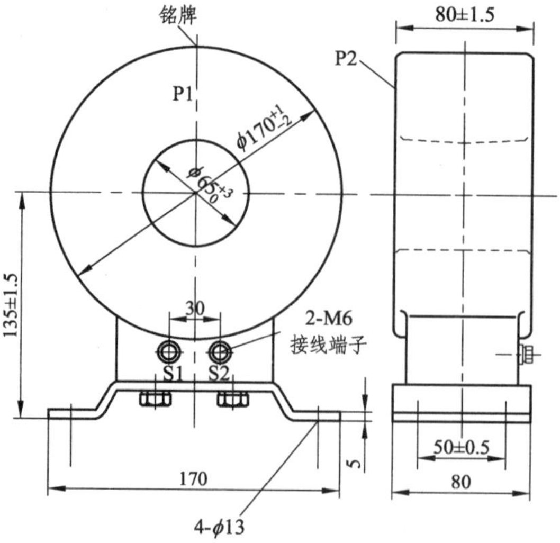

图 6-10　LMZB-25C 型高压电流互感器尺寸

一、技术参数

一次额定电压……………………………………………………………………25 kV
一次工作电压……………………………………………………… 17.5 ~ 31.5 kV
额定频率…………………………………………………………………………50 Hz
额定二次电流……………………………………………………………………5 A
变比………………………………………………………………………400 A/5 A
额定二次输出………………………………………………………………25 VA
额定绝缘水平……………………………………………………………0.5/3 kV
负荷功率因数……………………………………………… $\cos\varphi = 0.8$（滞后）。
铁心温升限值……………………………………………………………………50 K
准确等级……………………………………………………………………5P5 级
质量…………………………………………………………………………≤9 kg

二、维护及检修

在正常运行时不需维护和检修，在机车检修期间，需做如下维护和检修:

（1）外观检查表面是否有损伤，若表面完好，可用洁净水或普通洗洁净清洁表面并擦拭干净，达到表面清洁、无积尘或污垢。其表面不得用强酸强碱等腐蚀剂擦拭。

（2）检查紧固二次引线连接件是否有松动及表面氧化接触不良现象，必要时清除氧化层，涂抹导电膏，达到接线端子无氧化层，保证连接可靠。

（3）检查紧固夹件及安装接线盒的螺钉是否有松动现象，加以紧固。

复习思考题 >>>

1. 简述电压互感器和电流互感器的工作原理。
2. 绘出 JDZXW2-25A 型高压电压互感器接线原理图。
3. 简述 JDZXW2-25A 型高压电压互感器基本结构。
4. 绘出 LMZBK-25 型高压电流互感器接线原理图。
5. 简述 LMZBK-25 型高压电流互感器基本结构。
6. 绘出 JDZX18-25D 型高压电压互感器接线原理图。
7. 简述 JDZX18-25D 型高压电压互感器基本结构。
8. 绘出 LMZB-25C 型高压电流互感器接线原理图。
9. 简述 LMZB-25C 型高压电流互感器基本结构。

项目七 交流电机

微课：交流电机

交流电机是将交流电能和机械能相互转换的设备，可分为异步电机和同步电机两大类。在生产上主要用的是交流电动机，特别三相异步电动机，因为它具有结构简单、坚固耐用、运行可靠、价格低廉、维护方便等优点。它被广泛地用来驱动各种金属切削机床、起重机、锻压机、传送带、铸造机械、功率不大的通风机及水泵等。

任务一 三相交流异步电动机结构和铭牌

一、三相交流异步电动机基本结构

三相异步电动机的种类很多，但各类三相异步电动机的基本结构是相同的，它们都由定子和转子这两大基本部分组成，在定子和转子之间具有一定的气隙。此外，还有端盖、轴承、接线盒、吊环等其他附件，如图 7-1 所示。

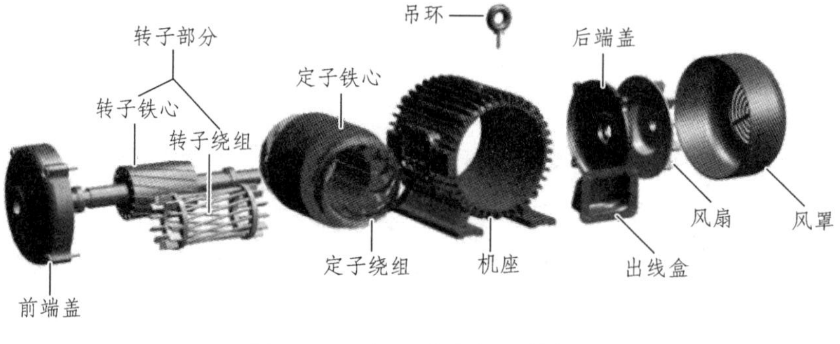

图 7-1 三相异步电机的结构

（一）定子

定子是用来产生旋转磁场的，一般由机座、定子铁心、定子绕组等部分组成。

1．机座

机座又称为机壳，铸铁或铸钢浇铸成型，它的作用是保护和固定三相电动机的定子绕组。中、小型三相电动机的机座还有两个端盖支承着转子，它是三相电动机机械结构的重要组成部分。通常，机座的外表要求散热性能好，所以一般都铸有散热片。

2．定子铁心

异步电动机定子铁心是电动机磁路的一部分，由 0.35 ~ 0.5 mm 厚且表面涂有绝缘漆的薄硅钢片叠压而成，如图 7-2 所示。由于硅钢片较薄而且片与片之间绝缘，所以减少了由于交变磁通通过而引起的铁心涡流损耗。铁心内圆有均匀分布的槽口，用来嵌放定子绕圈。

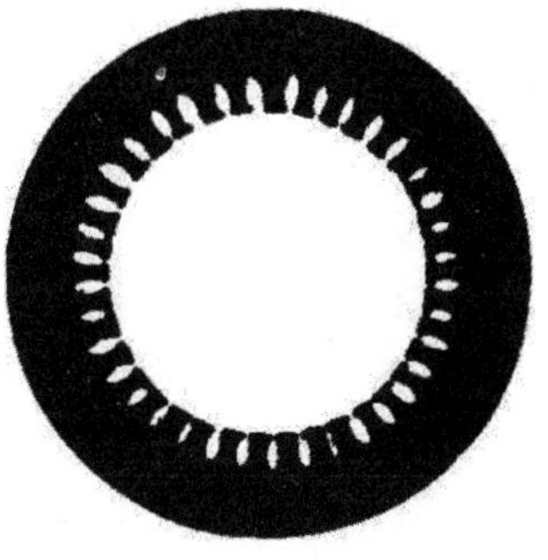

图 7-2　定子硅钢片

3．定子绕组

定子绕组是三相电动机的电路部分，三相电动机有三相绕组，通入三相对称电流时，就会产生旋转磁场。三相绕组由三个彼此独立的绕组组成，且每个绕组又由若干线圈连接而成。每个绕组即为一相，每个绕组在空间相差 120°。线圈由绝缘铜导线或绝缘铝导线绕制。中、小型三相电动机多采用圆漆包线，大、中型三相电动机的定子线圈则用较大截面的绝缘扁铜线或扁铝线绕制后，再按一定规律嵌入定子铁心槽内。例如，鼠笼式异步电动机定子三相绕组的 6 个出线端都引至接线盒上，首端分别标为 U1、V1、W1，末端分别标为 U2、V2、W2。这 6 个出线端在接线盒里的排列如图 7-3 所示，可以接成星形（Y）或三角形（△）。

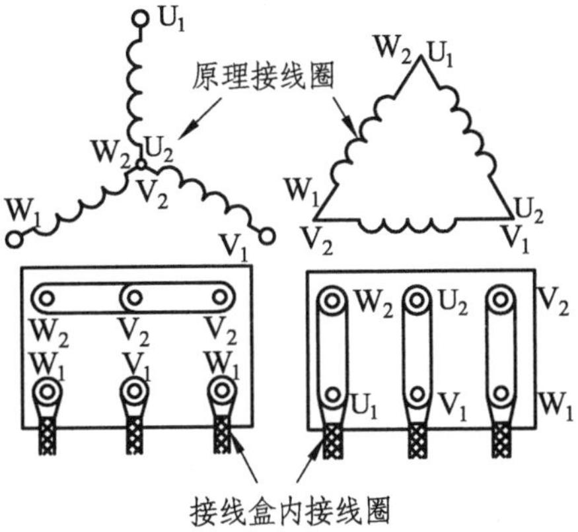

（a）星形连接　（b）三角形连接

图 7-3　三相鼠笼式异步电动机出线端

（二）转子

1．转子铁心

转子铁心由 0.5 mm 厚的硅钢片叠压而成，如图 7-4（a）所示。转子铁心套在转轴上，作用和定子铁心相同，一方面作为电动机磁路的一部分，另一方面用来安放转子绕组。

（a）转子的硅钢片　（b）鼠笼绕组　（c）铸铝转子

图 7-4　鼠笼式转子

2．转子绕组

异步电动机的转子绕组分为鼠笼形与绕线形两种，由此分为鼠笼形异步电动机与绕线转子异步电动机。

（1）鼠笼形绕组。

在转子铁心的每一个槽中插入一根铜条，在铜条两端各用一个铜环（称为端环）把导条连接起来，称为铜排转子，形似鼠笼，称为鼠笼式绕组，如图 7-4（b）所示。也可用铸铝的方法，把转子导条和端环风扇叶片用铝液一次浇铸而成，称为铸铝转子，如图 7-4（c）所示。100 kW 以下的异步电动机一般采用铸铝转子。

（2）绕线形绕组。

绕线形绕组与定子绕组一样也是一个三相绕组，一般接成星形，三相引出线分别接到转轴上的三个与转轴绝缘的集电环上，通过电刷装置与外电路相连，这就有可能在转子电路中串接电阻或电动势以改善电动机的运行性能，如图 7-5 所示。

其他部分包括端盖、风扇等。端盖除了起防护作用外，在端盖上还装有轴承，用以支撑转轴。风扇则用来通风冷却电动机。三相异步电动机的定子与转子之间的空气隙，一般仅为 0.2 ~ 1.5 mm。

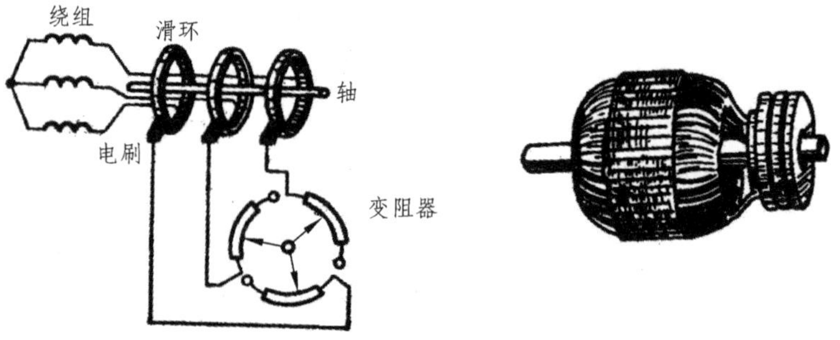

（a）绕线式转子与外加变阻器的连接　　（b）绕线式转子

图 7-5 绕线形绕组

二、三相异步电动机的铭牌

在三相电动机的外壳上有一铭牌，铭牌上注明这台三相电动机的主要技术数据，是选择、安装、使用和修理（包括重绕绕组）三相电动机的重要依据，Y132M-4 型三相异步电动机的铭牌如图 7-6 所示。

三相异步电动机		
型号 Y132M−4	功率 7.5 kW	频率 50 Hz
电压 380 V	电流 15.4 A	接法：△
转速 1440 r/min	绝缘等级 B	工作方式：连续
年 月XX电机厂		

图 7-6 三相异步电动机的铭牌

1．型号

为了适应不同用途和不同的工作环境需要，电动机制成不同的系列，每种系列用各种型号表示。例如 Y132M-4 电动机型号意义如下：

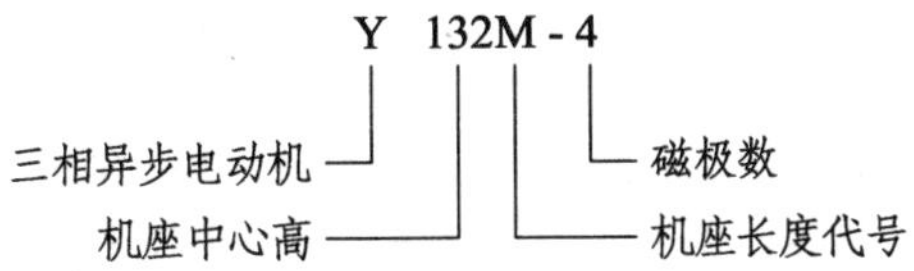

2．接法

铭牌数据中的接法是定子三相绕组的接法，有星形（Y）和三角形（△）两种接法。

3．额定功率 P_N

额定功率 P_N 是指在满载运行时三相电动机轴上所输出的额定机械功率，单位为 kW 或 W。

4．额定电压 U_N

额定电压 U_N 是指接到电动机绕组上的线电压。三相电动机要求所接的电源电压值的变动一般不应超过额定电压的 ± 5%。

5．额定电流 I_N

额定电流 I_N 是指三相电动机在额定电源电压下，输出额定功率时，流入定子绕组的线电流，用 I_N 表示。

6．额定频率 f_N

额定频率 f_N 是指加在电动机定子绕组上的允许频率。

7．额定转速 n_N

额定转速 n_N 是指三相电动机在额定工作情况下的转速。

8．绝缘等级

绝缘等级是指三相电动机所采用的绝缘材料允许的最高工作温度。三相电动机的绝缘等级和允许最高温度和温升如表 7-1 所示。

表 7-1　电动机允许最高温度、温升与绝缘耐热等级关系

绝缘耐热等级	A	E	B	F	H	C
允许最高温度/°C	105	120	130	155	180	180 以上
允许最高温升/°C	60	75	80	100	125	125 以上

9．工作方式

电动机的工作方式有 3 种：连续工作方式、短时工作方式、断续工作方式。

（1）连续工作方式。

连续工作状态是指电动机带额定负载运行时，运行时间很长，电动机的温升可以达到稳态温升的工作方式。

（2）短时工作方式。

短时工作状态是指电动机带额定负载运行时，运行时间很短，使电动机的温升达不到稳态温升；停机时间很长，使电动机的温升可以降到零的工作方式。

（3）断续工作方式。

周期断续工作状态是指电动机带额定负载运行时，运行时间很短，使电动机的温升达不到稳态温升；停止时间也很短，使电动机的温升降不到零，工作周期小于 10 min 的工作方式。

任务二 三相交流异步电动机原理及工作特性

为了说明三相异步电动机的工作原理，我们做如下演示实验，如图 7-7 所示。

当转动外面的磁极时，转子随磁极同方向转动。磁极转动得快，转子转得快。磁极反转，转子也反转。实验说明，三相异步电动机工作的关键是有旋转磁场。

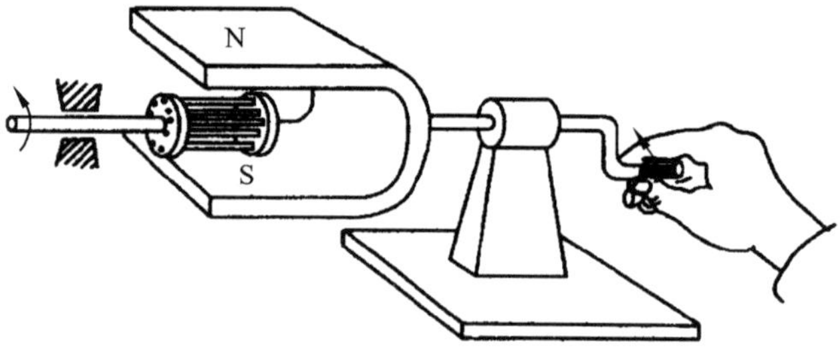

图 7-7 异步电动机转子转动实验

一、旋转磁场

1．产生

图 7-8 表示最简单的三相定子绕组 U_1U_2、V_1V_2、W_1W_2，它们在空间按互差 120° 的规律对称排列，并接成星形与三相电源 U、V、W 相连。三相定子绕组便通过三相对称电流为

$$\begin{cases} i_1 = I_m \sin \omega t \\ i_2 = I_m \sin(\omega t - 120°) \\ i_3 = I_m \sin(\omega t + 120°) \end{cases} \tag{7-1}$$

三相对称电流波形图如图 7-9 所示。随着电流在定子绕组中通过，在三相定子绕组中就会产生旋转磁场。

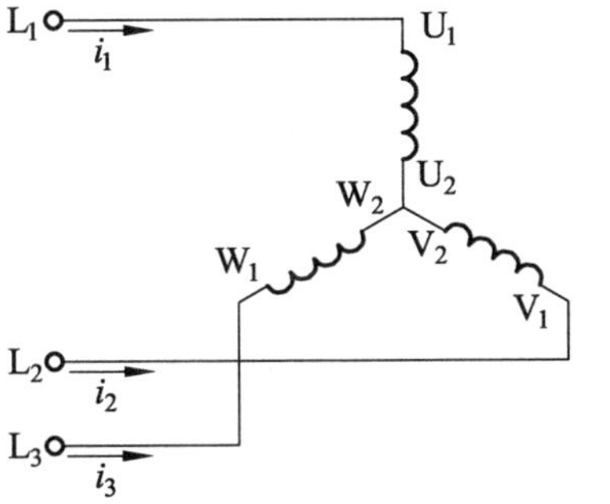

图 7-8　三相异步电动机定子绕组接线

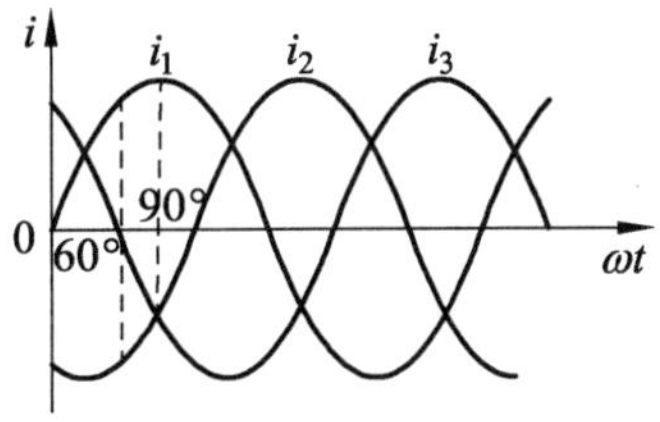

图 7-9　三相对称电流波形

（1）当 $\omega t=0$ 时刻，$i_1=0$，U_1U_2 绕组中无电流；i_2 为负，其方向为由 V_2 流入 V_1 流出；i_3 为正，其方向为由 W_1 流入 W_2 流出；且 i_2、i_3 电流大小相等，由右手螺旋定则可得合成磁场的方向如图 7-10（a）所示。

（2）当 $\omega t=60°$ 时刻，$i_3=0$，W_1W_2 绕组中无电流；i_1 为正，其方向为由 U_1 流入 U_2 流出；i_2 为负，其方向为由 V_2 流入 V_1 流出；由右手螺旋定则可得合成磁场的方向如图 7-10（b）所示。可以看出，三相电流的合成磁场沿顺时针方向旋转 60°。

（3）当 $\omega t=90°$ 时刻，i_1 为正，其方向为由 U_1 流入 U_2 流出；i_2 为负，绕组中的电流由 V_2 流入 V_1 流出；i_3 为负，绕组中的电流由 W_2 流入 W_1 流出，由右手螺旋定则可得合成磁场的方向如图 7-10（c）所示。三相电流的合成磁场沿顺时针方向又旋转 30°。

可见，随着定子绕组中三相对称电流的不断变化，所产生的合成磁场也在空间不断旋转，电流变化一周，合成磁场在空间旋转 360°，所以把定子绕组通过三相电流形成的合成磁场称为旋转磁场。

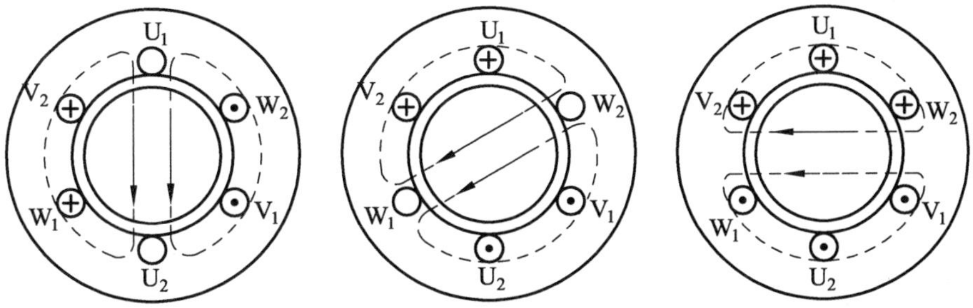

（a）$\omega t=0°$　（b）$\omega t=60°$　（c）$\omega t=90°$

图 7-10　旋转磁场的形成

2．旋转磁场的转向

旋转磁场的方向是由三相绕组中电流相序决定的，若想改变旋转磁场的方向，只要改变通入定子绕组的电流相序，即将三根电源线中的任意两根对调即可。这时，转子的旋转方向也跟着改变。

3．转旋转磁场速 n_0

三相异步电动机旋转磁场的转速 n_0 与电动机磁极对数 p 和三相电源的频率 f_1 有关，它们的关系为

$$n_0 = \frac{60 f_1}{p} \tag{7-2}$$

由式（7-2）可知，旋转磁场的转速 n_0 决定于电机电源频率 f_1 和磁场的极对数 p。旋转磁场的极对数 p 和三相绕组的安排有关。对某一异步电动机而言，f_1 和 p 通常是一定的，所以磁场转速 n_0 是个常数。

在我国，工频 $f_1 = 50$ Hz，因此对应于不同极对数 p 的旋转磁场转速 n_0，如表 7-2 所示。

表 7-2 不同极对数时的旋转磁场转速

p	1	2	3	4	5	6
n_0	3 000	1 500	1 000	750	600	500

二、电动机的转动原理

如图 7-11 所示，为三相异步电动机转子转动的简化原理图，N、S 表示两级旋转磁场，转子中只画出了两根导条作示意。设旋转磁场以 n_0 的转速顺时针旋转，则旋转磁场与静止的转子导条之间就存在相对运动，相当于转子导条切割磁力线，导条中就会产生感应电动势和电流，其方向可由右手定则确定。

通电的导条在旋转磁场中将会受到电磁力 F 的作用，电磁力的方向可由左手定则判断。电磁力作用到电动机的转轴上将会产生电磁转矩，从而带动转子以转速 n 旋转起来，其转动方向与旋转磁场的旋转方向相同。

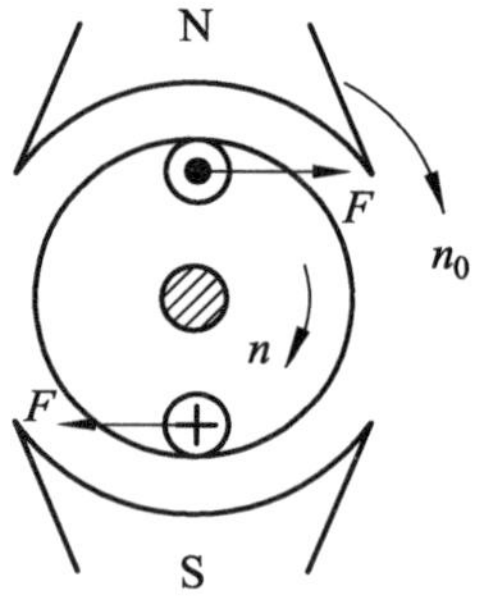

图 7-11 转子转动原理

三、转差率 s

电动机转子转动方向与磁场旋转的方向相同，但转子的转速 n 不可能达到与旋转磁场的转速 n_0 相等，否则转子与旋转磁场之间就没有相对运动，因而磁力线就不切割转子导体，转子电动势、转子电流以及转矩也就都不存在。也就是说旋转磁场与转子之间存在转速差，因此我们把这种电动机称为异步电动机，又因为这种电动机的转动原理是建立在电磁感应基础上的，故又称为感应电动机。

旋转磁场的转速 n_0 常称为同步转速。

转差率 s 用来表示转子转速 n 与磁场转速 n_0 相差的程度的物理量，即

$$s = \frac{n_0 - n}{n_0} = \frac{\Delta n}{n_0} \tag{7-3}$$

转差率是异步电动机的一个重要的物理量。

当旋转磁场以同步转速 n_0 开始旋转时，转子则因机械惯性尚未转动，转子的瞬间转速 $n = 0$，这时转差率 $s = 1$。转子转动起来之后，$n > 0$，（$n_0 - n$）差值减小，电动机的转差率 $s < 1$。如果转轴上的阻转矩加大，则转子转速 n，降低，即异步程度加大，才能产生足够大的感受

电动势和电流，产生足够大的电磁转矩，这时的转差率 s 增大。反之，s 减小。异步电动机运行时，转速与同步转速一般很接近，转差率很小。在额定工作状态下约为 0.015 ~ 0.06。

根据式（7-3），可以得到电动机的转速常用公式，即

$$n=(1-s)n_0 \tag{7-4}$$

例 7-1：有一台三相异步电动机，其额定转速 $n=975\ \text{r/min}$，电源频率 $f=50\ \text{Hz}$，求电动机的极数和额定负载时的转差率 s。

解：由于电动机的额定转速接近而略小于同步转速，而同步转速对应于不同的极对数有一系列固定的数值。显然，与 975 r/min 最相近的同步转速 $n_0=1\,000\ \text{r/min}$，与此相应的磁极对数 $p=3$。因此，额定负载时的转差率为

$$s=\frac{n_0-n}{n_0}\times100\%=\frac{1\,000-975}{1\,000}\times100\%=2.5\%$$

四、电磁转矩

通过分析，转子受电磁转矩作用转动起来。电磁转矩由转子电流 I_2 与每极磁通 $\boldsymbol{\Phi}$ 相互作用产生的。经过推导，电磁转矩为

$$T=K\frac{sR_2U_1^2}{R_2^2+(sX_{20})^2} \tag{7-5}$$

式中　K——电机常数；

R_2——转子每相绕组电阻；

U_1——定子每相电压；

X_{20}——启动瞬间转子感抗。

由（7-5）可知，K、R_2、X_{20} 一般情况下为常数，转子转矩 T 与每相电压 U_1 的平方成正比，所以，电源电压变动时，对转矩的影响很大。

五、机械特性

当电源电压 U_1、频率 f_1 及电动机结构一定（R_2 和 X_{20} 为常量）时，电磁转矩 T 只与转差率 s 有关，其关系曲线 $T=f(s)$ 称为电动机的转矩特性曲线，如图 7-12（a）所示。而在异步电动机中，转速 $n=(1-s)n_0$，为了符合习惯画法，可将曲线换成转速与转矩之间的关系曲线，即称为异步电动机的机械特性，如图 7-12（b）所示。

电动机在实际等速运行时，电磁转矩 T 与机械负载转矩 T_2 和机械损耗转矩 T_0 相等，且 T_0 很小，有 $T=T_2$，电动机转轴上实际工作时输出功率 $P_2=T\omega$，经推导得

$$T=9\,550\frac{P_2}{n} \tag{7-6}$$

式中，P_2 的单位为 kW；转速的单位为 r/min。

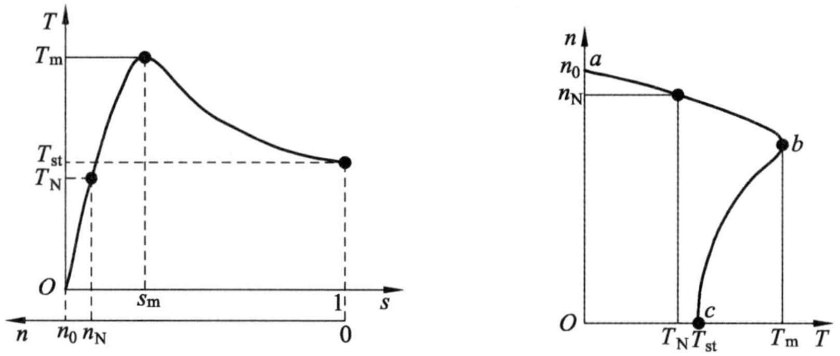

（a）转矩特性曲线 （b）机械特性曲线

图 7-12 特性曲线

（一）3 个重要转矩

在机械特性曲线中，有 3 个重要的转矩，分别为额定转矩、最大转矩和启动转矩。介绍如下：

1．额定转矩 T_N

额定转矩是指电动机带动额定负载时产生的转矩。根据电动机铭牌上的额定功率和额定转速，由下式可计算额定转矩，即

$$T_N = 9\,550\frac{P_N}{n_N} \tag{7-7}$$

式中，P_N 为电动机的额定功率，单位为 kW；n_N 为额定转速，单位为 r/min。额定转矩单位为 N · m。

2．最大转矩 T_m

最大转矩 T_m 是指三相异步电动机所产生的最大电磁转矩，如图 7-12（b）所示曲线的 b 点，其大小与电压的平方成正比。当负载转矩超过最大转矩时，电动机将因带不动负载而发生停车，这种现象称为堵转。电机堵转时，其定子绕组仍接在电源上，转子却静止不动，这时定子及转子中的电流将会立即增大到额定值的 6 ~ 7 倍，若不及时切断电源，电动机将迅速过热，以致烧损。

如果负载转矩只是段时间接近最大转矩而使电动机过载，电动机不会立即过热，这是允许的。因此，最大转矩也表示电动机短时允许过载的能力，常用过载系数 λ_m 来表示。过载系数 λ_m 是指电动机的最大转矩 T_m 与额定转矩 T_N 之比，即

$$\lambda_m = \frac{T_m}{T_N} \tag{7-8}$$

一般三相异步电动机的过载系数为 1.8 ~ 2.2。在实际使用当中，电动机的最大转矩大于可能出现的最大负载转矩，因此，过载系数是选择电动机的依据。

3．启动转矩 T_{st}

启动转矩 T_{st} 是指电动机接通电源的瞬间（$n=0$, $s=1$）电动机的电磁转矩，如图 7-12（b）所示曲线的 c 点。启动转矩只有大于负载转矩，电动机才能启动。通常用启动转矩 T_{st} 与额定转矩 T_N 之比来表示电动机的启动能力，称为启动系数 λ_s，即

$$\lambda_s = \frac{T_{st}}{T_N} \tag{7-9}$$

Y 系列异步电动机的启动能力较大，一般为 1.7 ~ 2.2。

（二）电动机的运行分析

如图 7-13 所示，电动机的机械特性曲线分为两个区段，ab 段和 bc 段。电动机只能在 ab 段稳定运行，在 bc 段不能稳定运行。

电动机接通电源后，只要启动转矩大于负载转矩，转子便能启动旋转。电磁转矩 T 开始沿着 bc 段随转速 n 的升高而不断增大，一直到临界点 b，此时，电磁转矩 T 等于最大转矩 T_m。经过 b 点进入 ab 段后，T 随 n 的升高而减小，直到电磁转矩和阻转矩 T_2 相等，电动机以转速 n 稳定运行。

若由于某种原因使负载转矩增大到 T_2'，在最初瞬间电动机的转矩 $T < T_2'$，电动机的转速将下降，如图 7-12（a）所示，随着转速的下降，电动机的转矩增大，当转矩增加到和负载转矩相等时，电动机达到新的稳定状态。

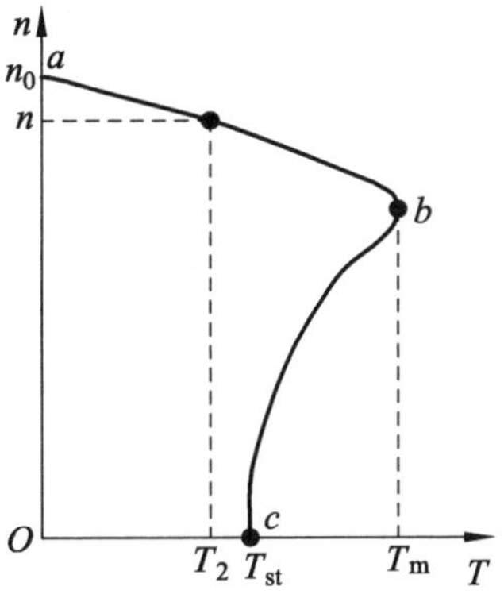

图 7-13　电动机的运行分析

由此可见，在机械特性曲线的 ab 段，当负载转矩发生变化时，电动机能自动调节转矩以适应其变化，从而保持稳定运行状态，ab 段称为稳定运行区。由于 ab 段比较平坦，转矩变化时转速变化很小，这种特性为硬特性。

如果负载转矩由于某一原因突然增大，超过了电动机的最大转矩，电动机转速下降到达了 bc 段，在 bc 段，随着转速的下降，电动机的转矩会进一步下降，最后变为 0。因此在 bc 段电动机无法稳定运行。

任务三　三相异步电机基本工作原理

上一任务分析了三相交流异步电动机的原理，三相交流异步电动机既可以作为电动机使用，也可以作为发电机使用，这一节我们分析异步电机的运行情况。

如图 7-14（a）所示，当三相异步电机定子绕组接到三相电源上时，定子绕组通过三相对称电流，在气隙产生旋转磁场，以同步转速 n_0 在旋转；转子绕组自成闭合回路，转速为 n，当异步电机的负载发生变化时，转子的转差率随之变化，使得转子导体的电势、电流和电磁转矩发生相应的变化，因此异步电机转速随负载的变化而变动。按转差率正负、大小，异步电机可分为电动机、发电机、电磁制动 3 种运行状态。

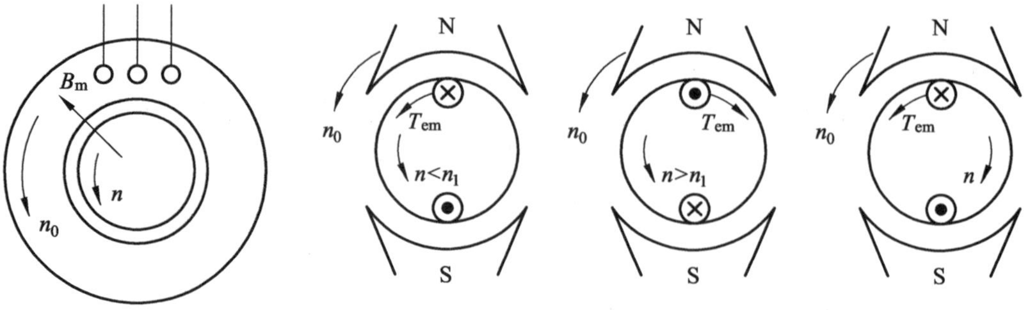

（a）示意图　（b）电动机运行　（c）发电机运行　（d）制动运行

图 7-14　三相异步电机的工作原理

一、电动机状态

当$0<n<n_0$，即$0<s<1$，如图 7-14（b）所示，转子中导体以与 n 相反方向作切割磁感线，由上一任务我们知道，电机作为电动机运行，转子产生的电磁转矩拖动转子带的负载旋转，从轴上输出机械功率，该电机从电网吸收有功功率。

二、发电机状态

用原动机拖动异步电机，使其转速高于旋转磁场的同步转速，即$n>n_0$，$s<0$，如图 7-14（c）所示。转子上导体切割旋转磁场的方向与电动机状态时相反，从而导体上感应电动势、电流的方向与电动机状态相反，电磁转矩的方向与转子转向相反，电磁转矩为制动性质。此时，异步电动机由转轴从原动机输入机械功率，克服电磁转矩，通过电磁感应由定子向电网输送功率。

三、电磁制动状态

由于机械负载或其他外因，转子逆着旋转磁场反方向旋$n<0$，$s>1$，如图 7-14（d）所示，此时转子导体中的感应电动势、电流与电动机状态相同。但由于转子转向与旋转磁场方向相反，电磁转矩表现为制动转矩，此时电动机运行于电磁制动状态，即由转轴从原动机输入机械功率的同时又从电网吸收电功率（因电流与电动机状态同方向），两者都变成了电机内部的损耗。

任务四　三相异步电动机的启动、调速和制动

三相异步电动机启动时与直流电动机一样，启动电流大，对电源有较大的冲击，因此容量较大的电动机不允许直接启动。需要在三相异步电动机的各种启动方法中选择一种对电源、对负载最合适的方法。异步电动机驱动的生产机械，也经常要改变运动方向，如电梯的上下、刨床的来回运动，这就需要电动机能快速地正反转。某些生产机械除了需要电动机提供驱动

力矩外，还要异步电动机在必要时，提供制动力矩，以便迅速反转、停车或限制转速，例如起重机下放重物时、机床反向运动开始时，都需要电动机进行制动。因此掌握三相异步电动机启动、反转和制动的知识及技能，对电气技术人员是很重要的。

一、三相异步电动机的启动

异步电动机接入三相电源后，如果电磁转矩 T 大于负载转矩 T_{st}，电动机就可以从静止状态过渡到稳定运转状态，这个过程叫作启动。

电动机启动时由于旋转磁场对静止的转子相对运动速度很大，转子导体切割磁力线的速度也很快，所以电动机的启动电流很大，一般为额定电流的 5 ~ 7 倍。由于启动后转子的速度不断增加，所以电流将迅速下降。若电动机启动不频繁，则短时间的启动过程对电动机本身的影响并不大。但当电网的容量较小时，这么大的启动电流会使电网电压显著降低，从而影响电网上其他设备的正常工作。另外，电动机的启动转矩 T_2 对启动过程也有一定的影响，若启动转矩太小，即使电动机能够启动，加速也必然较慢，启动时间较长。考虑到上述原因，必须根据具体的情况选择不同的启动方法。

三相异步电动机的启动方法与电动机转子的结构有关。异步电动机的转子有笼型和绕线型两种结构形式，这两种结构的电动机启动方法有所不同。

（一）笼型转子异步电动机的启动方法

1. 直接启动

直接启动，就是利用刀开关或接触器将电动机定子绕组直接接到额定工作电压上的启动方式，故又叫作全压启动，这是异步电动机最简单最常用的启动方式，一般电动机容量在 14 kW 以下，并且小于供电变压器容量的 20% 时，可采用这种启动方式。

2. 降压启动

笼型电动机若直接启动时电流太大，为了降低启动电流，则在空载或轻载的情况下，可采用降压启动。所谓降压启动，就是在启动时降低加在电动机定子绕组上的电压，待电动机转速升高到接近额定值时，再将电源恢复到额定值，转入正常运行的方法。由于降压启动同时也减小了电动机的启动转矩，所以这种方法只适用于对启动转矩要求不高的生产机械。下面介绍两种常用的降压启动方法。

（1）星形-三角形降压启动。

若电动机在正常工作时其定子绕组是联结成三角形的，那么在启动时可以将定子绕组联结成星形，通电后电动机运转，当转速升高到接近额定转速时再换接成三角形联结。根据三相交流电路的理论，用星形-三角形换接启动可以使电动机的启动电流降低到全压启动时的 1/3。但要引起注意的是，由于电动机的启动转矩与电压的平方成正比，所以，用星形-三角形换接启动时电动机的启动转矩也是直接启动时的 1/3。这种启动方法适合于电动机正常运行时定子绕组为三角形联结的空载或轻载启动。其接线原理线路如图 7-15 所示。

（2）自耦变压器降压启动。

对于有些三相异步电动机来说，在正常运转时要求其转子绕组必须接成星形，这样一来就不能采用星形-三角形换接启动方式，我们可以用三相自耦变压器将电动机在启动过程中的端电压降低，同样达到减小启动电流的作用。自耦变压器降压启动是利用自耦变压器将电网电压降低后再加到电动机定子绕组上，待转速接近稳定值时，再将电动机直接接到电网上。原理图如图 7-16 所示。自耦变压器备有 40%、60%、80% 等多种抽头，使用时可根据电动机启动转矩的要求具体选择。

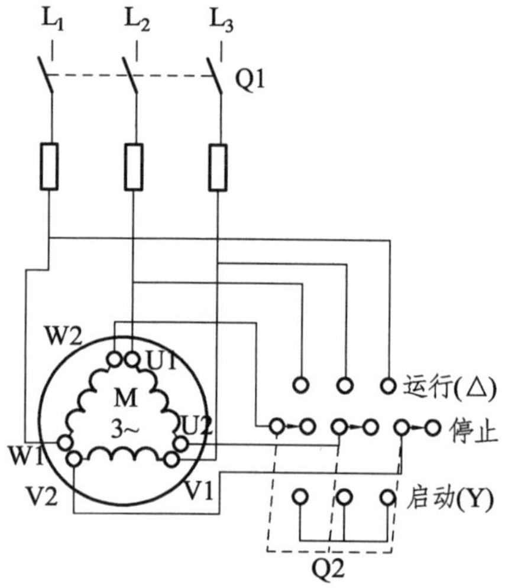

图 7-15 星形-三角形降压启动原理

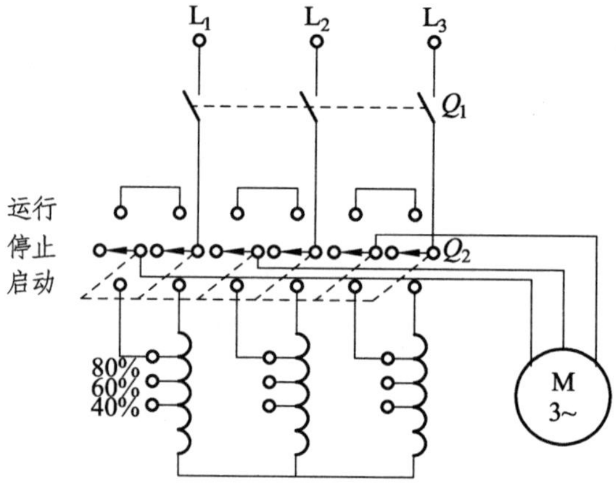

图 7-16 自耦变压器降压启动原理

（二）绕线型转子异步电动机的启动方法

对于笼型异步电动机，无论采用哪一种降压启动方法来减小启动电流，电动机的启动转矩都随着减小。所以，对某些重载下启动的生产机械，如起重机、带运输机等，不仅要限制启动电流，而且还要求有足够大的启动转矩。在这种情况下就基本上排除采用笼型转子异步电动机的可能性，而采用启动性能较好的绕线式异步电动机。通常绕线转子异步电动机用转子电路串接电阻或串接频敏变阻器的方法实现启动。

1. 转子电路串接启动电阻器

绕线转子异步电动机的转子回路串入适当的电阻，既可降低启动电流，又可提高启动转矩；改善电动机的启动性能。其原理图如图 7-17 所示。

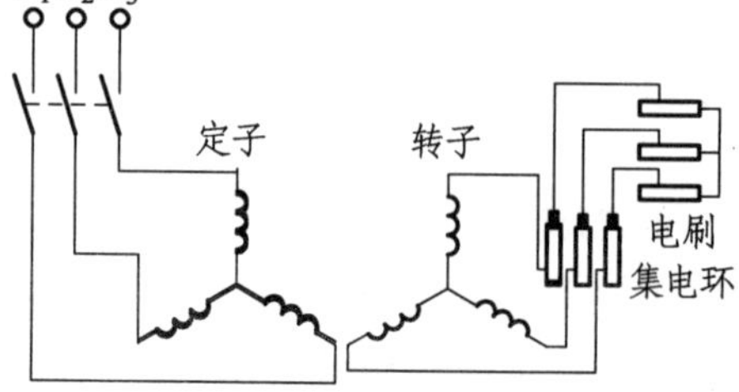

图 7-17 绕线转子异步电动机串电阻启动

绕线转子异步电动机不仅能在转子回路串入电阻减小启动电流，增大启动转矩，而且还可以在小范围内进行调速，因此，广泛地应用于启动较困难的机械（如起重吊车、卷扬机等）上。但它在结构上比笼型异步电动机复杂，造价高，效率也稍低。在启动过程中，当切除电阻时，转矩突然增大，会在机械部件上产生冲击。当电动机容量较大时，转子电流很大，启动设备也将变得庞大，操作和维护工作量大。为了克服这些缺点，目前多采用频敏变阻器作为启动电阻。

2. 转子串接频敏变阻器

频敏变阻器是一个三相铁心绕组（三相绕组接成星形），铁心一般做成三柱式，由几片或十几片较厚（30 ~ 50 mm）的 E 形钢板或铁板叠装制成。

电动机启动时，转子绕组中的三相交流电通过频敏变阻器，在铁心中便产生交变磁通，该磁通在铁心中产生很强的涡流，使铁心发热，产生涡流损耗，频敏变阻器线圈的等效电阻随着频率的增大而增加，由于涡流损耗与频率的平方成正比，当电动机启动时（$s=1$），转子电流（即频敏变阻器线圈中通过的电流）频率最高（$f_2=f_1$），因此频敏变阻器的电阻和感抗最大。启动后，随着转子转速的逐渐升高，转子电流频率（$f_2<f_1$）便逐渐降低，于是频敏变阻器铁心中的涡流损耗及等效电阻也随之减小。实际上频敏变阻器就相当于一个电抗器，它的电阻是随交变电流的频率而变化的，故称为频敏变阻器，它正好满足绕线转子异步电动机启动的要求。

敏变阻器是一种静止的无触点变阻器，它具有结构简单、启动平滑、运行可靠、成本低廉、维护方便等优点。

二、三相异步电动机调速

根据三相异步电动机的转速公式，即

$$n=(1-s)n_0=(1-s)\frac{60f_1}{p} \qquad (7\text{-}10)$$

可得交流电动机的 3 种调速的方法：① 改变供电频率 f_1；② 改变电动机的磁极对数 p；③ 改变转差率 s。从调速的本质来看，不同的调速方式无非是改变交流电动机的同步转速 n_0 或不改变同步转速 n_0 两种。

具体来讲，三相异步电动机的调速主要有以下 3 种方法：

1. 变频调速方法

变频调速是用改变电动机定子电源的频率 f，从而改变电动机同步转速的调速方法。其调速系统主要设备是变频器，变频器可分成交-直-交变频器和交-交变频器两大类，目前国内大都使用交-直-交变频器。

2. 变极调速方法

变极调速方法是用改变定子绕组的接线方式来改变笼型电动机定子极对数达到调速目的。

变极调速的特点如下：具有较硬的机械特性，稳定性良好；无转差损耗，效率高；接线简单、控制方便、价格低；但属于有级调速，级差较大。本方法适用于自动化程度要求不高，不需要无级调速的生产机械，如金属切削机床、升降机、风机等。

3．改变转差率调速

在绕线式转子异步电动机转子电路中接入调速电阻，通过改变电阻值来改变转差率 s。此方法设备简单，控制方便，但转差功率以发热的形式消耗在电阻上，损耗较大，属于有级调速，调速范围有限，机械特性较软。主要应用于小型电动机调速中，例如起重机的提升设备。

三、三相异步电动机的制动

所谓制动是指电动机产生的电磁转矩和转子的旋转方向相反。和直流电动机一样，异步电动机在拖动生产机械时也有制动要求，如起重机把重物下降时，电力机车下坡时就需要制动。具体来说，异步电动机的制动方法主要有以下 3 种方法：

1．反接制动

反接制动是指异步电动机作电磁制动状态运行时的制动，由于这时转子的转向与定子旋转磁场的转向相反，故称为反接制动。当转速接近于零时，应及时切断电源，否则电动机将会反转。

反接制动制动迅速、简单，但能量消耗大，对电源及电动机的冲击很大。

2．能耗制动

将正在运行中的异步电动机的定子绕组从电网断开，而接到一个直流电源上，由直流电流励磁而在气隙中建立一个静止磁场，如图 7-18 所示。于是从正在旋转的转子上来看此磁场将是向后旋转的，因此，由它在转子中产生的感应电流所产生的电磁转矩方向应为向后转，即对转子起制动作用。这时转子的动能全部消耗于转子的铜耗和铁耗中，故称为能耗制动。

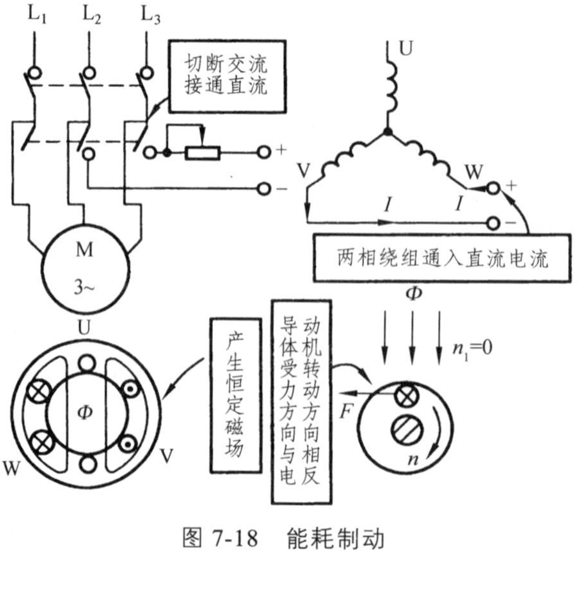

图 7-18 能耗制动

能耗制动的能量消耗小，制动平稳，无冲击，但需要直流电源。

3．回馈制动

当电机做电动机运行时，如果由于外来因素，使转子转速高于其旋转磁场转速（即同步转速），则电机进入回馈制动状态（亦称为发电机制动）。如图 7-19 所示，起重机放下重物时，如果仍按电动机状态运行，即转子转向和定子旋转磁场转向相同，则在电动机的电磁转矩和重物的重力产生的转矩双重作用下，重物以越来越快的速度下降，当转子转速由于重力的作用超过同步转速电机就进入发电机制动状态运行，电磁转矩方向开始转变，一直到电磁转矩与重力转矩平衡时，转子转速以及重物下降速度才稳定不变，使重物恒速下降。

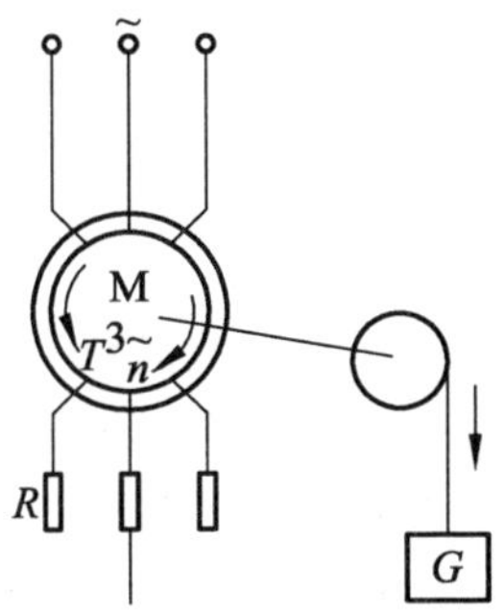

图 7-19　回馈制动

复习思考题 >>>

1. 简述三相交流异步电动机的结构。
2. 什么是旋转磁场？写出转速计算公式。
3. 简述异步电动机的转动原理。
4. 什么是转差率？写出转差率的计算公式。
5. 三相交流异步电动机有什么机械特性？并绘出机械特性曲线。
6. 简述三相交流异步电机三个重要转矩。
7. 简述三相异步电动机运行分析。
8. 三相异步电机有哪三种运行状态？
9. 三相异步电机有哪些调速方法？
10. 三相异步电机制动有哪些方法？

项目八 三相交流异步牵引电机

微课：三相交流异步牵引电机

21 世纪之前，国内机车牵引电机主要采用直流电机。随着电力电子技术的发展，三相交流异步牵引电机在控制系统的支撑下具有了与直流电机媲美的调速特性，三相交流异步牵引电机还有比直流电机体积小、功率大、效率高、恒功范围宽、维护量小等优点，因此世界各国都在推广三相交流异步牵引电机的运用。20 世纪后期，西门子、庞巴迪、三菱重工等国际大公司已广泛采用其作为铁路机车的牵引动力。进入 21 世纪，我国采用引进国际大公司异步传动技术的方式，开始大力推广三相交流异步牵引电机的运用。

任务一 典型的三相交流异步牵引电机

三相交流异步牵引电机是机车的重要部件之一，它安装在转向架上，通过齿轮与轮对相连。机车在牵引运行状态时，牵引电机将电能转换为机械能，通过轮对驱动机车运行。当机车在电气制动状态运行时，牵引电机将机械能转换为电能，产生机车的制动力，此时电机处于发电状态。

牵引电机的工作条件十分恶劣：负载变化大，冲击和振动严重，受恶劣的风沙、雨雪气候及酸碱性气体影响，侵蚀严重；由逆变器供电，电流中含有大量的谐波成分，使得电机发热更厉害，对温升的要求苛刻。对于交流变频调速异步牵引电机来说，还有一个特殊之处，就是要在 PWM 波调制的、含有大量谐波和尖峰脉冲的、非纯正正弦波电源供电下工作。

机车在运行中，牵引电机要在启动、爬坡这样的大电流状态下运行；要在平直道上轻载高速状态下运行；要在过弯道、过道岔这样的冲击和振动状态下运行；还要能适应沿海多雨潮湿、内地干燥风沙的环境，这些均要求牵引电机整体性能和稳定性过硬。

电力机车上使用的三相交流异步牵引电机型号众多，本项目着重介绍 HX_D3 型电力机车使用的 YJ85A 三相交流异步牵引电动机，HX_D3B 型电力机车使用的 Mitrac TM3800 F 型三相交流异步牵引电动机，HX_D3D 型电力机车使用的 YJ217A 型三相交流异步牵引电动机和 HX_D1 型电力机车使用的 JD160 型三相交流异步牵引电动机。

一、三相交流异步牵引电机的特点

目前，国内和世界上许多国家制造出了三相交流异步牵引电机驱动的机车，随着技术的不断进步，交流传动逐渐取代直流传动，这是因为交流电机和直流电机相比有如下优点：

（1）结构简单，造价低廉。交流电动机没有换向器，不存在换向器的圆周速度限制，也不像直流电机那样受电抗电势及片间电压的限制，因而交流电机的转速可以设计得比相同功率的直流电机转速更高。在相同功率下，异步电动机与直流电动机相比，其质量比为 1／1.6，造价更为低廉。

（2）故障率低，运行可靠，维护工作量小。交流电动机无须检查换向器和更换电刷，因此，电机故障率极低，特别是鼠笼型异步电机转子无绝缘，除轴承外，几乎不作经常的维护，所以维护工作量也少。

（3）交流电机在高速运行时不存在电抗电势限制的问题，因而能发挥较大的额定功率，甚至能以额定功率运行。异步电动机的特性硬，有自然防空转的性能，使黏着利用提高。

（4）在机车上可以节省若干电器，并有利于实现自动控制。三相交流电动机的转向改变，不需要变换机车主电路，仅需通过控制系统改变变频器任意两相的触发脉冲顺序即可实现。

除此之外，三相异步电机可以做到功率大、体积小。

虽然交流电机与直流电机相比有许多优点，但是交流电机的调速还是比较困难的，但随着大功率的变频器的出现，交流电动机在大功率干线机车和高速动车上的应用，发挥了其优越的牵引性能，将逐步取代换向器式牵引电机。

二、三相交流异步牵引电机基本原理

牵引电机定子通上三相交流电后，在气隙中产生旋转的磁场，该磁场切割转子导条后在转子导条中产生感应电流，带电的转子导条处于气隙旋转磁场中产生电动力，使转子朝定子旋转磁场的同一方向旋转。由于转子导条中的电流是因转子导条切割由定子绕组产生的气隙磁场才感应产生的，所以转子的转速只能低于气隙旋转磁场的转速，永远不可能与其同步，否则转子导条与气隙磁场同步旋转，转子导条不再切割磁场产生感应电流和产生电动力了，转子也不可能旋转了，所以称按这种原理运行的电机为交流异步电动机。

现在机车用交流异步牵引电机调速普遍采用变频变压调速技术。

交流异步电机转速、电动势和电磁转矩公式如下：

转差率：$s=(n_1-n)/n$

转速：$n=60f/p(1-s)$

电动势：$E_1=4K_1fN_sK_{dp1}\varPhi$

电磁转矩：$T_{em}=C\varPhi I_r\cos\varphi$

式中，n_1 为同步转速（旋转磁场）；n 为转子转速；f 为定子频率；s 为转差率；p 为电机极对数；E_1 为电动势；K_1 为波形系数；N_s 为每相串联匝数；K_{dp1} 为绕组系数；$\varPhi$ 为磁通；T_{em} 为电磁转矩；C 为常数；I_r 为转子电流；$\cos\varphi$ 为功率因数。

改变定子频率即可改变电机转速，随着定子频率的增加，电机转速相应增加，如果电压不增加，将导致电机磁场减弱，电机转矩将降低，电机磁场降到很低时，电机不能输出足够的转矩，不能满足负载要求；另一方面，低频启动时，如果电压很高，将导致电机过分饱和。因此异步电机变频时，电压也应在一定范围内保持一定比例的变化，这种调速方式称之为变频变压调速。异步牵引电机变频调速区间可以分为恒磁通调速区（有的增加恒转矩调速区间，磁通和电流不变）、恒功率调速区、自然特性区等。

在$1>s>0$的范围内，电磁转矩与转子转向相同，它拖动转子旋转，电机从逆变器吸收电能转换为机械能，克服机车阻力驱动机车运行，处于电动机运行状态。$s=1$为启动运行状态。在$s>0$的范围内，转子转向与定子旋转磁场一致，转子转速n大于电机同步转速n_1，电磁转矩与转子转向相反，它阻碍转子旋转，电机将机车机械能转换为电能传送给逆变器，对机车产生制动转矩，电机处于发电机运行状态，称之为再生制动。

三、交-直-交变频调速系统的基本电路

三相交流传动系统有两类：一类称为交-交电传动，是把频率和电压固定的交流电转换为电压和频率可调的交流电供给牵引电机，我国机车传动不采用这种方式；另一类称为交-直-交电传动，是具有中间直流环节的交流电传动系统，我国和世界大部分国家采用这种传动方式。

交-直-交变频调速基本电路如图 8-1 所示，频率固定的电网三相交流电或单相交流电经过变频器转变为频率可调的三相交流电，再向交流电动机供电。变频器主要由整流器、直流环节和逆变器 3 个部分组成。整流器的主要作用是将交流电整流成直流电，分为不可控整流器和可控整流器。如图 8-2 所示，不可控整流器中的电子器件为二极管，而可控整流器中的电子器件多采用双极型或复合型电子器件，如 GTR、GTO、IGBT、IPM 等。

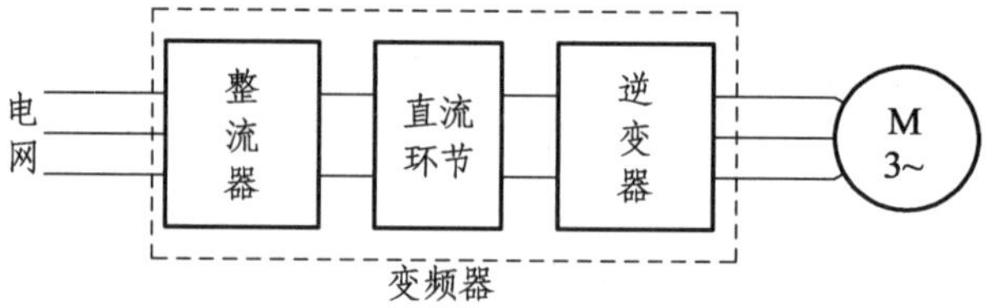

图 8-1 交-直-交变频调速基本电路

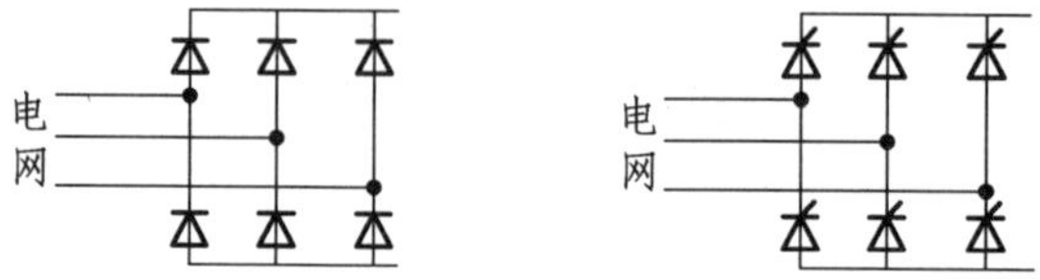

（a）不可控整流器　　（b）可控整流器

图 8-2 整流器

直流环节分为电压型和电流型两种，如图 8-3 所示。

（a）电压型　　（b）电流型

图 8-3 直流环节

逆变器的主要作用是将直流电逆变为频率可调的三相交流电，并向三相异步电动机供电，分为电压型逆变器和电流型逆变器，如图 8-4 所示。

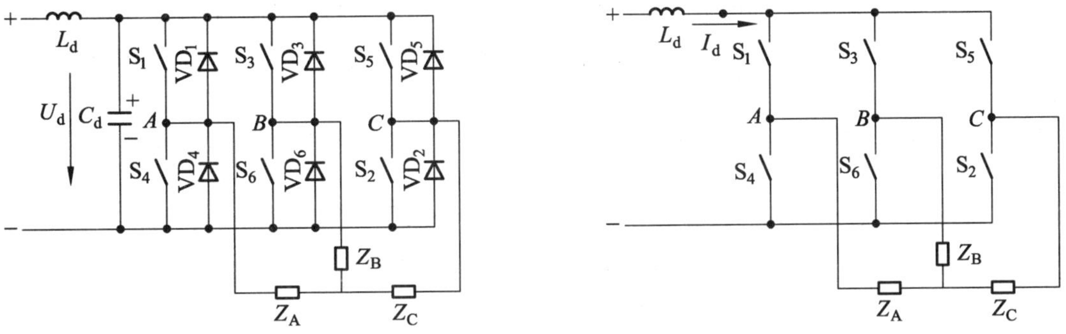

（a）电压型逆变器　　（b）电流型逆变器

图 8-4　逆变器

任务二　YJ85A 型三相交流异步牵引电动机

YJ85A 型电动机作为 HX_D3 大功率货运机车牵引电机，是由逆变器供电的三相交流鼠笼式异步电机，其整机如图 8-5 所示。该电机的设计和生产，得益于交流变频调速技术的发展，其功率大、扭矩大，体积小、质量轻，连接方式为滚抱结构，单端输出。冷却方式为强迫外通风，冷却风从非传动端进入，传动端排出。采用三轴承结构，轴承均为绝缘轴承，防止轴电流对轴承的电蚀，在二端盖处设有注油口，使用中可补充润滑脂。

图 8-5　YJ85A 型三相交流异步牵引电动机

一、牵引电机特点

（1）牵引电机使用高耐热等级绝缘材料、高性能硅钢片和高强度转轴材料，制造中采用高精度数控加工和真空压力浸漆等精细的工艺，满足其对尺寸的要求。

（2）牵引电机使用采用无专门机座的轻量化结构，选择合适的极数来控制电机重量。

（3）牵引电机采用优化电磁性能设计，并对机械结构进行有限元分析，用电阻温度系数较小的铜合金导条和锻纯铜端环；在制造中采用电磁线复合熔敷、转子整体感应焊接等新工艺。

（4）牵引电机使用了无机座化定子铁心、转子整体感应焊接和绝缘轴承等新技术与新材料。

（5）牵引电机采用外锥斜齿轮输出，满足大扭矩输出。

（6）牵引电机使用绝缘轴承，防止轴电流对轴承的电蚀。

（7）牵引电机使用耐电晕绝缘材料，防绝缘失效。

二、牵引电机技术参数

型号……YJ85A
额定功率……1 250 kW
额定电压……2 150 V
额定电流……390 A
额定转速……1 360 r/min
额定频率……46 Hz
额定效率……94%
功率因素……0.92
最高转速……2 662 r/min
极数……4
绝缘等级（定/转）……200 级
接线方式……Y
冷却空气量……1.53 m^3/s（92 m^3/min）
质量……2 600 kg

三、牵引电机结构

（一）整机结构

电机与机车的连接为滚抱结构，单端外锥轴斜齿轮输出，输出面锥度为 1∶50；电机带有 1 支磁电式速度传感器，测速是通过装在非输出端轴头的测速齿盘来完成；电机采用三轴承结构，传动端装用 NU 型绝缘圆柱滚子轴承，非传动端用 1 个 NU 型绝缘圆柱滚子轴承和 1 个 QJ 型绝缘四点接触球轴承，3 个轴承均采用国产的铁路牵引电机专用润滑脂润滑。采用绝缘轴承是为了防止制造中的不对称，或逆变器脉冲电源在电机轴上产生轴电流；电机采用轴向强迫通风方式，冷却风从非传动端端盖径向通风孔进入，经过转子通风孔，定转子间的气隙，定子背部的通风道后，从传动端端盖轴向排出；电机两端的端盖均为铸钢结构，在电机定子与传动端端盖间还有 1 个定子过渡盘，此件也为铸钢结构。在电机两端盖处均设有注油口，在维护保养时可以按要求进行定时、定量补充润滑脂。YJ85A 型三相交流异步牵引电动机结构如图 8-6 所示。

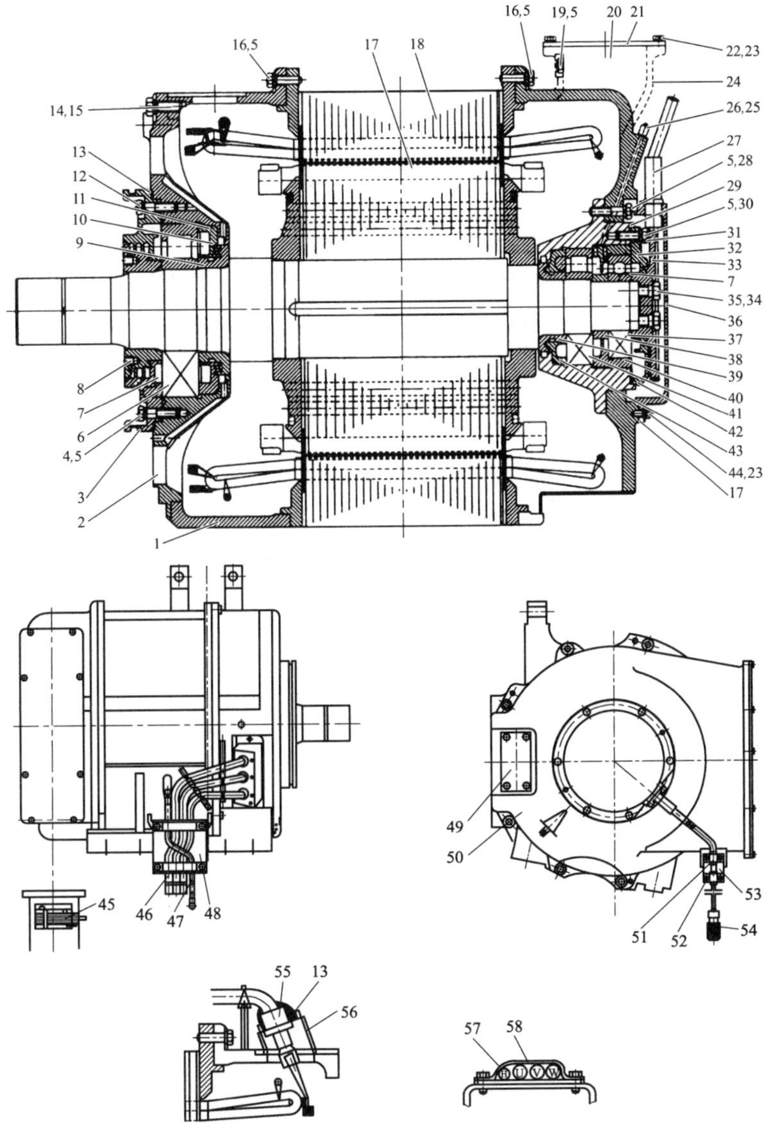

1—过渡盘装配；2—传动端端盖；3—传动端轴承外盖；4—螺栓 M16；5—垫圈 16；6—NU 轴承；7—润滑脂；8—传动端外封环；9—传动端轴套；10—传动端内封环；11—销子；12—密封圈；13—密封胶；14—螺栓 M20；15—垫圈 20；16—螺栓 M16；17—转子；18—定子；19—螺栓 M16；20—进风口盖板；21—进风口防护罩；22—螺栓 M12；23—垫圈 12；24—非传动端端盖；25—加油嘴盖；26—加油嘴；27—测速传感器；28—螺栓 M16；29—非传动端轴承座；30—螺栓 M16；31—键；32—非传动端外封环；33—测速齿盘；34—轴头扣片；35—螺栓 M2；36—非传动端轴承外盖；37—NU 轴承；38—轴承内圈隔套；39—非传动端内轴套；40—轴承外圈隔套；41—NU 轴承；42—密封垫；43—非传动端内封环；44—螺栓 M12；45—铭牌；46—三相引出线；47—接地线；48—引出线引导板；49—观察孔盖板；50—小件组焊；51—油管卡子；52—橡胶护垫；53—传感器引导板；54—传感器接头；55—引出线护套；56—接线盒；57—大线卡子；58—橡胶护垫。

图 8-6　YJ85A 型三相交流异步牵引电动机结构

（二）定子

定子为非传统的框架式机座，直接用硅钢片叠压而成。定子采用开口式槽型。定子槽内垫有槽绝缘，绕组为双层硬绕组，根据接线需要，绕组的引出线做成五种长度形式，因此无须过渡连线，槽楔用绝缘材料制成。定子的三相引出线接成Y形，绕组与三相引出电缆线间有一过渡连线，此过渡连线可以减少连线间截面积的过大变化和电流密度的过大变化，三相引出线采用机车专用电缆。电机设有接地线，接地线也采用机车专用电缆。针对变频电机需在较高频率下运行的特点，绕组采用聚酰亚胺薄膜带熔敷的导线2根并绕而成。为了得到足够的机械强度、良好的电气性能与优良的热稳定性，定子绕组用端箍固定。定子整体经过真空压力浸漆（VPI），电机的绝缘耐热等级为200级。定子结构如图8-7所示。

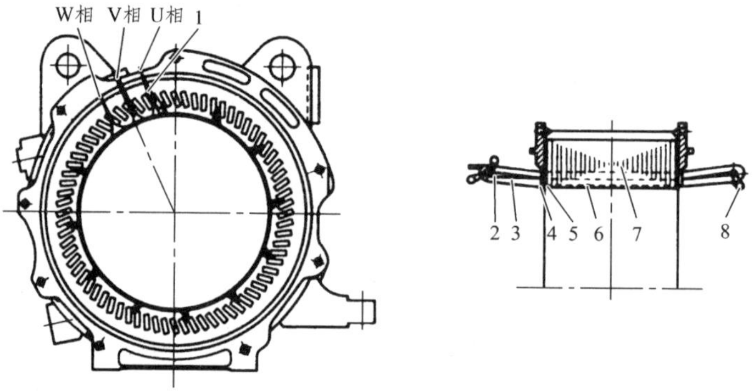

1—定子引线头；2—定子护环；3—定子线圈；4—槽楔；5—槽口绝缘；
6—槽绝缘；7—定子铁心；8—定子护环。

图8-7　定子结构

1. 定子铁心结构

定子铁心由冷轧硅钢片冲制的定子冲片叠压，通过上吊挂组件、下吊挂组件、小吊挂组件三个组件、两个通风道与两端定子压圈焊接而成，定子铁心既无拉螺杆也无拉板，定子冲片与两端压圈间各有一个点焊而成的定子端板以防冲片齿涨；为防电机在运行中因小吊挂螺栓故障而脱落，在定子铁心的两个压圈间焊有一块安全托板。定子铁心结构如图8-8所示。

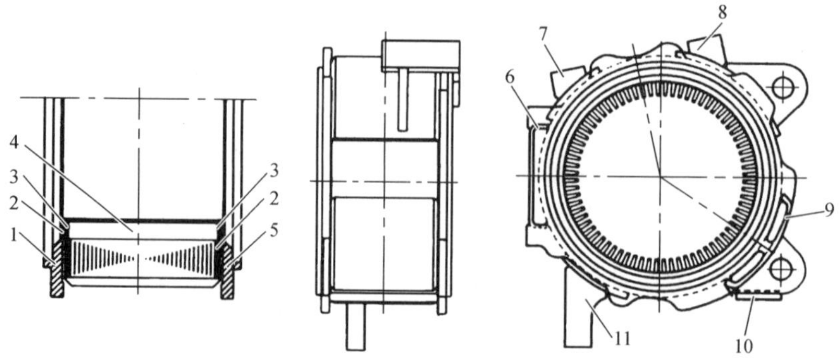

1—传动端压圈；2—定子端板；3—定子大槽冲片；4—定子冲片；5—非传动端压圈；
6—下通风道板；7—下吊挂组件；8—上吊挂组件；9—上通风道板；
10—安全托板；11—小吊挂组件。

图8-8　定子铁心结构

2．定子冲片

定子冲片由 50W470 硅钢片冲制而成，冲片内圆冲有 72 个开口槽，冲片上既没有轴向通风孔也没有焊接用定位槽，定子冲片和槽形放大图如图 8-9 所示。

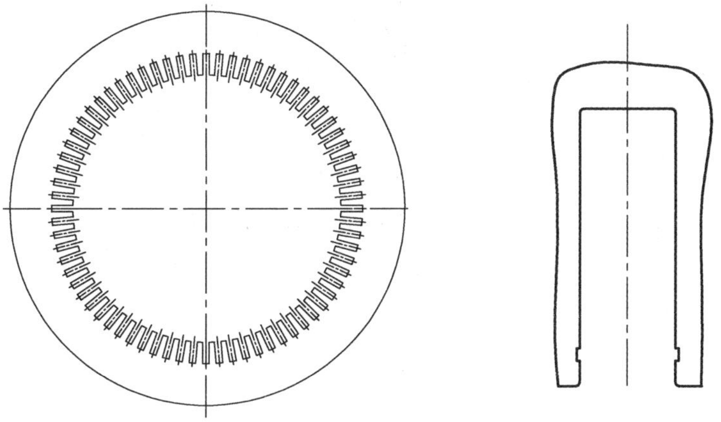

（a）定子冲片放大图　　（b）槽形放大图

图 8-9　定子冲片和槽形放大图

3．吊挂组件和通风道

定子铁心的吊挂件由压成弧形的钢板和锻钢吊挂块焊接而成，铁心上的通风道直接由钢板压制成型。

4．定子线圈

线圈用薄膜绕包的电磁线两根并绕绕成，线圈匝间垫有云母绝缘，对地用聚酰亚胺复合云母作为主绝缘，外包绝缘采用无碱玻璃丝带。定子线圈和线圈端部如图 8-10 所示。

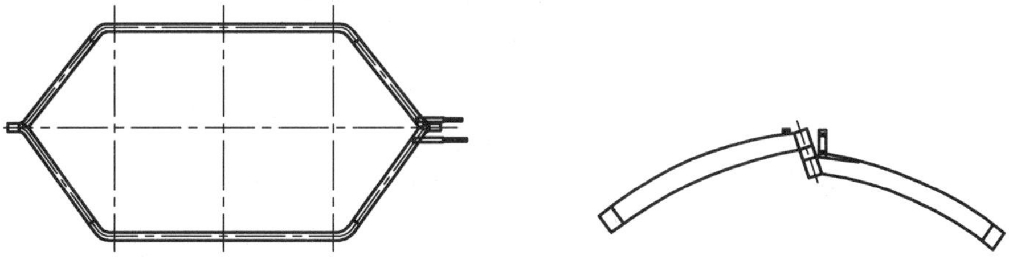

（a）定子线圈　　（b）线圈端部

图 8-10　定子线圈和线圈端部

（三）转子

转子为鼠笼式结构，鼠笼由专用铜合金导条与锻纯铜的端环用感应焊焊接而成。端环一侧车一较浅的环槽，导条与端环进行对接焊接，称为对接式结构。为防止导条在铁心槽内出现窜动，导条打入槽后，用专用滚压机将导条滚压涨紧；为提高端环抗高速旋转时产生的离心力的强度，鼠笼焊成后，端环的外圆经过加工再套 1 个护环；护环用高强度的专用护环钢制成；转子经过动平衡检验，避免高速旋转时对整机带来的振动。转子结构如图 8-11 所示。

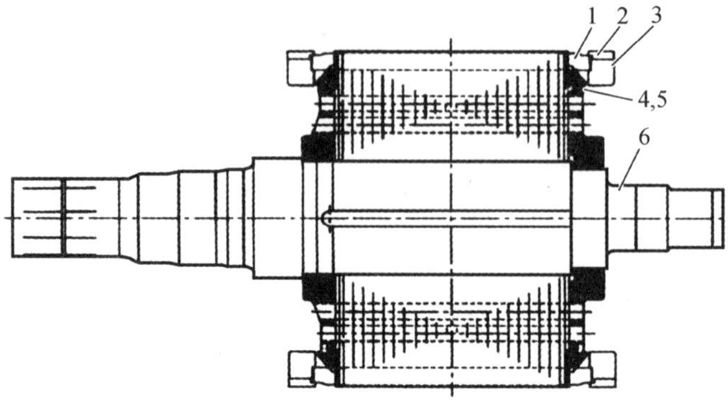

1—导条；2—护环；3—端环；4—平衡块；5—平衡块螺钉；6—转子铁心。

图 8-11 转子结构

1．转子铁心

由冷轧硅钢片叠压而成，转轴材质为高强度合金钢，铁心两端为铸钢结构的压圈。与定子一样，冲片与两端压圈间各有一个端板冲片点焊而成的转子端板，用来防止防冲片齿涨。转子铁心结构如图 8-12 所示。

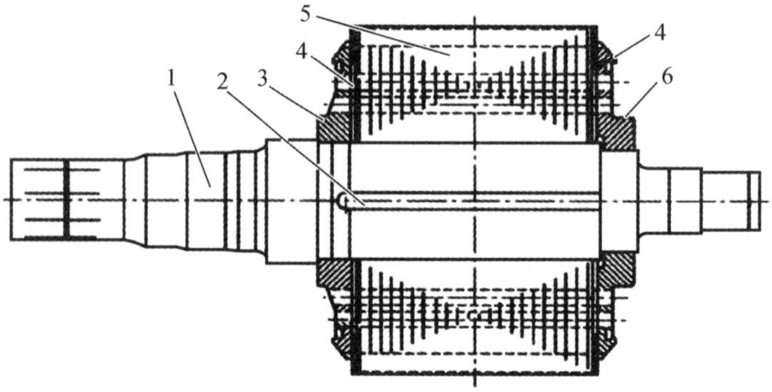

1—转轴；2—键；3—转子传动端压板；4—转子端板；5—转子冲片；6—转子非传动端压板。

图 8-12 转子铁心结构

2．转子端环、转子护环

转子端环用锻纯铜制成，转子护环用高强度的专用护环钢（特种不锈钢）制成。二件均用整体锻出，不得拼焊。为防护环带磁性在电机运行时产生涡流发热，护环加工后除需经超声波探伤外还需进行剩余残磁量的检查。

转子护环的作用是对端环及端环与导条的焊接面进行保护，所以护环材料的机械性能的稳定、化学成分的稳定、内部晶格结构的均匀、加工尺寸的合格都至关重要。

端环与护环间过盈量的选取很重要，由于不同的材料有不同的弹性模量和线涨系数，所以在选取过盈量时应考虑电机运行中温度变化带来的影响。转子端环和护环如图 8-13 所示。

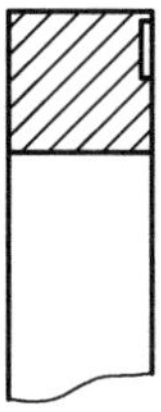

（a）转子端环

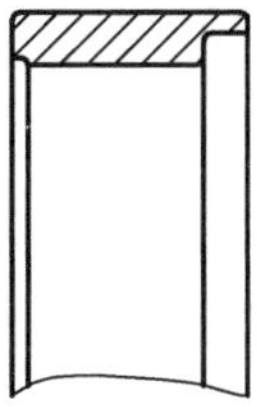

（b）转子护环

图 8-13 转子端环和护环

3．转子导条

转子导条的材料选用电阻温度系数较小的专用铜合金拉制或轧制，导条形状如图 8-14 所示，导条端部结构如图 8-15 所示。

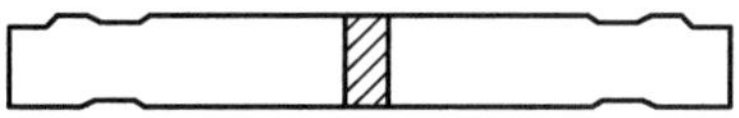

图 8-14 转子导条

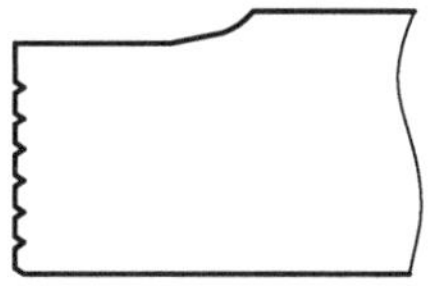

图 8-15 导条端部结构

4．转子导条

转子冲片与定子冲片由同一张硅钢片复冲而成。定子冲片内孔落下的料，去除电机的气隙所在部分的材料后，即为转子冲片的原料。

转子冲片上有二排轴向通风孔，不设径向通风槽。冲片上冲有 58 个半闭口槽。转子冲片和半闭口槽形分别如图 8-16 所示。

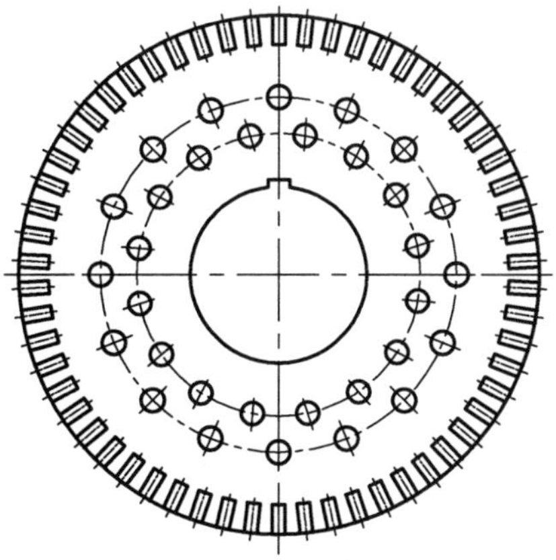

（a）转子冲片

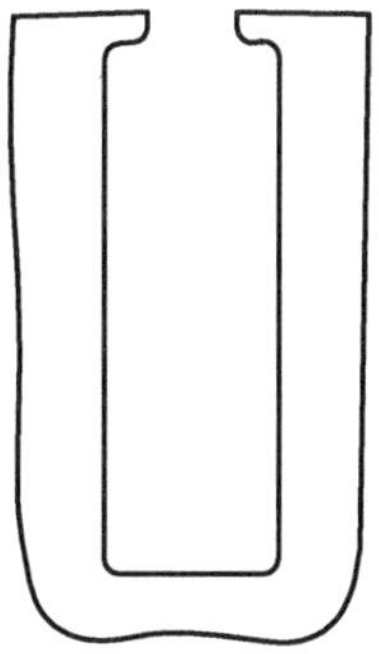

（b）半闭口嘴形

图 8-16 转子冲片和半闭口槽形

5．转轴

电机的转轴用优质合金钢锻造，锻造后进行粗加工、调质、精加工和磨削加工。锻造和调质保证转轴既有高的强度又有好的抗冲击韧性，精加工和磨削加工保证转轴有好的组装性能和高的回转精度。转轴为外轴锥，锥度 1∶50，锥度大端直径ϕ125 mm，转轴全长 1 106 mm。由于锥度面较长，为拆卸齿轮方便，轴锥上均匀划了 9 条油槽。转轴形状如图 8-17 所示。

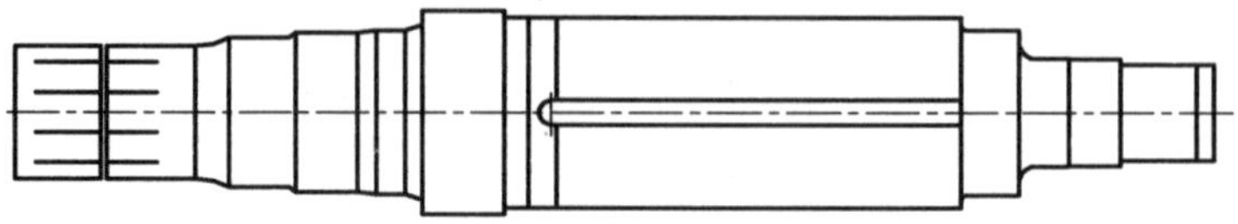

图 8-17 转轴

四、牵引电机保养、故障诊断和检修

（一）保养

检查轴承的温升情况，如发现轴承温升过高时，应及时找出原因予以处理。一般原因有：加油过多，油质不纯，变质，轴承径向游隙太小，轴承窜油，轴承质量不良，油封摩擦以及内部不干净等原因。

（二）故障诊断

1. 电机转向不对

一般原因是三相引出线与电源连接错误。

2. 电机转速太低

一般有 3 种原因：一是电源电压太低，不能产生足够的扭矩来抵消电机空转所需的扭矩；二是频率太低；三是负载过大，即转差太大。

3. 绝缘击穿

应从以下两个方面分析处理：一是电机发生异常情况，短时电压过高；二是绝缘电阻太低，绝缘受到酸、碱等腐蚀性气体侵害，线圈不洁、过热、过潮、环境温度过低、绝缘老化等原因引起。

4. 电机振动大

应从以下 3 个方面分析处理：一是安装不良；二是电机转轴弯曲；三是电机转子平衡不良。

5. 轴承过热

应从以下 4 个方面分析处理：

（1）电蚀。

现象：表面可看见斑点，在显微镜下可观察到斑点是由细小的凹坑簇集而成，进一步发展就可导致波纹状表面。

原因：电流流经轴承，就会产生电火花，从而熔融滚道表面。

解决办法：通过集流环或绝缘轴承避免电流流动。

（2）剥离。

现象：滚道表面被剥离，表面发生剥离后非常粗糙。

原因：碾压疲劳。剥离常常是因为过载而过早发生，而过载是由不正确操作导致，轴和轴承座精度太低，安装误差，异物侵入或生锈等引起。

解决办法：

① 找出载荷过重的原因。

② 检查工作环境并且尽量采用承载能力大的轴承。

③ 增加润滑油的黏度和改善润滑系统以形成润滑油膜。

④ 减小安装误差。

（3）刮痕。

现象：表面粗糙并且有细小微粒黏着。

原因：滚动体在滚动中产生滑动，而润滑剂性能太差，不能避免滑动。

解决办法：

① 选择最佳润滑油和润滑系统，使之能够形成完整的油膜。

② 使用附带加压装置的润滑剂。

③ 采取如选择较小径向游隙和预压的方式以避免滑动。

（4）缺损和破裂。

现象：轴承内、外圈以及滚动体部分破损。

原因：较大固体异物侵入，冲击或过大载荷，不适当的搬运方式。

解决办法：

① 排除故障，矫正冲击载荷或过大载荷。

② 改善搬运条件。

③ 改善密封条件。

（三）电机的检修

（1）电机内、外部清洁，整齐，铭牌清晰，引出线标记准确。

（2）机座端盖无裂纹与缺陷，各部件应完整牢固，不得松动。

（3）接线各部分紧固螺栓无松动，接线、插座无损伤，连接插座紧固无松动。

（4）定子绕组线电阻值换算到 20 °C 时，阻值应与典型值 0.079 48 Ω 的相对误差不超过 ± 10%。

（5）电机绝缘要求：用 1 000 V 兆欧表测量定子绕组冷态绝缘电阻不低于 100 MΩ，热态绝缘电阻不低于 10 MΩ；用 500 V 兆欧表测量转轴对定子的绝缘电阻不低于 5 MΩ。

（6）耐压试验：50 Hz 正弦波交流 5 400 V，1 min，无击穿闪络现象。

（7）轴承转动灵活无异音，温升不超过 55 K。

（8）电机上的速度传感器应连接紧固无松动，信号显示正确。

（9）探伤范围：电机轴锥处；更换轴承时，轴承位于轴颈。

任务三 Mitrac TM3800 F 型三相交流异步牵引电动机

Mitrac TM3800 F 型三相交流异步牵引电动机是 1 个 4 极三相鼠笼式单轴承异步电动机，冷却方式采用强迫风冷，悬挂方式采用半悬挂、单级斜齿轮传动。其为逆变器供电特别设计的电机，可降低逆变器造成的脉动转矩、损耗和噪声等级。该电机由 Bombardier 公司开发生产，产品符合 ICE 60349-2 标准。Mitrac TM3800 F 型牵引电机结构简单，维护方便，同时能满足机车的牵引运行要求，该电机已批量用于 HX_D3B 型机车，运行安全可靠，其外形如图 8-18 所示。

图 8-18 Mitrac TM3800 F 型三相交流异步牵引电动机

一、牵引电机特点

牵引模式，牵引电机将电能转换为机械能，制动模式，将机械能转换为电能。当电机由三相电源供电时，定子绕组将产生旋转的正弦分布的磁动势，作用在气隙上的磁动势产生旋转磁场，基波磁场以同步速度旋转。该同步转速是电源频率在特定电机极对数下形成的。旋转磁场在转子导条中产生于同步转速和转子转速的差值成比例变化的电压，该电压将在转子回路产生电流，转子电流和定子磁场在转子上产生机械转矩。电源电压和频率控制电机转矩，电源频率和转差率控制电机转速。

牵引电机采用半悬挂方式，通过抱轴箱与轮对相连。机车在牵引运行状态时，牵引电机将电能转换为机械能，通过轮对驱动机车运行。当机车在再生制动工况时，牵引电机将机械能转换为电能，产生列车制动力，此时电机处于发电状态。牵引电机的工作条件非常恶劣，与其他电机相比较，负载变化大，冲击和振动严重，恶劣的风沙、雨雪气候、酸碱性气体影响侵蚀严重。

对逆变器供电的牵引电机来说，在器件关断时，尖峰脉冲对电机会产生极为不利的影响；此外，当电机在额定转速以上运行时，电源为矩形波，流经电机的电流含有大量谐波，从而使电机的效率降低，所产生的谐波转矩使电机转速波动；同时，还因共模电压产生轴电流。为此 Mitrac TM3800 F 型牵引电机针对这些特殊因数，采用了不同的改进措施。

电机设计还采用了无机座化定子铁心、转子整体感应焊接、进口绝缘轴承等技术，如图 8-19 所示。通常，为防止尖峰脉冲对电机绝缘的损坏，采用了耐电晕绝缘材料，这是为防止绝缘失效所采取的一项有效措施，为了防止轴电流对轴承的电蚀，采用良绝缘轴承。

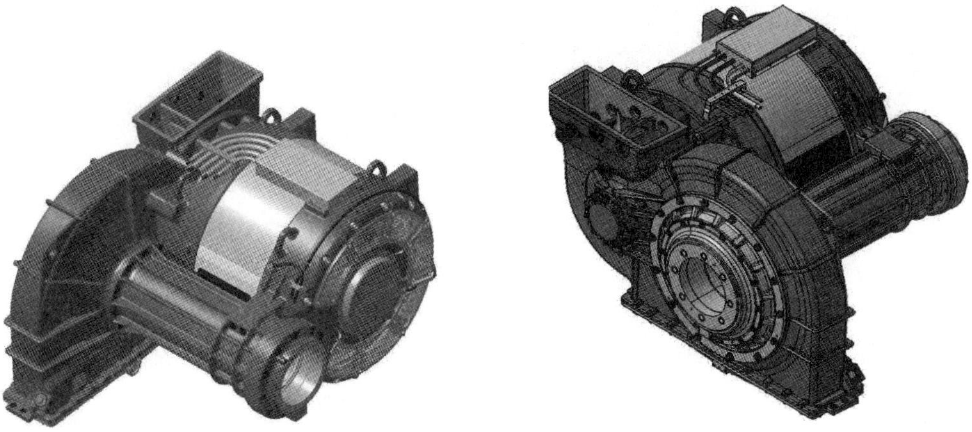

图 8-19　Mitrac TM3800 F 型三相交流异步牵引电动机 3D 图

电机为强迫风冷，空气通过柔性风道从通风机传输至进气口，进气口同齿轮箱是一起的，在那里径向气流转换为通过电机的轴向气流。电机内部冷却空气流经电子绕组、定子叠片、转子叠片、转子绕组及轴承等产生损耗的零件。出风口位于电机的非传动端一侧，轴向排布。为了保护定子线圈，避免产生热过载，并考虑到功能上的控制，为电动机配备如下的传感器：

① Pt100 传感器，用于探测定子的温度，保证电机的安全运行，其位于定子的非传动端侧面的外壳部分。

② 速度传感器，其安装在非传动端侧面的电动机端护罩上。用于产生与转速对应的脉冲序列信号的测速齿盘安装在转子轴端。牵引电机的转速测量及转向确定由速度传感器来完成。电机电缆与定子绕组间的连接采用铜焊。电机带有 3 根最长为 3 m 的功率电缆和接地电缆，电缆的端部不带连接器，镀锡长度为 40 mm。

二、牵引电机的结构

1. 定子

定子采用全叠片形式，由两个坚固的铸钢压板将叠片压接在一起。压板通过钢套焊接在一起，构成结构紧凑、有足够的扭转强度的机体。叠片由高导磁率硅钢片组成，该无取向的硅钢片双面均涂有专门开发的极厚半有机绝缘涂层，具有很高的表面电阻，可有效降低铁心的涡流损耗。定子总成的非驱动端装有端盖，端盖材料系具有高强度和高韧性的球墨铸铁。端盖内装有轴承。轴承采用等离子喷涂陶瓷层的绝缘轴承，可以有效阻断可能通过轴承的轴电流，保证轴承的使用寿命。定子的驱动端直接与齿轮箱配合。牵引电动机的结构如图 8-20 所示。

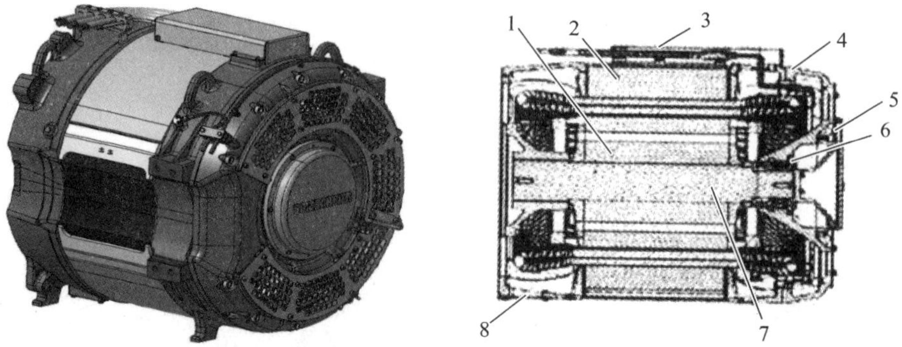

1—转子；2—定子；3—端盖；4—非传动端端盖；5—速度传感器；
6—滚动轴承；7—转轴；8—传动端安装盖。

图 8-20 Mitrac TM3800 F 型电机结构

定子采用开口式槽型，槽内垫有双面带保护层的 Dupot 高绝缘强度的槽绝缘膜，绕组为 UN 双层绕组。定子绕组由绕制成型的线圈组成，线圈由包有 Kapton 耐电晕薄膜的矩形截面铜导线绕制而成，线圈成型后，其外侧再包扎多成粉母带，线圈在定子的 A 端连接成 Y 型三相绕组，并通过三相引出线引至外侧接线端。所有连接部分使用铜焊，并做同样的绝缘处理。两端定子槽口做封胶处理。定子绕组采用真空加绝缘漆处理（VPI 处理），使用了有机硅脂。整个定子绝缘体系符合交流电机最高耐温等级，即 C200 级要求。

2. 转子

转子为短路鼠笼式结构，由短路笼导条和 2 个短路环（铜材质）组成，采用中频感应钎焊。短路环的外侧包有收缩环，其很高的机械强度保证了转子在离心负载下的工作可靠性。叠片由两个压环连接在一起，热套在电机轴上。转子导条经过特殊设计以减小由于电流谐波引起的损耗、振动和扭矩波动。电机的转轴用优质合金钢锻造，全长 686.5 mm。

3. 其他

电机和齿轮箱为一体式结构，在传动端没有轴承盖。非传动端端盖由球墨铸铁材料构成。端盖的形状尺寸小、刚度大。电机的非传动端有 1 个 NU 型绝缘轴承。在非传动端端盖处设有注油口，允许补加润滑脂。轴承密封通过不接触的迷宫式油封密封完成。在传动端，电机带有薄板式联轴节。

三、牵引电机检修

适用于 HX_D3B 型电力机车牵引电机 C5 的检修。

1. 牵引电机定子检修

（1）目测定子全貌，清洗是否干净。定子内腔凹陷处不得有残留清洗污渍。
（2）目测定子机座止口、电机安装座、悬挂吊鼻等处，不许有裂纹。
（3）检查定子止口安装面清理是否干净，止口安装面上的黏结剂要用刮刀清除干净。

（4）定子机座悬挂处进行探伤检查。探伤工艺执行 ZJT 107—2013（A），并填写探伤记录表 Y/DL-55-140。

（5）目测检查定子端部绕组。绕组绝缘是否有破损、老化等缺陷。

（6）对于电机定子绕组端部的外层绝缘有局部划伤破损时，要求用自干型 200 级绝缘清漆（DOW CORNING1-2577）进行涂刷修复。

（7）对于清洗后检查合格的电机，对其前后端定子绕组用自干型 200 级绝缘清漆（DOW CORNING1-2577）表面喷涂一遍。

（8）目测检查电机三相引出线，电缆外层绝缘局部损伤以不裸露内层绝缘为合格。

（9）目测检查电机接地线、温度传感器、速度传感器电缆不许有松动及破损，出线端密封良好。

（10）检查定子底部前后端的漏水孔（螺孔）是否畅通，其中驱动端螺孔有螺塞。

（11）检查接地标识、电缆标识是否齐全。

（12）定子机座各螺纹孔在检修后，涂抹防锈油。

2．牵引电机转子检修

（1）目测转子全貌，清洗是否干净。

（2）目测转子各部位的状态，重点部位是否有擦伤、划痕等缺陷。

（3）目测各处螺纹孔是否有损伤。

（4）目测转子导条与短路环焊缝是否有松动、裂纹的情况。

（5）目测转子平衡块是否有松动、脱落。

（6）转子联轴器法兰止口、轴承位、轴伸表面进行探伤检查。探伤工艺执行 ZJT107—2013（A），并填写探伤记录表 Y/DL-55-140。

（7）电机转子动平衡。

① 4FIA7854 型电机转子动平衡，驱动端支承在薄盘联轴器外圆（ϕ430）的支承方式，圈带传动。

② 进行平衡的转子，驱动端薄盘联轴器的外圆要进行除漆处理。

③ 根据转子支承点间距，调整两支撑架相对位置。

④ 将电机转子轴颈、薄盘联轴器的外圆和平衡机支撑架滚轮擦拭干净。

⑤ 电机转子吊放到平衡机时，要避免、减轻对支撑架的撞击。调整好电机转子的水平度，对支撑架加以紧固。

⑥ 电机转子安装后，将传动圈带置于转子正中位置并旋紧传动带。

⑦ 调整好限位支架，防止转子轴向窜动。

⑧ 在转子和支承滚轮表面上加少许清洁的机油。

⑨ 开启电源，检查传感器工作是否正常。

⑩ 按电测箱使用说明书的规定，输入待平衡转子的相关参数，打开工作程序。

⑪ 按设备“开始”键，将转速控制在 500 r/min 左右。

⑫ 根据平衡机显示的加重位置和不平衡量，在停机后，添加合适的平衡重量。进行复试，符合转子平衡要求后，存储或打印动平衡检测报告。

⑬ 转子允许剩余不平衡量：驱动端，5.4 g，$r=195$ mm；非驱动端，6 g，$r=175$ mm。

⑭ 工作结束时，退出工作程序，关闭电源。

⑮ 转子平衡后，在转子检修工作台上，将转子上添加的平衡块或平衡螺栓的部位进行除漆处理，并涂抹“螺纹锁固剂 3272”。

⑯ 平衡螺栓的紧固力矩为 43 N · m。

⑰ 24 h 后，对除漆部位重新进行涂漆。

⑱ 动平衡添加螺栓、垫块、螺母、螺钉尺寸克数如表 8-1 所示。

表 8-1 动平衡添加螺栓、垫块、螺母、螺钉尺寸克数表

序号	名称	规格（厚度）	克数/g	标准	备注
1	平垫 10	2	3.5	GB/T 97.1—2002	
2	螺母	M10	10	GB/T 6170—2000	
3	螺母	M10	5	GB/T 6174—2000	
4	螺栓	M10X 20	23	GB/T 5783—2000	
5	螺栓	M10X 16	20.5	GB/T 5783—2000	
6	螺栓	M10X 10	18	GB/T 5783—2000	
7	螺钉	M10X 25	11.2	GB/T 77—2000	
8	螺钉	M10X 20	8.76	GB/T 77—2000	
9	螺钉	M10X 16	75	GB/T 77—2000	
10	螺钉	M10X 12	4.78	GB/T 77—2000	
11	螺钉	M10X 10	3.78	GB/T 77—2000	
12	螺钉	M10X 8	2.78	GB/T 77—2000	

⑲ 动平衡添加螺栓、垫块、螺母、螺钉个别规格需要进行改制。

（8）转子驱动端螺纹孔在检修后，涂抹防锈油。

（9）对电机转子进行补漆。

① 底漆：喷涂聚氨酯防锈漆。

② 面漆：喷涂 RAL7044 丙烯酸聚氨酯磁漆。

③ 喷涂面漆与底漆间隔时间：环境温度在 20 °C 时，涂装间隔 5 h。

3. 牵引电机端盖检修

（1）目测端盖清洗情况，是否干净。

（2）目测端盖止口、肋筋、轴承室是否有裂纹、凹陷等缺陷，测量轴承室内径，保证在（180 ± 0.15）mm。

（3）检查端盖止口安装面清理是否干净，止口安装面上的黏结剂要用刮刀清除干净。

（4）目测各处螺纹孔有否损伤。

（5）端盖止口进行探伤检查。探伤工艺执行 ZJT 107—2013（A）。并填写探伤记录表 Y/DL-55-140。

（6）对电机端盖进行补漆。

① 底漆：喷涂聚氨酯防锈漆。

② 面漆：喷涂 RAL7022 丙烯酸聚氨酯磁漆。

③ 喷涂面漆与底漆间隔时间：环境温度在 20 °C 时，涂装间隔 5 h。

4．轴承检修

轴承更新，用轴承测量仪（塞尺）检测轴承径向间隙，应在 0.105 ~ 0.140 mm 之间。

5．温度传感器检修

（1）用 500 V 兆欧表测量温度传感器连接电缆对地绝缘电阻，不低 40 MΩ。

（2）PT100 温度显示正常，与电机定子铁心外侧温度相比较偏差≤3 °C。

6．速度传感器的检修

（1）检查速度传感器电缆是否有破损。

（2）用示波器检测速度传感器功能是否正常，CH1 波形比 CH2 波形超前 90°，相位差在 90° ± 45° 以内。

7．齿轮圆盘的检修

检查齿轮圆盘的齿是否完好，是否有机械损伤。

8．轴承压盖的检修

轴承压盖是否有变形等缺陷。

9．轴承外盖的检修

（1）目测轴承外盖有否损伤，止口是否完好。

（2）检查轴承外盖止口安装面清理是否干净，止口安装面上的黏结剂要用刮刀清除干净。

任务四　YJ217A 型三相交流异步牵引电动机

YJ217A 型三相交流异步牵引电动机由中车永济电机有限公司研制生产，采用单绝缘轴承、薄板式联轴器输出结构形式，此传动方式可有效降低牵引电机轴承所承受的载荷，同时采用绝缘轴承避免轴电流对轴承的电蚀，从而提高轴承的使用寿命。结构简单，维护方便，同时能满足机车的牵引运行要求，该电机已批量用于 HX_D3D 型机车，运行安全可靠，如图 8-21 所示。

图 8-21 YJ217A 型三相交流异步牵引电动机

一、牵引电机技术参数

型号名称……YJ217A 异步牵引电动机
额定功率……1 250 kW
额定电压……2 150 V
额定电流……390 A
恒功转速范围……1 333 ~ 2 782 r/min
最高转速……2 815 r/min（机车最高试验速度 176 km/h，轮径 1 250 mm）
恒功频率范围……45 ~ 91 Hz
额定转速……1 333 r/min
额定转矩……8 940 N · m
启动转矩……11 380 N · m
额定频率……45 Hz
额定效率……95%
功率因数……0.9
绕组连接……Y
极数……4 极
绝缘等级……200 级
冷却方式……强迫外通风，风量为 1.6 m/s（静压 2 000 Pa）
电机质量……2 325 kg
对地耐压……1 分钟 3 240 V（新造时 5 400 V）（AC 50 Hz）
最高试验转速……3 378 r/min
电机转向……顺时针（从传动端看）
齿轮比……3.769（98/26）

二、牵引电机结构

1．整机结构

电机采用架悬结构安装，单端联轴节输出，电机带速度传感器和定子温度传感器（PT100 双重传感器）；电机采用单轴承结构，非传动端装用绝缘圆柱滚子轴承，采用耐高温润滑脂润滑。电机采用轴向强迫通风方式，冷却风从传动端进风口进入，经过转子通风孔、定转子间的气隙、定子通风孔，从非传动端端盖轴向排出；电机端盖为铸钢结构，在非传动端端盖处均设有注油口和注油标牌，定量补充润滑脂。

2．定子

定子无传统的框架式机座，采用硅钢片叠压而成，两端压圈压紧后用整体圆弧板焊接相连；定子采用矩形开口槽；定子槽内垫有槽绝缘，绕组为双层硬绕组，定子三相绕组 Y 形连接，通过铜排引入绝缘接线盒，三相引出线和接地线采用机车专用电缆；绕组采用聚酰亚胺薄膜带熔敷的导线二根并绕而成；定子绕组端部设置端箍，端箍通过支架与定子压圈固定；定子整体经过真空压力浸漆（VPI）；电机的绝缘耐热等级为 200 级。定子外形如图 8-22 所示。

3．转子

转子鼠笼为池槽式对接结构，由高强度铬镐铜导条与端环通过感应钎焊而成。导条打入槽后，用专用工装将导条张紧；为提高端环的强度，端环的内圆用转子压板支撑；转子组装联轴节后要求动平衡校正，避免高速旋转时不平衡导致的振动。转子外形如图 8-23 所示。

因转子采用鼠笼形，所以保养非常简单。项目有：① 有无转子导条的松动，端环的裂纹及损伤；② 各紧固螺栓有无松动；③ 若导条、端环有过处理或平衡块有松动迹象的应重做动平衡。

图 8-22 定子外形

图 8-23 转子外形

4．轴承

电机采用单轴承结构，传动端采用联轴节与主动齿轮轴相连，在电机非传动端设置圆柱滚子轴承，考虑到定位轴承在齿轮箱内安装导致的配件公差积累较大，选择内圈宽系列的NUB型圆柱滚子轴承。为了完全防止电腐蚀，轴承采用外圈绝缘轴承。如果轴承有任何异常，例如断裂、凹痕、裂纹等损伤，应同时更换相同型号的滚柱轴承的内圈、外圈。

对全面检查的轴承部的组装，润滑脂的填充请按照如下要求进行。① 使用ISOFLEX TOPAS L152润滑脂；② 润滑脂填充量及再润滑周期按注油标牌执行，注油标牌位于注油口旁。

5. 速度传感器

速度传感器由速度传感器本体和齿轮构成，检测牵引电机的转速，将控制车辆的速度用的矩形脉冲信号输送到控制装置。通过两个脉冲信号的交错，牵引电机的旋转方向（前进后退）也同时进行检测。因此在车辆行驶中起着非常重要的作用。双脉冲式的速度传感器安装在非传动端的端面处。因为这个速度传感器将2个传感元件内置在1个传感器本体中，结构极为简单，速度传感器只安装在安装底座上，不需要进行缝隙调整等操作。进行机车整体耐压试验时，拔下速度传感器用连接插头，不要给速度传感器施加电压。速度传感器由于长期使用会造成机能降低，应进行定期检查，在确定速度传感器机能降低后，需更换速度传感器，速度传感器安装位置如图8-24所示。

图8-24 速度传感器安装位置

三、牵引电机保养、故障诊断和检修

（一）保养

为了保持牵引电动机连续正常运行，各部分能充分地发挥其机能，要经常进行定期检查。在确认各部分完好的同时，请适当地更换、补充磨耗部分的易耗品。关于保养周期及方法，因为根据使用状态会有不同，应很好地理解其结构，把握实际状态，计划适应实际状况的检查及保养标准后实施。

列车检查	96 h
月检查	90 日

重要部分检查　　1 年或行驶 20 万 km 的任何较早的一方
全面检查　　2 年或行驶 40 万 km 的任何较早的一方
作为各检查中的一般事项，请特别注意以下的 5 点。
（1）旋转电机要禁止湿度、尘埃。
（2）给油要充分，可动部分顺利运转。
（3）磨耗部分要未达到磨耗限度。
（4）运行中无特别的声响或振动。
（5）要经常检查及整理修理记录，明确电机的履历。

（二）故障诊断

牵引电动机易发生的事故原因和处理方法如表 8-2 所示。

表 8-2　牵引电动机易发生的事故原因和处理方法

序号	现象	故障原因分析	处理方法
1	轴承	1. 轴承的损伤、伤、锈迹的产生	更换新品
		2. 润滑脂量的不足及不当的劣质产品	重涂润滑脂； 选择适合的品质
		3. 轴承的安装、配合不良及游隙不合适	重新检查安装精度
2	线圈绝缘不良	1. 通风不良	调整游隙，更换成优良品
		2. 过负荷	检查通风电路，进行修整
		3. 层间短路、绝缘不良	检查进风口密封部，进行修整
		4. 线圈、引线、内部配线的绝缘不良	调查、研究运转搜索

（三）电机的检修

1. 列车检查

（1）检查安装到转向架的状态无异常。
（2）检查 U、V、W 三相引出线、接地线、速度传感器和温度传感器无异常。

2. 月检、重要部分检查及全面检查

牵引电机月检、重要部分检查及全面检查如表 8-3 所示。

表 8-3　牵引电机月检、重要部分检查及全面检查

检查部位	检修项目	检查		
		月检	重检	全检
牵引电动机	1. 安装到转向架的状态无异常	⊙	⊙	⊙
	2. 进出风口、检查外壳的安装无异常	⊙	⊙	⊙
	3. 进风口部的密封无异常		⊙	⊙
	4. 速度、温度传感器连接插头状态无异常	⊙	⊙	⊙
	5. 气吹、清扫	⊙	⊙	⊙

续表

检查部位	检修项目	检查		
		月检	重检	全检
转子	1. 转子轴上无龟裂、弯曲、损伤			⊙
	2. 转子导条、端环上无龟裂、损伤			⊙
	3. 平衡块的安装无异常		⊙	⊙
	4. 清扫、保养			⊙
定子	1. 定子线圈连接线的绝缘无剥离、龟裂、损伤等			⊙
	2. 无过热、烧损的痕迹			⊙
	3. 引出线的导线束无断线			⊙
	4. 引出线接头无松动、橡胶护垫无损伤、接线盒无裂损		⊙	⊙
	5. 清扫、保养		⊙	⊙
轴承	1. 润滑脂的中间给油		⊙	
	2. 润滑脂的更换			⊙
	3. 各部分无变形或损伤，轴头扣片在每次解体检查时更换新品			⊙
	4. 轴承的规格型号正确			⊙
速度传感器	1. 引出线、连接插头无损伤及松动		⊙	⊙
	2. 安装螺栓无松动		⊙	⊙
	3. 检测部位无锈或损伤			⊙
	4. 检查安装间隙及输出波形			⊙
温度传感器	1. 引出线、连接插头无损伤及松动		⊙	⊙
	2. 安装螺栓无松动		⊙	⊙
	3. 检查 PT100 双重温度传感器输出		⊙	⊙
试验	1. 定子绕组绝缘电阻值良好（1 000 V 兆欧表，10 MΩ以上）		⊙	⊙
	2. 轴承绝缘电阻值良好（500 V 兆欧表，5MΩ 以上）		⊙	⊙
	3. AC 3 240 V 50 Hz 条件下 1 min 耐压试验无异常		⊙	⊙
	4. 旋转音无异常		⊙	⊙
	5. 轴承的温度上升不超过 40 K		⊙	⊙

任务五 JD160 型三相交流异步牵引电动机

JD160 型三相交流异步牵引电动机作为六轴 120km/h 大功率货运机车牵引电机，单轴可达 1 200 kW，采用高漏抗电磁方案，启动牵引力大，恒功率速度范围宽。无机壳复合焊接结构，提升电机散热性能。高抗扰度鼠笼转子结构，确保高速旋转转子可靠性，电机动如图 8-25 所示。

图 8-25　JD160 型三相交流异步牵引电动机

一、牵引电机特点

（1）横向安装的铜条鼠笼转子三相异步牵引电动机专为不带电抗器的逆变器运行而设计，能承受铁路车辆运行过程中遇到的冲击，满足运用要求。

（2）该电机电磁性能及牵引特性经计算机优化设计，效率、功率因数高，并具有显著的抑制电源谐波的能力。

（3）该电机采用无机壳结构，结构紧凑，部件采用高强度材料，具有体积小、质量轻、散热冷却效果好等特点。

（4）该电机冲片采用优质冷轧硅钢片冲制而成，导磁性能高，损耗小。

（5）定子绕组采用耐电晕薄膜导线，采用整体真空压力浸漆（VPI），端部绑扎牢靠整齐，因此具有高的电气性能以及防潮、防霉、耐振、寿命长、可靠性高的特点。

（6）该电机转子采用铜条鼠笼结构，可靠性高，维护工作量最小。

（7）电机转轴采用锻造的优质合金钢材料，具有高机械强度以及抗疲劳、耐冲击性能。

（8）电机采用高品质的绝缘轴承，能有效地防止轴电流，运行可靠。传动端轴承采用齿轮箱的齿轮油润滑；非传动端轴承采用润滑脂润滑，并具有补充润滑脂的功能。

（9）在定子铁心齿中安装有温度传感器用于监控定子绕组温度。

（10）牵引电机的转速测量及转向确定是由装在电机非传动端的双通道速度传感器完成的，它给出两路相差 90° 的速度信号。这两个信号用来测量电机转速和判定电机转向以便对电机进行控制。两路信号的相位差用来判断电机转向。

（11）电机采用强迫通风结构。

二、牵引电机技术参数

电机电压范围（线电压）…………………………………………0 ~ 1 419 V

供电方式……………………………………………………逆变器供电

逆变器型式…………………………………………………VVVF 电压型

工作制………………………………………………………连续

等效连续定额……………………………………………………………………1 225 kW
额定电压……………………………………………………………………………1 375 V
额定电流……………………………………………………………………………598 A
额定频率……………………………………………………………………………58.1 Hz
额定转速…………………………………………………………………………1 720 r/min
额定效率……………………………………………………………………不小于 94.5%
额定转矩…………………………………………………………………………6 802 N·m
恒功范围………………………………………………………………1 720 ~ 3 452 r/min
最大转速（全磨耗）……………………………………………………………3 452 r/min
启动转矩……………………………………………………………不小于 9 717 N·m
冷却方式……………………………………………………………强迫通风空气冷却
绝缘等级……………………………………………………………………………200 级
质量…………………………………………………………………………………≤2 580 kg

三、牵引电机结构

1. 整机结构

牵引电机主要由定子、转子、端盖、轴承和传感器等部件组成，其采用无机壳紧凑结构，部件使用高强度材料，冲片使用优质冷轧硅钢片冲制而成，冷却方式为强迫通风，其剖面如图 8-26 所示。

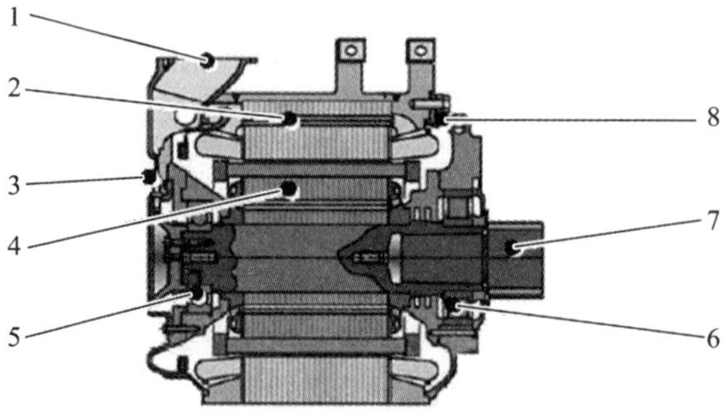

1—N 端端盖；2—定子；3—转速传感器；4—转子；5—N 端轴承；
6—D 端轴承；7—主动齿轮；8—D 端端盖。

图 8-26 JD160 型三相交流异步牵引电动机剖面

2. 定子

定子由定子铁心、定子绕组等零部件组成，定子铁心使用硅钢片叠压而成，其结构如图 8-27 所示。

定子铁心由两端压圈、端板、定子冲片、4 块筋板焊接而成，定子冲片由 0.5 mm 硅钢片冲制，定子绕组使用耐电晕薄膜导线，如图 8-28 所示。

1—接线盒；2—定子铁心；3—支撑架；4—端箍；5—定子绕组；6—槽楔。

图 8-27　定子结构

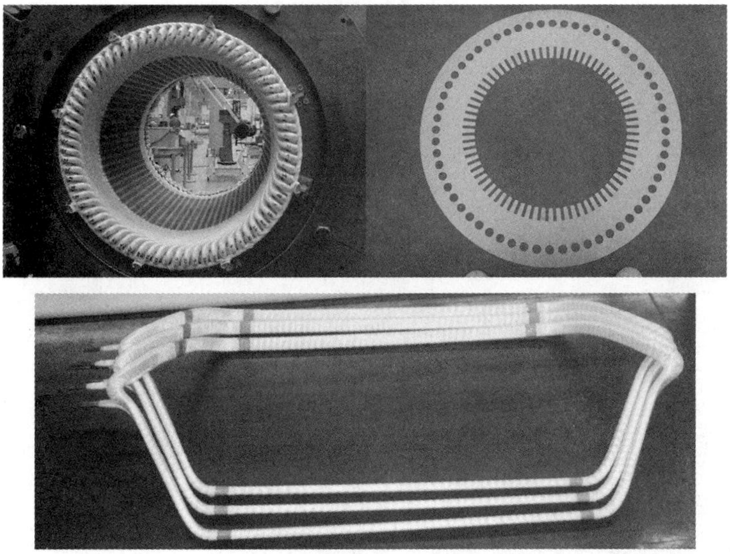

图 8-28　定子冲片与定子绕组

3．转子

转子主要由导条、端环、压圈、冲片和转轴等部件组成，其结构如图 8-29 所示。

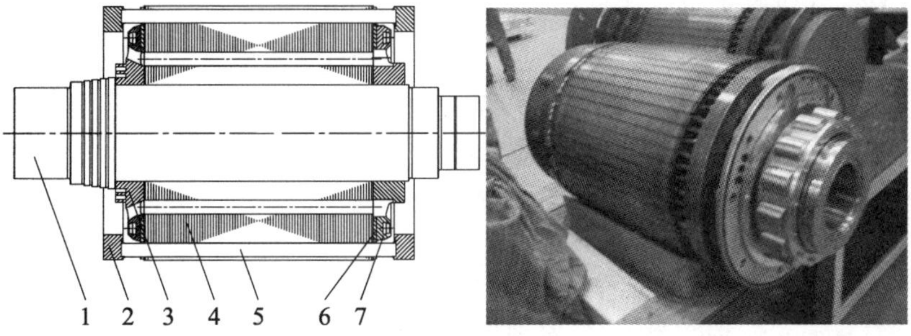

1—转轴；2—端环；3—D 端压圈；4—冲片；5—导条；6—端板；7—N 端压圈。

图 8-29　转子结构

转子冲片由 0.5 mm 硅钢片冲制而成，转子冲片与定子冲片整体套裁，以节省材料，如图 8-30 所示。

图 8-30　转子冲片

4. 轴承

轴承是电机的一个重要部件，它关系到电机能否安全运行。两端均采用绝缘轴承，如图 8-31 所示，用来防止电腐蚀损伤轴承。传动端轴承润滑方式为循环油润滑；由于主动齿轮安装在电机转轴的内锥孔中，主动齿轮安装后，转轴直径扩大，将减小轴承径向游隙，要求轴承自由状态径向游隙比较大。

图 8-31　电机轴承

传动端轴承采用循环油润滑，如图 8-32 所示，齿轮箱中的油从电机进油口进入，经过轴承，从电机出油口流回齿轮箱。在进油室的上部和下部各设有 1 个进油孔，上部进油孔是主进油通道，下部进油口用油绳基本堵住，作为紧急润滑进油通道。为防止润滑油进入电机定子内部，内轴承盖除采用无接触式迷宫结构密封外，设有回油孔，为防止电机内部冷却风的负压作用，还设置了气压平衡通道。

5. 传感器

为了检测电机的转速，在非传动端安装有测量转速的齿盘和速度传感器，如图 8-33 所示。传感器为双通道，通过相位差识别电机的正、反转向，电机旋转时，传感器发出脉冲信号。

图 8-32　轴承循环油润滑

图 8-33　齿盘与速度传感器

在定子铁心齿部安装有温度传感器 PT100，用于检测电机的温度，以及防止电机过热，转速传感器和温度传感器安装位置如图 8-34 所示。连接转速传感器和温度传感器的连接器时，请注意确认对接连接器是否正确，如图 8-35 所示。转速传感器的连接器是 5 心的，连接器中的针是布满的；温度传感器是 10 心的，在连接器中仅布置了 5 根针，还有 5 个是空的。如果插错，将导致连接器缩针，从而无法正确传输信号，TCU 将报警，机车降功运行。

图 8-34　转速传感器和温度传感器安装位置

图 8-35 转速传感器和温度传感器的连接器

四、牵引电机试验和故障诊断

（一）电机试验

1．绝缘电阻试验

绝缘电阻用 1 000 V 兆欧表测定，当该值低于 1.8 MΩ 时，则可判定为不符合运行条件。如果绝缘电阻值很低，则必须检查清楚。如果绝缘电阻降低是因为吸收湿气，则必须进行干燥烘焙。

2．耐压试验

耐压试验如表 8-4 所示。

表 8-4 耐压试验

线圈种类	工频对地试验		脉冲匝间试验
	新品	修理品	
定子线圈	6 200 V，1 min	4 650 V，1 min	9 000 V，3 s

3．空载试验

电机无负荷运行，测量空载电流，检查轴承、电机有无异常振动、噪声，轴承的温升应不大于 80 K。

4．堵转试验

将转子堵住，施加三相工频电压，测量三相堵转电流，堵转电流值。

（二）故障诊断（见表8-5）

表8-5 故障诊断

故障现象	故障原因	检查方法	处理方法	备注
接地故障	接地座与外壳没有可靠连接	支座生锈	拆去并清洗电缆接线头	
	接地故障造成连接导线损坏	检查连接导线	更换导线	检查导线是否有锐边和损伤
	绕组绝缘损坏	检查绝缘电阻	询问制造商后再进行维修	
绕组温度过高	电机过载	机车负载过大	降低负载，确定故障位置，并清除	
		各电机负载不均匀		
温度指示不符合实际或出错	温度检测单元出现故障		更换电阻式温度检测器	
	连接端子松动	打开端子连接盒，检查端子	使用要求的紧固转矩来上紧端子，必要时，更换电缆接头	检查损坏螺纹
局部过热	绕组绝缘损坏	检查绕组电阻、绝缘电阻，测量阻抗	询问制造商后进行维修	
	轴承润滑脂含杂质	拆去轴承盖	更换轴承，只在N端进行再润滑	检查轴承密封，必要时更换
	轴承游隙错误	吊起轴，并用千分表测量游隙	以正确的游隙安装轴承，检查相关部件	查找轴承游隙变化的原因
	轴承损坏	拆去轴承盖	更换轴承	
	轴承卡位	拆去轴承盖，轴承变色或变形，油封变形	更换变色或变形零件	确定卡住原因：润滑失效，负载过多
	轴承润滑过量或过少		正确润滑轴承	润滑不当将降低轴承使用寿命
	电机内冷却风道堵塞		清洁风道	
冒烟	绕组绝缘损坏	检查绕组电阻、绝缘电阻，测量阻抗	后进行维修	确定损坏原因：电机内污物，电机转子断条，电流过大
	轴承卡位	轴承变色或变形，轴承盖变色	更换轴承	查找是否卡位、润滑不足或者过量
	轴弯曲	只能在拆下后进行检测		查找故障原因及损坏范围

续表

故障现象	故障原因	检查方法	处理方法	备注
烧焦味	电缆连接故障或者断裂	检查电缆连接	修复电缆连接	
烧焦味	端子安装松动	检查绕组电阻，绝缘电阻和测量绝缘阻抗	进行修复	
有嗡嗡的噪声	电缆断裂	检查电缆	更换电缆	检查电缆弯曲处或磨破处
有振鸣噪声	轴承游隙错误	吊起轴，用指千分表测量游隙	以正确的间隙安装轴承，检查相关部件	查找轴承游隙变化的原因
有振鸣噪声	轴弯曲	只能在拆下后进行检测		查找故障原因及损坏范围
有撞击的噪声	有电流从轴承流过	视觉检查轴承表面		查找有电流的原因并进行适当测量
有撞击的噪声	轴承故障	拆掉轴承盖	更换轴承	查找轴承故障原因
有撞击的噪声	速度传感器的测速齿盘松动	拆掉测速齿盘，检查相关零件及安装状态	恢复速度传感器的测速齿盘	
有撞击的噪声	电机悬挂装置开裂	检查悬挂装置		查找故障：抱轴箱轴承组装，齿轮与电机的接口
有撞击的噪声	电机悬挂装置松动	检查紧固位置，检查轴承组装	按规定扭矩紧固响应紧固件	
有撞击的噪声	电机紧固件松动或者有裂纹	检查紧固位置，视觉检查裂纹位置	按规定扭矩紧固响应紧固件；或者更换响应紧固件	检查密封装置是否有损，如有损则进行更换；如果紧固件有裂纹，更换强度稍大的螺栓
有尖锐的噪声	轴承游隙错误	吊起轴，并用千分表测量游隙	以正确的游隙安装轴承，检查相关零件	查找轴承游隙化的原因
有尖锐的噪声	轴承损坏	拆去轴承盖	更换轴承	确定损坏原因：电机内的污物，转子铁心与定子铁心接触
径向振动	轴承游隙过大	提起轴，用千分表测量游隙	以正确的游隙安装轴承	确定原因

续表

故障现象	故障原因	检查方法	处理方法	备注
径向振动	轴承损坏	拆去轴承盖	更换轴承	确定损坏原因:电机内的污物,转子铁心与定子铁心接触
	平衡块松动或丢失	目测		电机内的小部件（螺钉、平衡块等）
	电机悬挂损坏	检查悬挂		
	电机悬挂松动	检查螺钉接头、轴承装置和阻尼元件	以规定紧固转矩上紧螺钉，更换阻尼元件	
	转子不平衡	目测，平衡	清洁转子，再平衡转子	
轴向振动	轴承游隙错误	提起轴，用千分表测量游隙	以正确的游隙安装轴承	查找轴承游隙变化的原因
	轴承损坏	拆去轴承盖	更换轴承	确定损坏原因:电机内的污物,转子铁心与定子铁心接触
	电机悬挂损坏	检查悬挂		
	电机悬挂松动	检查螺钉接头和轴承装置	以规定的紧固转矩上紧螺钉	
机器转矩损失	导线损坏	检查连接导线	更换导线	检查导线是否有锐边和损伤
速度信号变化	造成速度传感器中断	检查导线、插头连接	更换导线，修理插头连接	
	转速表松动	检查紧固件	固定速度传感器	检查密封
	速度传感器有故障		更换速度传感器	
	速度传感器的传动轮松动	拆去盖，检查底座和压盖	固定速度传感器	
油/油脂泄漏	N 端轴承油脂过多	拆去轴承盖	除去过多油脂	
油脂污染或过早老化	轴承上的电流	拆卸轴承后才能看到		确定电流产生的原因,并采取恰当措施
	冲击或振动			确定冲击和振动的原因

复习思考题 >>>

1. 简述三相交流异步牵引电机的特点。
2. 简述三相交流异步牵引电机的基本原理。

3. 绘出交-直-交变频调速系统的基本电路。
4. 简述 YJ85A 型三相交流异步牵引电动机的特点。
5. YJ85A 型三相交流异步牵引电动机的结构。
6. YJ85A 型三相交流异步牵引电动机的检修方法。
7. 简述 Mitrac TM3800 F 型三相交流异步牵引电动机的特点。
8. Mitrac TM3800 F 型三相交流异步牵引电动机的结构。
9. 简述 YJ217A 型三相交流异步牵引电动机的技术参数。
10. 简述 YJ217A 型三相交流异步牵引电动机的结构。
11. 简述 YJ217A 型三相交流异步牵引电动机的测速方式。
12. 简述 JD160 型三相交流异步牵引电动机的特点。
13. 简述 JD160 型三相交流异步牵引电动机的结构。
14. 简述 JD160 型三相交流异步牵引电动机传动端轴承的循环油润滑线路。

项目九　交流辅助电机

微课：交流辅助电机

随着电力电子技术的飞速发展，可调压、调频的大功率变频器成功解决了交流电动机调速的问题，三相交流异步电机作为机车的牵引电动机已成为现实，现已在机车上广泛应用；除了牵引电机之外，电力机车上还有许多辅助机械，这些辅助机械多采用三相异步电动机驱动，称为辅助电机，如牵引通风机电机、复合冷却器通风机电机、变流器水泵电机、变压器油泵电机、机械间通风机电机、空气压缩机电机、变流柜风机等。

任务一　牵引通风机电机

牵引通风机安装在电力机车机械室内用来冷却牵引电动机。风从顶盖的通风窗处进入，再送入牵引通风机中，然后由牵引通风机经通风道将风送入牵引电动机中进行冷却，最后排到大气中。

HX_D3 型电力机车的 6 台牵引电动机采用 6 台牵引通风机组进行独立冷却。牵引通风机组电机使用 TIKK-FCKW8 型鼠笼式三相异步电动机，其外形如图 9-1 所示，由机车辅助变流装置（APU）供电。

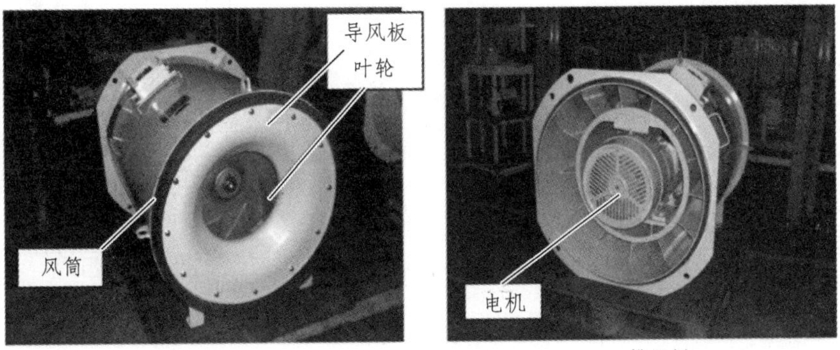

进风侧　　排风侧

图 9-1　牵引通风机组外形

一、电动机技术参数

定额种类……………………………………………………………………连续（SI）

额定功率……………………………………………………………………18.5 kW

额定电压……………………………………………………………………AC 380
额定电流……………………………………………………………………35.5 A
额定频率……………………………………………………………………50 Hz
额定转速……………………………………………………………………2 930 r/min
额定效率……………………………………………………………………91.5%
功率因数……………………………………………………………………85.3%
极数…………………………………………………………………………2
绕组接线方式………………………………………………………………Y
绝缘等级……………………………………………………………………F 极
防护方式……………………………………………………………………IP44
通风方式……………………………………………………………………全闭外扇形
绝缘强度…………导电部位与电机外壳间，工频耐压 1 800 V，1 min 无击穿闪络现象
轴承…………………………………………输出端、非输出端 6309VVC3（ENS 润滑脂）
质量…………………………………………………………………………150 kg

二、主要结构

TIKK-FCKW8 型电机结构外形结构示意图如图 9-2 所示。其主要由定子组装、转子组装、风扇、端盖、滚动轴承、轴承盖、键、出线等部件组成。

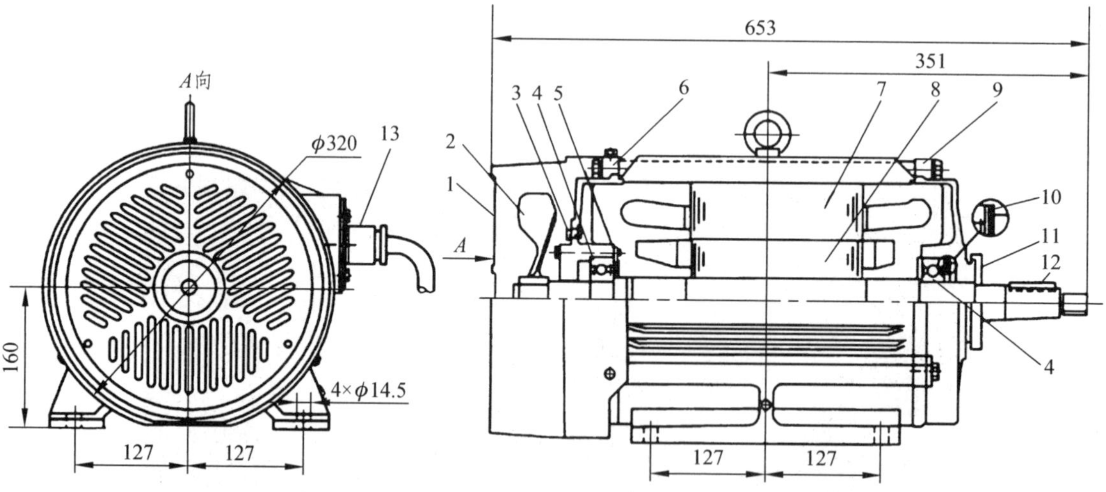

1—风扇罩；2—风扇；3—排水塞；4—滚动轴承；5—轴承内盖；6—后端盖；7—定子组装；8—转子组装；9—前端盖；10—弹簧组件；11—防水盖；12—键；13—出线部件。

图 9-2 牵引通风机组结构示意图（TIKK-FCKW8 型电机）

电机的滚动轴承采用单列深沟球轴承，使用非接触橡胶密封圈式（载荷侧、反载荷侧一样）。轴承型号为 6309VVC3，轴承封入 ENS 油脂润滑油。

6309VVC3 型滚动轴承除具有承受径向负荷外，还可以承受两个方向的轴向负荷。该型轴承摩擦力矩小，适应于高速旋转、低噪声、低振动场合。由于该轴承是双面非接触橡胶密

封，所以具有较高密封性，防尘性能好，平时运用时，无须用油嘴加润滑脂，减少维护工作量，提高运用寿命。

三、检查项目

（1）运转时检查有无异常声响、异常振动（日检、中修、大修）。
（2）检查各安装螺栓有无松动（大修）。
（3）检查定子组装及转子组装无变色损伤（大修）。
（4）检查绝缘电阻，各端子和接地间为 500 V，兆欧表测量在 10 MΩ 以上（大修）。
（5）轴承大修时更换（大修）。
（6）检查轴承套有无磨耗，并修补或更换（大修）。
（7）确认垫圈类部件的劣化情况，无裂痕等不良现象，否则更换（大修）。

因为电机的轴承是带防尘盖的轴承，在运行中无须注油。因此，在进行大修时必须更换新品。

任务二　复合冷却器通风机电机

复合冷却器安装在电力机车机械室内用来冷却主变压器和主变流器。风从顶盖的通风窗处进入，再送入复合冷却器通风机中，然后由复合冷却器通风机经风道送至水冷却器和油冷却器中，对其中循环的水和油进行冷却，最后排到大气中。

HX_D3 型机车的 2 台复合冷却器采用 2 台复合冷却器通风机组进行独立冷却。复合冷却器通风机组采用 TIKK-FCKLW8 型鼠笼式三相异步电动机，其外形如图 9-3 所示，由机车辅助变流装置（APU），变压变频 VVVF 供电。

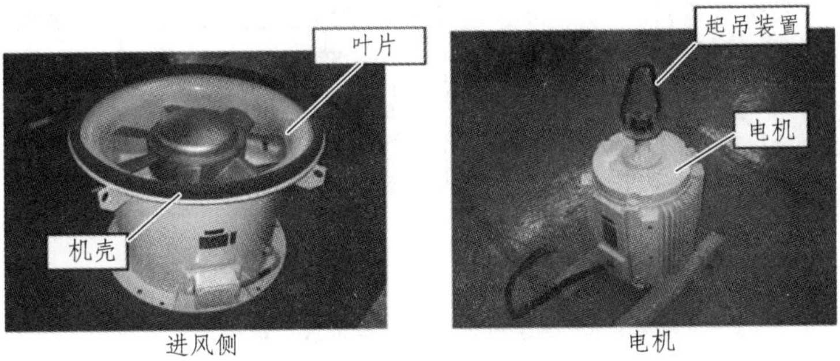

图 9-3　复合冷却器通风机组外形

一、主要技术参数

定额种类……连续（SI）
额定功率……20 kW

额定电压……AC 380 V
额定电流……38.5 A
额定频率……50 Hz
额定转速……2 930 r/min
额定效率……91.7%
功率因数……86.3%
极数……2
绕组接线方式……Y
绝缘等级……F 极
防护方式……IP44
通风方式……全闭其他扇形
绝缘强度……导电部位与风机外壳间，工频耐压 1 800 V，1 min 无击穿闪络现象
轴承……输出端、非输出端 6309VVC3（ENS 润滑脂）
质量……150 kg

二、主要结构

TIKK-FCKLW8 型电机主要由定子组装、转子组装、前后端盖、滚动轴承、轴承盖、出线等部件组成。电动机依靠通风机的风来冷却。电动机采用 6309VVC3 型滚动轴承，轴承内封入 ENS 油脂润滑油。TIKK-FCKLW8 型电动机外形结构示意图如图 9-4 所示。

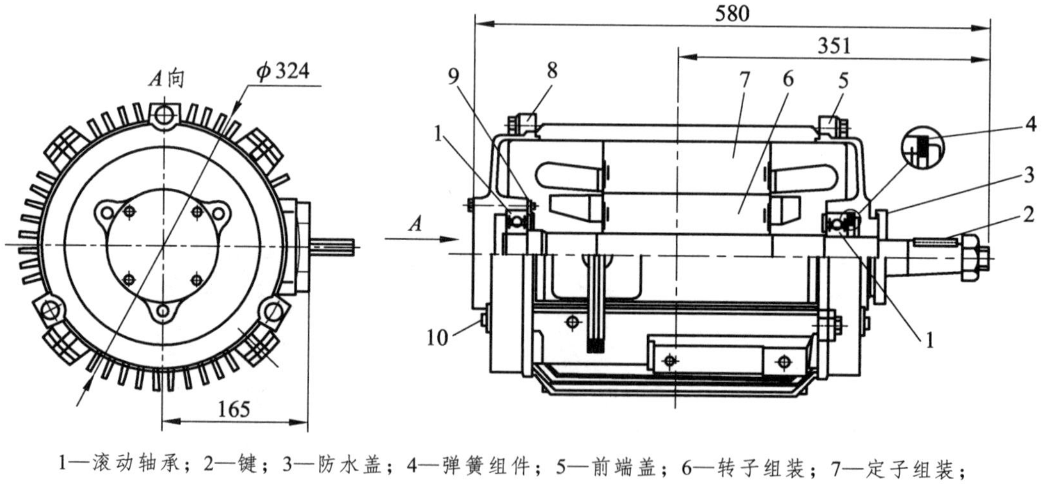

1—滚动轴承；2—键；3—防水盖；4—弹簧组件；5—前端盖；6—转子组装；7—定子组装；8—后端盖；9—轴承内盖；10—排水塞；11—出线部件。

图 9-4 复合冷却通风机电动机外形结构示意图（TIKK-FCKLW8）

三、检查项目

（1）运转时检查有无异常声响、异常振动（日检、中修、大修）。
（2）检查各安装螺栓有无松动（大修）。

（3）检查定子组装及转子组装无变色损伤（大修）。

（4）检查绝缘电阻，各端子和接地间为 500 V，兆欧表测量在 10 MΩ 以上（大修）。

（5）轴承大修时更换（大修）。

（6）检查碟形弹簧组装，无损伤、疲劳等现象（大修）。

（7）检查轴承套有无磨耗，若有修补或更换（大修）。

（8）确认垫圈类部件的劣化情况，无裂痕等不良现象，否则更换（大修）。

因为电机的轴承是带防尘盖的轴承，在运行中无须注油。因此，在进行大修时必须更换新品。

复习思考题 >>>

1. 简述牵引通风机电机的技术参数。
2. 简述牵引通风机电机的结构。
3. 简述 TIKK-FCKW8 型鼠笼式三相异步电动机的检修方法。
4. 简述复合冷却器通风机电机的技术参数。
5. 简述 TIKK-FCKLW8 型鼠笼式三相异步电动机的检修方法。

参考文献

[1] 甘永双，李秀超，张洋洋. 机车电机电器[M]. 成都：西南交通大学出版社，2022.
[2] 汤蕴璆. 电机学[M]. 北京：机械工业出版社，2015.
[3] 中国国家铁路集团有限公司机辆部.铁路机车维修[M]. 北京：中国铁道出版社有限公司，2022.
[4] 宋强，黄丹宇，李旭然. 电工电子技术[M]. 上海：上海交通大学出版社，2016.
[5] 中车大连机车车辆有限公司. HX_D3 型大功率交流传动电力机车检修手册[Z]. 2018.
[6] 中车大连机车车辆有限公司. HX_D3 型交流传动快速客运电力机车使用说明书[Z]. 2020.
[7] 中车大连机车车辆有限公司. HX_D3 型交流传动快速客运电力机车检修维护保养手册[Z]. 2018.
[8] 中车株洲电机有限公司. TBQ32-5280/25A 型主变压器检修手册[Z]. 2018.
[9] 刘慧娟. 电机学[M]. 北京：北京交通大学出版社，2012.